Advertising & Society

核心广告学系列教程
上海市卓越新闻传播人才教育基地建设项目

Advertising in the Digital Age:

Principles and Practices

数字环境下的
广告实战研究：
理论、案例与分析

薛敏芝 胡 雅 编著

上海交通大学出版社
SHANGHAI JIAO TONG UNIVERSITY PRESS

内容提要

  本书内容涵盖广告、品牌、整合营销传播、B2B 营销、广告植入、病毒营销、事件营销、O2O 模式营销的基本原理和策略制定,以及最新的国际大牌案例介绍和最接地气的本土实例分析。每个章节分 4 个部分:理论阐述、案例分析、问题探讨和问题思考,以最简单、实用的方式向读者呈现理论的基本框架、运作的实际指导,以及发展的最新动态。

图书在版编目(CIP)数据

数字环境下的广告实战研究:理论、案例与分析/薛敏芝,胡雅编著.—上海:上海交通大学出版社,2016(2019 重印)
ISBN 978-7-313-14292-4

Ⅰ.①数… Ⅱ.①薛…②胡… Ⅲ.①广告—研究 Ⅳ.①F713.8

中国版本图书馆 CIP 数据核字(2015)第 317752 号

数字环境下的广告实战研究
——理论、案例与分析

编 著:薛敏芝 胡 雅
出版发行:上海交通大学出版社   地 址:上海市番禺路 951 号
邮政编码:200030   电 话:021-64071208
印 制:当纳利(上海)信息技术有限公司   经 销:全国新华书店
开 本:710mm×1000mm 1/16   印 张:19.75
字 数:368 千字
版 次:2016 年 1 月第 1 版   印 次:2019 年 7 月第 3 次印刷
书 号:ISBN 978-7-313-14292-4/F
定 价:52.00 元

前言
Preface

　　广告学是一门应用性的学科,理论与实践在教学过程中要具有合理性的架构,同时教学又要呈现理论的发展和广告实践的动态,本书就试图做这方面的探索。

　　本书分十二章,每一章由四部分组成:理论阐述、案例分析、问题探讨和问题思考。"理论阐述"部分主要就围绕最核心的概念进行阐释;"案例分析"是选取与该章理论相关的案例,并且不仅选择具有知名度、成熟品牌和企业的案例,也对一些新兴企业或并非具有知名度的品牌进行了介绍;"问题探讨"涉及在数字环境下广告原有理论和运作所面临的问题和挑战,以及相关专家和学者对这些问题的最新洞察和见解,希望通过这部分反映理论的动态化、情景化发展和运用;"问题思考"主要列出了若干问题,供本书的读者做进一步的研究、思考和探究。

　　本书还有2个附录:《中华人民共和国广告法》和《中外广告奖与广告大赛一览表》。广告实践中对于法律法规的了解是至关重要的,但由于本书的架构偏重于广告实际运作,限于篇幅,我们没有特设一个章节来加以介绍,但希望通过附录来弥补,让读者通过对《中华人民共和国广告法》了解中国广告运行的法律环境。附录二的一览表共列出了世界著名的广告大奖8项,以及中国(包括香港和台湾)举办的广告奖及广告大赛13项。大奖或大赛是一个行业的"风向标",能非常直观地反映广告营销业的最新发展动态,通过这些奖项,我们希望用一种简单而直观的方式,呈现给读者目前引领广告营销业的"标杆"。

　　一本书其实是著作者为读者建构的一个体系,它不仅是知识、理论的呈现,架构的本身体现著作者的立场和观念。我们希望这个体系不是封闭的,能够引导读者进一步思考,能够成为读者接纳更多新的知识和理论的"接入口"。

目录
Contents

第三章　目标市场策略与广告目标受众

第四章　广告媒体策略

第五章　广告创意与表现

第六章　品牌战略

第七章　整合营销传播

第十二章　O2O模式营销

第一章

营销策略与广告策略

理论阐述

一、市场营销策略

营销策略是企业以顾客需要为出发点,根据经验获得顾客需求量以及购买力的信息、商业界的期望值,有计划地组织各项经营活动,通过相互协调一致的产品策略、价格策略、渠道策略和促销策略,为顾客提供满意的商品和服务而实现企业目标的过程。

1. 4P营销理论

1960年美国市场营销专家麦卡锡教授在人们营销实践的基础上,提出了著名的4P营销策略组合理论,即产品(Product)、定价(Price)、渠道(Place)、促销(Promotion)。1967年,菲利普·科特勒在其畅销书《营销管理:分析、规划与控制》第一版进一步确认了以4Ps为核心的营销组合方法,即:产品策略:注重开发的功能,要求产品有独特的卖点,把产品的功能诉求放在第一位;价格策略:根据不同的市场定位,制定不同的价格策略,产品的定价依据是企业的品牌战略,注重品牌的含金量;渠道策略:企业并不直接面对消费者,而是注重经销商的培育和销售网络的建立,企业与消费者的联系是通过分销商来进行的;促进策略:整合品牌宣传(广告)、公关、促销等一系列的营销行为。

2. 4C营销理论

4C即消费者(Consumer)、成本(Cost)、便利(Convenience)、沟通(Communication)的首字母简称。4C营销理论是根据消费者的需求和欲望来生产产品和提供服务,根据顾客支付能力来进行定价决策,从方便顾客购买及方便为顾客提供服务来设置分销渠道,通过企业同顾客的情感交流、思想融通,对企业、产品或服务更好地理解和认同,以寻求企业同顾客的契合点。

Customer(消费者)主要指消费者的需求。企业必须首先了解和研究消费者,根据顾客的需求来提供产品。同时,企业提供的不仅仅是产品和服务,更重要的是由此产生的客户价值(Customer Value)。Cost(成本)不单是企业的生产成本,或者说4Ps中的Price(价格),它还包括顾客的购买成本,同时也意味着产品定价的理想情况,应该是既低于顾客的心理价格,也能够让企业有所盈利。此外,这中间的顾客购买成本不仅包括其货币支出,还包括其为此耗费的时间,体力和精力,以及购买风险。Convenience(便利),即为顾客提供最大的购物和使用便利。4Cs营销理论强调企业在制订分销策略时,要更多地考虑顾客的方便,而不是企业自己方便。要通过好的售前、售中和售后服务来让顾客在购物的同时,也享受到了便利。便利是客户价值不可或缺的一部分。Communication(沟通)则被用以取代4Ps中对应的Promotion(促销)。4Cs营销理论认为,企业应通过同顾客进行积极有效的双向沟通,建立基于共同利益的新型企业/顾客关系。这不再是企业单向的促销和劝导顾客,而是在双方的沟通中找到能同时实现各自目标的通途。

3. 4R营销理论

4R即为关联(Relevance)、反应(Reaction)、关系(Relationship)及报酬(Reward)首字母简称。4R营销理论四要素分别为:关联(Relevance),即认为企业与顾客是一个命运共同体。建立并发展与顾客之间的长期关系是企业经营的核心理念和最重要的内容。反应(Reaction),在相互影响的市场中,对经营者来说最现实的问题不在于如何控制、制定和实施计划,而在于如何站在顾客的角度及时地倾听和测性商业模式转移成为高度回应需求的商业模式。关系(Relationship),在企业与客户的关系发生了本质性变化的市场环境中,抢占市场的关键已转变为与顾客建立长期而稳固的关系。与此相适应产生了五个转向:从一次性交易转向强调建立长期友好合作关系;从着眼于短期利益转向重视长期利益;从顾客被动适应企业单一销售转向顾客主动参与到生产过程中来;从相互的利益冲突转向共同的和谐发展;从管理营销组合转向管理企业与顾客的互动关系。报酬(Reward),任何交易与合作关系的巩固和发展,都是经济利益问题。因此,一定的合理回报既是正确处理营销活动中各种矛盾的出发点,也是营销的落脚点。

二、企业营销战略

企业营销战略是企业市场营销管理思想的综合体现,也是企业市场营销决策的基础。企业营销战略的选择取决于各个公司的规模和在行业中的地位。企业营销战略不同于营销策略,营销战略解决的是企业长远发展目标的问题,营销策略则更为具体,是为战略服务的,解决目标如何实现的问题。营销战略是确定企业长远发展目标,并指出实现长远目标的策略和途径。企业营销战略的四条主线为:1.规划以核心价值为中心的品牌识别系统,并以品牌核心价值统帅企业的营销传播活动;2.优选品牌化战略与品牌架构;3.进行理性的品牌延伸扩张,充分利用品牌资源获取更大的利润;4.进行理性的品牌延伸扩张,充分利用品牌资源获取更大的利润。

在迈克尔·波特的《竞争战略》中根据各公司在行业中的份额,将其分为领导者战略、挑战者战略、追随者战略和利基者战略。

1. 领导者战略

市场领导者在整个市场中占有最大的市场份额,在价格变化,新产品开发,销售渠道、分销渠道见着、促销战略等方面对行业内其他公司起着领导作用,比如国内的联想电脑、海尔、红塔,国外的通用汽车、英特尔、沃尔玛等。作为市场的领导者他们营销战略的核心就是保持其原有的领导地位。

2. 挑战战略

市场挑战者在行业中占据第二或是更为后,有能力对市场领导者和其他竞争者采取攻击行动,希望取得市场领导者地位。其营销战略是一是确定战略目标和竞争对手,包括确定战略目标、选择竞争对手和分析竞争对手;二是选择挑战战略包括正面进攻、侧翼进攻、包抄进攻、迂回进攻、游击进攻等;三是特定的营销战略。

3. 追随战略

市场追随者在产品、技术、渠道、促销等模仿市场领导者,他们观察市场领导者的新产品借以节约在产品开发、市场开发、信息收集等上的经费。减小支出和市场风险。根据其追随程度可分为紧密追随、有距离追随、有选择追随。其营销战略是竞争导向定价战略、市场发展战略和市场细分化战略。

4. 利基战略

市场利基者是指专门为市场规模较小不被大公司感兴趣的细分市场提供产品和服务的公司,由于其的专一性也能形成利润和发展。其营销战略就是实现专业化。

三、广告策略

广告策略是在广告战略的指导下为实现战略目标而采取的手段和方法。相对于宏观的广告战略设计,广告策略策划是解决广告战略实施的战术思考,既是广告公司完成广告客户临时委托业务的具体作战方案,又是帮助广告主规划商战未来的决策过程。广告策略包括目标市场策略、定位策略、诉求策略、表现策略、媒体策略、推进策略等。重点介绍目标市场策略和定位策略,其他策略后续章节将重点阐述。

广告目标市场策略是企业在细分市场的基础上为进行广告营销活动而选择出一个或几个最有开发潜力的市场而采取的策略。经过市场细分后，企业选择的广告目标市场必须同时具备 3 个条件：①有一定的购买力和足够的营业额；②有尚未满足的需求和充分发展的潜力；③有可能进入市场并可能占有一定的市场份额。企业所选择的目标市场不同，所采取的广告宣传策略也不一样。目标市场战略一般有无差异市场广告策略、差异性市场广告策略和集中性市场广告策略三种。

广告定位策略，是指在众多的市场机会中，根据消费者的需要，寻找具有竞争力和差异化的品牌和产品特点，通过适当的传播手段，使品牌在消费者心理世界占据理想位置的一种市场策略。里斯说："广告定位不是广告主在广告之前所应考虑的问题，而是广告本身的目的。"成功的广告传播，总是以准确地实现品牌的市场定位为前提的。广告定位策略在具体运用上主要分为实体定位、观念定伦、文化历史心理定位等几个方面。

实例解析

年轻人的自由行
——"首付游"用 P2P 的思路做旅游产品的营销实战

一、背景介绍

年轻人想早早地出去感受这个世界，听起来潇洒又浪漫，但现实往往是残酷的：没有时间、没有钱。针对"没有钱"这个痛点，旅行社、在线旅游网站等都纷纷推出了旅游分期产品。2003 年，杭州招商国旅就推出过出境游分期付款的服务，在那之后，中青旅的遨游网、凯撒旅游、携程、途牛等都与银行合作推出过旅游产品分期服务。而爱旅行最近与京东白条合作，让用户直接在线上打白条去旅行。首付游也是个旅游分期产品，但它的整个业务逻辑也与旅行社、在线旅游网站的分期产品不太一样，其内核更像是一个 P2P。

在中国，最早的 P2P 网贷平台成立于 2006 年。在其后的几年间，国内的网贷平台很少，鲜有创业人士涉足。直到 2010 年，网贷平台才被许多创业人士看中，开始陆续出现了一些试水者。2011 年，网贷平台进入快速发展期，一批网贷平台踊跃上线。2012 年中国网贷平台进入了爆发期，网贷平台如雨后春笋成立，已达到 2 000 余家，比较活跃的有几百家。据不完全统计，仅 2012 年，国内含线下放贷的网贷平台全年交易额已超百亿。进入 2013 年，网贷平

台更是蓬勃发展,以每天1~2家上线的
速度快速增长,平台数量大幅度增长所
带来的资金供需失衡等现象开始逐步显
现。国内的P2P平台正处于初步发展阶
段,并无明确立法,国内小额信贷主要靠
"中国小额信贷联盟"主持工作。可参考
的合法性依据,主要是"全国互联网贷款
纠纷"第一案,结果阿里小贷胜出。随着
网络的发展,社会的进步,此种金融服务
的正规性与合法性会逐步加强,在有效
的监管下发挥网络技术优势,实现普惠
金融的理想。随着中国的金融管制逐步

放开,在中国巨大的人口基数、日渐旺盛的融资需求、落后的传统银行服务状
况下,这种网络借贷新型金融业务有望在中国推广开来,获得爆发式增长,得
到长足发展。

二、营销战略

营销战略通常包括产品策略、价格策略、渠道策略以及促进策略,通常称为
"4Ps"营销策略组合,其中产品策略主要指注重开发的功能,要求产品有独特的
卖点,把产品的功能诉求放在第一位;价格策略:根据不同的市场定位,制定不同
的价格策略,产品的定价依据是企业的品牌战略,注重品牌的含金量;渠道策略:
企业并不直接面对消费者,而是注重经销商的培育和销售网络的建立,企业与消
费者的联系是通过分销商来进行的;促进策略:整合品牌宣传(广告)、公关、促销
等一系列的营销行为。而广告则为企业营销的一部分。

与大部分旅游分期产品不同,首付游仅以微信公众账号(shoufuyou)的形式
运营,会定期发布首付出境游产品信息,感兴趣的用户可以通过"点击原文"进入
相应的H5页面进行购买支付。在创始人Richard看来,基于移动端的交易是大
势所趋,而信息即交易,他希望在信息流里完成交易闭环。为什么把产品搭建在
微信端?微信是目前移动端最好的传播载体,而旅游产品本身就具备一定的吸
引力和话题性,依靠微信传播完全可以满足首付游目前在流量端的需求。而在
产品逻辑上,首付游可以理解为一个类似于P2P的平台。在借款端,是那些首
付几百块出去旅游的用户;在投资端,则采用"预存资金送旅游产品"的方式获得
资金,后期还可能增加理财产品。

首付游平台上所有的旅游产品都是出境游、自由行产品,首付游提供机票和
酒店,用户按12期分期付款,每期平均付款为几百块,对普通白领用户甚至学生

用户来说都是比较容易承受的。不过,首付游没有与旅行社或 OTA 合作,而是自己采购旅游产品。他们与行业里的批发商合作,以批发价购买产品(机票等),然后再将这些产品打包好做成一个自由行产品,以零售价销售给用户,这里面会有超过 10% 的利润。所以说,首付游在旅游产品端赚取的其实是批发与零售之间的差价。

首付399,早春三月去东京(机+酒自由行)

首付:**¥399.00**

月付:¥399.00 X 11个月(0手续费,0利息)

已有22人购买

立即抢购

三、营销策略转化广告策略

目前,首付游刚上了第一期日本行的产品,并暂时会以周为单位更新产品。首付游会在每天放出一个抢购产品,名额通常只有 2 到 4 个,以此来试探用户的需求。具体的,没有抢到的用户会被拉到相应的微信群里(如"我想去迪拜"这样的群),然后根据用户的数量和所表现出来的需求来定向开发产品,而这类产品也会定向发送到相应的微信群里让大家购买。

对于那些已经成功购买的用户,首付游也会通过微信群做一些社交化的运营,并通过群向用户提供增值服务,比如移动 wifi、部分景点的门票、旅游知识普及等。当然,首付游也很鼓励用户在出镜之前就能先互相熟悉、成为朋友。

要理解首付游营销策略向广告策略的转化,首先要理解首付游的产品定义,即为一个面向年轻人的出境自由行购买平台。其中"年轻人"为产品的目标消费受众,"出境"、"自由行"、"购买平台"为产品特性描述,广告策略就是要"找对人,说对话,传达到"。"找对人"就是要定位目标群体,"说对话"就是要找准诉求,"传达到"就是采用何种媒体组合。在广告表现方面,要精简体现产品的核心价值,虽然 P2P 模式是首付游的实质性概念,然而对于目标群体来说 P2P 模式并不是其关注的重点,受众关注点在于产品能为其带来的利益点及能否引起群体的情感共鸣。对此,首付游的广告主题表达上,由"年轻就出发"到"首付就出发",再到"年轻人的自由行",一步一步贴近目标群体最易接受点。

年轻就出发！

Phuket 普吉岛
首付 ￥399

首付游

年轻就出发！

微信关注首付游，首付就出发！

首付就出发！

Chingmai 泰国 清迈

首付 ￥249

四、首付游的 P2P 资金模式

　　与大部分旅行社和在线旅游网站借助外部资金的方式不同,首付游希望能在平台上实现资金闭环。因此,他们在资金端又开发了一个产品,叫做"优先游",即用户预存一笔金额在平台上,锁定一年,便可获得一个旅游产品。对于优先游用户来说,这相当于定存利息的提前支取,而对于平台来说,这便是首付游产品的资金来源。具体操作上,平台会先销售首付游产品,平台自行垫资,然后再通过销售等额的优先游产品实现资金拆借。这个思路与做债权转让的 P2P平台很像,而首付游平台便是"借款人(首付游用户)——出借人——投资人(优先游用户)"这个链条中的出借人角色。同时,平台也会准备一定的资金储备来保持借贷双方的平衡,如果在资金端依然无法获得足够的资金,他们也会考虑将债权转让给其他 P2P 平台。Richard 说,优先游产品目前是一个实验,如果用户认可度不高的话,他们也可能将其改为具备一定收益的理财产品。既然做的是金融产品,那么如何风控?

　　Richard 说,之所以选择出境游产品是因为它本来就有一定的门槛,而签证又是一个天然的信息收集和过滤环节。以日本游为例,单次签证要求用户年收入需达到 10 万,对这些用户授信一个不到 5 000 块的信贷产品基本可以认为是没有风险的。而首付游平台自己的风控措施则是去核对用户所有的签证信息,限定购买人必须是出境人,并确认用户身份的真实性。"目的地即人群"是

Richard 提出来的概念。"通过目的地的不同来区分人群,这些人群往往处于不同的社会阶层,收入水平和风险承受能力也不尽相同。"不过,首付游将目标用户都限定在了 80 后和 90 后当中,Richard 认为,年轻人渴望出去看世界,也更容易接受分期这样的消费方式,并且,他们往往有着良好的还款意愿。所以,整个看下来,首付游这个产品赚取的是资金端和旅游产品端之间的利润差,而平台的主要成本构成是旅游产品购买+资金成本+违约率。Richard 表示,平台目前还不急于上量,而是希望通过不同类型产品的尝试来不断完善自己的风控模型,并跑通整个业务流程。

——案例改编自:张雨忻,《用 P2P 的思路做旅游产品,"首付游"让年轻人首付几百块出境游》,2015.01.23. http://tech.163.com/15/0123/12/AGL4TRVV00094ODU.html

向强者挑战,市场挑战者策略
——百事可乐的市场竞争战略

一、背景简介

世界上第一瓶可口可乐 1886 年诞生于美国,距今已有 113 年的历史。这种神奇的饮料以它不可抗拒的魅力征服了全世界数以亿计的消费者,成为"世界饮料之王",甚至享有"饮料日不落帝国"的赞誉。但是,就在可口可乐如日中天时,竟然另外有一家同样高举"可乐"大旗,敢于向其挑战的企业,它宣称要成为"全世界顾客最喜欢的公司",并且在与可口可乐的交锋中越战越强,最终形成分庭抗礼之势,这就是百事可乐公司。世界上第一瓶百事可乐同样诞生于美国,那是在 1898 年,比可口可乐的问世晚了 12 年。它的味道同配方绝密的可口可乐相近,于是便借可口可乐之势取名为百事可乐。

　　由于可口可乐早在 10 多年前就已经开始大力开拓市场,到这时早已声名远扬,控制了绝大部分碳酸饮料市场,在人们心目中形成了定势,一提起可乐,就非可口可乐莫属,百事可乐在第二次世界大战以前一直不见起色,曾两度处于破产边缘,饮料市场仍然是可口可乐一统天下。尽管 1929 年开始的大危机和二战期间,百事可乐为了生存,不惜将价格降至 5 美分/镑,是可口可乐价格的一半,以至于差不多每个美国人都知道"5 美分可以多买 1 倍的百事可乐"的口头禅,百事可乐仍然未能摆脱困境。在饮料行业中,可口可乐和百事可乐一个是市场领导者,一个是市场挑战者。

二、向市场领导者发起攻击

　　作为市场追随者,有两种战略可供选择:向市场领导者发起攻击以夺取更多的市场份额;或者是参与竞争,但不让市场份额发重大改变。显然,经过近半个世纪的实践,百事可乐公司发现,后一种选择连公司的生存都不能保障,是行不通的。于是百事可乐开始采取前一种战略,向可口可乐发出强有力的挑战,这正是二战以后斯蒂尔、肯特·卡拉维等"百事英雄"所做的。

　　百事可乐的一代　这时有一个对百事可乐的发展非常有利的环境。二战后,美国诞生了一大批年轻人,他们没有经过大危机的战争洗礼,自信乐观,与他们的前辈有很大不同,这些小家伙正在成长,逐步会成为美国的主要力量,他们对一切事务的胃口既大且新,这为百事可乐针对"新一代"的营销活动提供了基础。

　　但是,这一切都是在 1960 年百事可乐把客观存在的广告业务交给 BBDO(巴腾-巴顿-德斯廷和奥斯本)广告公司以后明白过来的。当时,可口可乐以 5∶1 的绝对优势压倒了百事可乐。BBDO 公司分析了给消费者构成消费心理的变化,将火力对准了可口可乐"传统"的形象,做出种种努力来把百事可乐描绘成年轻人的饮料。经过 4 年的酝酿,"百事可乐新一代"的口号正式面市,并一直沿用了 20 多年。在用色方面,百事可乐选择了蓝色,在纯白的底色上是近似中国行书的蓝色字体"Pepsi Cola",蓝字在白底的衬托下十分醒目,呈活跃、进取之态。众所周知,蓝色是创新和年轻的标志,高科技行业的排头兵 IBM 公司就选用蓝色为公司的主色调,被称为"蓝色巨人",百事可乐的颜色与它的公司形象和定位达到完美的统一。

10年后,可口可乐试图对百事可乐俘获下一代的广告做出反应时,它对百事可乐优势已经减至2∶1了。而此时。BBDO又协助百事可乐制定了进一步的战略,向可口可乐发起全面进攻,被世人称为"百事可乐的挑战"。其中两仗打得十分出色。第一个漂亮仗是品尝实验和其后的宣传活动。

1975年,百事可乐在达拉斯进行了品尝实验,将百事可乐和可口可乐都去掉商标,分别以字母M和Q做上暗记,结果表明,百事可乐比可口可乐更受欢迎。随后,BBDO公司对此大肆宣扬,在广告中表现的是,可口可乐的忠实主顾选择标有字母M的百事可乐,而标有字母Q的可口可乐却无人问津,广告宣传完全达到了百事可乐和BBDO公司所预期的目的:让消费者重新考虑他们对"老"可乐的忠诚,并把它与"新"可乐相比较。可口可乐对此束手无策,除了指责这种比较不公德,并且吹毛求疵地认为人们对字母M有天生的偏爱之外,毫无办法,结果,百事可乐的销售猛增,与可口可乐的差距缩小为2∶3。

三、迈克尔·杰克逊为百事赢得年轻一代狂热的心

1983年底,BBDO广告公司以500万美元的代价,聘请迈克尔·杰克逊拍摄了两部广告片,并组织杰克逊兄弟进行广告旅行。这位红极一时的摇滚乐歌星为百事可乐赢得了年轻一代狂热的心,广告播出才一个月,百事可乐的销量就直线上升。

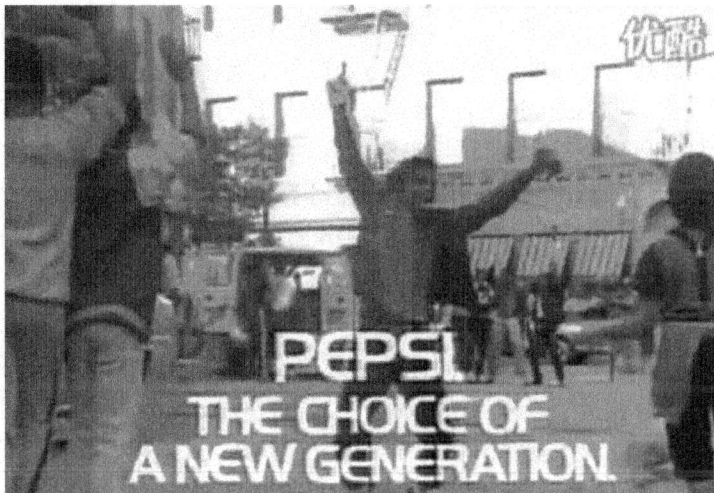

迈克尔·杰克逊1988年百事可乐广告

内容简要:一群年轻小孩在街头边喝可乐,边模仿杰克逊"太空漫步"招牌动作,不想偶遇偶像,与偶像共舞,发现偶像也在饮用百事可乐,以此宣扬百事可乐

的广告主题：百事可乐，新一代的选择（Pepsi，the choice of a new generation!）。

迈克尔·杰克逊系列广告被誉为百事史上最成功，最昂贵的广告。公司耗资500万请了当时风头正劲的杰克逊，当然其效果也是显著的。首先，分析代言人的选择。众所周知百事可乐以足球和音乐作为其品牌基础的企业文化载体，选择杰克逊是符合其企业文化的。同时，对于杰克逊即使没听过他歌的受众也肯定对他是有一定了解的，对于这部分人来说，选杰克逊是让人有亲切感的，对于自己的不了解，百事的广告更能引起大家对于杰克逊的兴趣，也增加大家对于广告的兴趣。据了解杰克逊死时全球有30亿人参加了悼念活动，由此可以想象杰克逊的歌迷有多么多，而这部分人也或许因为代言人而成为百事可乐的坚实拥护者。除了充满创作和表演的天赋、激情，杰克逊还有虔诚的宗教信仰，注重家庭，远离烟酒和药物，完全是年轻人的优质偶像，符合百事可乐"渴望无限"，倡导年轻人积极进取的理念。

其次分析其广告元素。充满动感的背景音乐，杰克逊的招牌"太空漫步"，充满活力、酷酷的新一代，一切的一切都在宣扬着一种个性，这对于美国崇尚个性和英雄的青少年来说是绝对的诱惑。所以百事可乐无疑是"新一代的选择"（The choice of a new generation 具有鼓动性和号召力的百事广告词）。同时不得不说的是此广告片除了主人公饮用百事可乐这么一个小细节以及在片尾必要的广告词和商标出现之外，没有任何赘余的关于百事元素的运用。这在一个处处充满说教广告的信息时代无疑软化了人们对于广告的抵制情绪，让人们觉得这只不过是在看自己偶像的一场表演而已，无形中增加了受众对于广告的好感。

最后分析其广告效果。据百事可乐公司自己统计，在广告播出的一年中，大约97%的美国人收看过，每人达12次。几乎与此同时，百事可乐利用可口可乐和包装商们的利益纷争，以及联邦贸易委员会对饮料行业特许包装体制的反对，成功争取数家包装商，并且让可口可乐公司遭受了一次非常公开的挫折，1984年5月，负责官方饮料供应的快餐联号伯格·金公司因不满可口可乐转向其竞争对手麦当劳公司，于是交给百事可乐一纸合同，让它为全美2 300家伯格·金快餐店提供3 000万升饮料，仅此一项每年为百事可乐增加3 000万美元的收入。伯格·金的"倒戈"，令百事可乐获益匪浅。百事可乐只有30多岁的经理约翰·斯卡林坚信："基于口味和销售两个原因，百事可乐终将战胜可口可乐"。这一预言现在终于变成了现实。在百事可乐发起挑战之后不到3年，美国《商业周刊》就开始怀疑可口可乐是否有足够的防卫技巧和销售手段来抵御百事可乐的猛烈进攻。1978年6月12日，《商业周刊》的封面赫然印着"百事可乐荣膺冠军"。A·C·尼尔森关于商店里饮料销售情况的每月调查报告表明：百事可乐第一次走进了可口可乐的领先地位。

四、从真空地带着手

百事可乐不仅在美国国内市场上向可口可乐发起了最有力的挑战,还在世界各国市场上向可口可乐挑战。与国内市场完全一样,百事可乐因为可口可乐的无入优势已经没有多少空间,百事可乐的战略就是进入可口可乐公司尚未进入或进入失败的"真空地带",当时公司的董事长唐纳德·肯特经过深入考察调研,发现苏联、中国以及亚洲、非洲还有大片空白地区可以有所作为。

肯特的至交,美国总统尼克松帮了大忙,1959 年,美国展览会在莫斯科召开,肯特利用他与当时的美国副总统尼克松之间的特殊关系,要求尼克松"想办法让苏联领导人喝一杯百事可乐"。尼克松显然同赫鲁晓夫通过气,于是在各国记者的镜头前,赫鲁晓夫手举百事可乐,露出一脸心满意足的表情,这是最特殊的广告,百事可乐从此在苏联站稳了脚跟,这对百事可乐打入苏联国家和地区也起了很大的推动作用。但是,百事可乐虽然进入了前苏联市场,却未能实现在苏联建立工厂,垄断可乐在苏联销售的计划。于是,1975 年,百事可乐公司以帮助苏联销售伏特加酒为条件,取得了在苏联建立生产工厂并垄断其销售的权力,成为美国闯进苏联市场的第一家民间企业。这一事件立即在美国引起轰动,各家主要报刊均以头条报道了这条消息。

在以色列,可口可乐抢占了先机,先行设立了分厂。但是,此举引起了阿拉伯各国的联合抵制,百事可乐见有机可乘,立即放弃本来得不到好处的以色列,一举取得了中东其他市场,占领了阿拉伯海周围的每一个角落,使百事可乐成了阿拉伯语中的日常词汇。

20 世纪 70 年代末,印度政府宣布,只有可口可乐公布其配方,它才能在印度经销,结果双方无法达成一致,可口可乐撤出了印度。百事可乐的配方没有什么秘密,因此它乘机以建立粮食加工厂,增加农产品出口等作为交换条件,打入了这个重要的市场。

百事可乐在拓宽国际市场时,一直将尼克松视为它的秘密武器,60 年代尼克松竞选惨败后,百事仍然积极对其给予支持,肯特先生以年薪 10 万美金的报酬,聘请尼克松为百事公司的顾问和律师,尼克松则利用自己的关系周游列国,兜售百事可乐,并且在竞选美国总统成功后,任命肯特为总统经济政策顾问,使其有机会影响经济政策,借以创造百事可乐在世界市场与可口可乐竞争的有利地位,在与可口可乐角逐国际市场时,百事可乐很善于依靠政界,抓住特殊机会,利用独特的手段从可口可乐手中抢夺市场。

百事可乐终于在它诞生 92 周年的时候赶上了竞争对手。1990 年,两种可乐平分市场,在零售方面百事可乐甚至超了 1 亿美元,该年度尼尔森公司对美国、欧洲和日本的 9 000 名消费者进行了调查,排出了世界上最有影响的 10 大名牌,百事可乐和可口可乐均获此殊荣,分列第 6 和第 8 位,百事可乐,已实现了成为全世界顾客最喜欢的公司梦想,1997 年,百事可乐公司全球销售总额为 292.92 亿美元,位列《财富》98 世界 500 强第 92 位,荣获饮料行业修正世界冠军,可口可乐只能屈居亚军,销售只有 188.68 亿美元,排名在 201 位。

五、可乐在中国

由于可口可乐是最早进入中国的美国企业,具有百事可乐不可比拟的先入优势,百事可乐在中国同样处于挑战者的位置。百事可乐在中国市场的竞争战略主要是:

(1) 以年轻人和爱好体育的人士为目标市场。1999 年 3 月,中国足球协会宣布,中国足协与国际管理集团经过友好协商,正式签订协议,由百事可乐公司买断今后 5 年冠名为百事可乐全国足球甲 A 联赛冠名权,从 1999 年开始到 2003 年,甲 A 联赛将冠名为百事可乐全国足球甲 A 联赛,同时,合同规定,禁止其他饮料进入甲 A 联赛俱乐部和球队。一举独占了中国最大的体育市场的宣传权,扩大在体育爱好者中的影响。另外,百事可乐的广告也全部以时尚、新潮、青年或运动人士为诉求重点。

(2) 集中开拓北京和南方主要大中城市,现在百事可乐已在国内 12 家灌瓶厂制造,包括北京、上海、深圳、广州、福州、南昌、桂林、成都、重庆及长春等地。除了长春、北京之外其他的全是南方城市,其中上海、福州、成都、重庆被认为是百事可乐最重要的领地。

(3) 并购国内饮料企业,1993 年,百事可乐在广州成立百事亚洲饮料有限公司,设立了两家浓缩液生产厂:一家负责生产,另一家负责生产当地品牌。1994 年又同天府可乐和北冰洋饮料公司达成协议,成立了重庆百事天府饮料有限公司和北京百事北冰洋饮料有限公司。

(4) 多样化经营。百事公司旗下的饮料和餐饮业务均已在中国展开。目前,百事可乐饮料在国内产品包括百事可口、七喜、美年达、激浪及北冰洋等,百事可乐餐饮在中国主要是肯德基和必胜客。自 1993 年百事可乐在中国国家轻工总会签定共同合作发展备忘录至今,公司局面国内相同项目上进行了 7 亿美元的投资,拥有 12 家合资灌瓶厂及 3 家浓缩生产厂,百事可乐国际集团还计划于未来 5 年在中国设立 9 家新厂,联同本地的合伙人,公司将会转移先进科技及器材,同时引入现代的管理市场系统。

——案例改编:向阳,《向强者挑战——百事可乐的市场竞争战略》,刊登于《中国高新区》,2008 年 9 月

质量是主题、信誉是保障

——五粮液成功的产品策略

一、背景简介

五粮液集团有限公司位于金沙江和岷江交汇处万里长江第一城的四川省宜宾市,是一个以生产经营五粮液系列酒为主业,由塑胶加工、药业、印务、包装、外贸、果酒、伏特加酒、纯净水、矿泉水、运输、饲料、和养殖等产业配套的多元化的现代公司制企业集团,公司占地面积 5 平方公里,现有职工 1 万余人,年产五粮液系列酒 10 多万吨,远销亚洲、欧洲和美洲 100 多个国家和地区,形象品牌达86 亿元,1999 年创利税 17 亿元,局全国食品行业前列。今天的五粮液繁荣昌盛,兴旺发达,犹如一颗茂盛的大树,质量无疑是它的根,靠这个根牢牢地扎生在市场上,汲取营养,成长壮大,以其果实回报市场,贡献于国家和人民。回顾五粮液的发展历程,证明一个真理,质量是永恒的主题,质量是企业的灵魂,质量是企业管理的纲。五粮液集团有限公司能够不断发展壮大,成为中国酒业排头兵,正是因为始终坚持了走质量为核心抓管理、求发展、增效益的道路。

二、质量是市场竞争中有力的武器

市场经济的竞争,即是商品的竞争,竞争的法则是优胜劣汰,质量对企业的经营有着不可比拟的重要性。今天,五粮液酒不但是国宴用酒,也是用来馈赠国内外友人的贵重礼品,更是被老百姓称为"市场经济的名牌",在广大用户消费者中享有很高的声誉,成功的诀窍正是依靠质量取胜的正确决策。

1. 市场竞争需要名牌,而名牌产品靠的是质量和信誉

公司坚定地走以质量求效益的发展之路不动摇。为了实现长远的发展,永

葆行业领先，公司首先抓的是"以人为本"、不断推行和深化全面质量管理，借此带动企业整体水平的提高和竞争力的增强。五粮液人对质量的认识在全公司上下已经逐步升华到一个新的高度，即质量问题是道德问题、是良心问题、是人的灵魂问题，人品决定产品，素质就是质量。1986年全面质量管理达标，1987年上等，1988年获得省奖、部奖，同年获得中国方园认证委员会颁发的方园认证标志，成为我国率先按照ISO9001标准获得认证通过的酒类产品。1990年获得国家质量管理奖，在我国4万多家酿酒企业中仅有两家获此殊荣。1993、1994年又在全国同行业中率先通过国内国际质量体系认证，因而在酒类行业中始终牢固保持了质量领先的优势，赢得了市场信誉，这一点为五粮液争得了市场竞争的主动权，从而创造了今天的辉煌。

2. 在质量与速度的关系上始终坚持质量第一的观念

进入20世纪90年代之后，经过五粮液人的艰苦努力，产品质量稳步提高，深受市场和消费者喜爱，长期保持了供不应求的大好局面。五粮液在质量管理和技术创新大踏步的同时，经济效益同步大幅度增长，自1991年以来每年税利递增1亿元以上，迎来了历史的大发展时期，走上了高速发展的快车道，企业的发展由质量效益型向质量规模效益型转变。公司坚持紧紧抓住质量这个中心环节，通过不断深入贯彻ISO9000系列质量管理和质量保证关键标准，完善质量体系，提高整体管理水平，保证了在规模急剧增加的同时，质量稳步提高，取得了质量规模效益，创下了企业经济效益从1991年创税利1.35亿元至1998年创税利12.5亿元的高速发展。

三、实施技术创新工程

10年来企业投资20多亿元进行技术创新，以现代科技改造传统工艺、发展传统工艺、增加技术含量高的项目，同时改进传统流水线的布局，如现使用的全

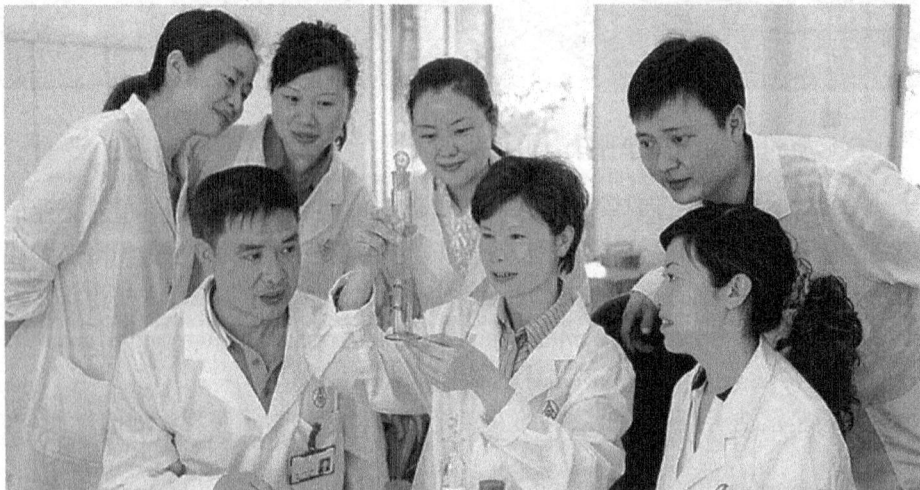

封闭、全空调的大型现代化包装流水线,除增加了产品的新技术含量外,还大大提高了劳动生产率,有力地保证了出厂产品的质量稳定、可靠、卫生。

首先,公司将现代化科技与自身生产实际相结合,发展了"五粮液勾兑技术研究"的成果,进一步提高了生产力,进行了"T"法新工艺研究和"FL"法工艺的创新,实施了三二〇工程、环保工程、RS工程,开展了人工窖泥的开发利用等现代微生物工程和其他技术的研究,并形成特色和新的生产模式,创造了显著的经济效益。五粮液人还投入技术和资金进行应用基础理论研究,既填补了在这方面的科研空白,又为企业的发展增添了后劲。例如白酒中金属离子的研究、白酒陈味的研究、低度白酒储存期中质量变化的研究等,理论上已达到较高的水平。随着公司扩建工程的相继发展,又对传统的酿酒工艺进行了大胆的探索和改革。

其次,为不断提高生产力水平,五粮液在同行中率先推广微机应用技术,自1984年以来先后开发成功"微机勾兑专家系统"、"微机配料系统"、"微机网络管理信息系统"等技术,在此基础上,五粮液集团公司已被批准实施国家"863"计划CIMS主题,成为示范工程企业之一。同时,为了实现检测手段的现代化,提高质量保证能力,近年来公司投资上千万元,在全公司各检测点配置了先进分析检测仪器和设备,如美国惠普公司的"色谱—质谱联用仪","6890—Plus气相色谱仪",日本岛津公司的"GC—9A气相色谱仪",美国PE公司的"原子吸收光谱仪",美国光谱物理公司的"高效液相色谱仪"等设备均为国内同行业中五粮液集团独家拥有或领先拥有,实现了分析检测手段上的"三谱联用",为稳定和提高产品质量提供了有力的保证。

四、用优质的服务占领市场

首先率先采用了晶质瓶包装。作为商品生产者的企业,在参与市场竞争时,只有敢于和善于打破旧的思维定式,才能求得大的发展,五粮液的实践同样证明了这一点。例如,消费者嫌原来的鼓型瓶包装太单调,几十年不变,缺乏新意,公司经过多次调查论证,在全国酒类行业中率先采用了晶质瓶包装,投入市场后,大受用户欢迎,并使"五粮液"酒上了一个档次,现在晶质瓶已经成为全国高档白酒包装的主流。后来又相继推出豪华五粮液、精品五粮液、1 500 ml秦皇五粮液、十二生肖生日专用五粮液等系列,在名酒中独树一帜。

其次开发优质新产品。要在市场竞争中还要彻底打破"质量就是满足标准要求"的旧观念,处处为用户着想,以市场为导向,根据不同的地域,文化背景,不同层次消费者对酒的口感、包装、价格等的不同需求,共同开发适销对路的新产品。相继将五粮醇酒、五粮春酒、五粮神酒、京酒、东风龙酒等五粮液系列酒40余个品牌推向市场,充分利用公司一流的技术、一流的设备、一流的人才、一流的管理的生产优势,与有实力的经销商形成强强联合,创立了品牌总经销模式更好地服务市场。

最后延长产品服务链。服务是产品质量的延伸,是企业打开市场的一把金钥匙,质量的最终标准是用户满意。从最初单纯的售前、售中、售后服务,发展为从售前的宣传、咨询,售中的单据传递、财务结算、货运安排,到售后的查询、服务、防伪打假等形成全方位、一体化服务体系,每一步的程序,要达到的标准要求都有明确的规定。把困难留给自己,把方便让给用户已经成为五粮液人的行为的准则。为了做到尽心为消费者服务,五粮液又在全国酒类行业中开创了专卖店连锁形式,现在包括香港在内全国各主要城市已设立五粮液专卖店 190 多家,成为五粮液产品的窗口、服务的窗口和紧密联系用户的纽带。

五、五粮液的成功解析

首先是超前领先的科学技术。主要运用的领先技术有:1. 基础研究与应用研究并举;2. 检测手段现代化;3. 现代微生物工程与传统工艺结合;4. 微机大量用于生产过程控制,改造了传统生产方法。

其次是系统严格的质量控制。五粮液以质量管理为企业管理的中心,狠抓技术进步稳定和提高产品质量;并实现了从认识市场到一切为了用户的转变。在企业发展的 10 年中实现了三级跳。一级跳,实现质量效益型发展(1985 年至1990 年);二级跳,实现质量规模效益型发展(1991 年至 1995 年);三级跳。迈向质量规模效益型多元化发展(1996 年以后)。

再者是周密友善的用户服务。五粮液集团公司新大门的左侧,有一座用红色花岗岩组成的椭圆形"镜碑",董事长兼总裁王国春亲自题写了"镜碑"词:"敬业奉公,精艺克靡。我们为消费者而生而长,先天下消费者之忧而忧,后天下消费者之乐而乐。如此而已,别无他求"。恒额是"以此为镜"。这是一块充分显示企业胆量、气魄、服务宗旨和精神境界之"镜"。

最后,也是最为重要的是恰到好处的品牌延伸。如今,五粮液集团已形成了三大类品牌:国际性品牌、全国性品牌和区域性品牌等 50 多个品种、100 多个规格的五粮液系列酒。梯次产品,梯次价位;区域产品,讲究特色;环球产品,追求品位;酒外产品,发挥优势。

21 世纪是质量的世纪。这昭示着科学技术的突飞猛进,生产力的高度发达,未来社会商品的竞争。国务院颁布的《质量振兴纲要》,已为五粮液指明了至2010 年质量兴国的发展蓝图。五粮液集团作为中国白酒行业龙头企业,现已发展成为一个以酒业为主、多元化发展的大型企业集团,展望未来,五粮液人更是深深受到了这种时代的压力。挑战与机遇并存,谁能不断创造高质量的产品满足消费者广泛多样的质量要求,谁就能把握先机。五粮液人将按照"没有最好,只有更好"的质量方针,以永无止境、永不满足的精神去追求和创新,去实现让消费者高度满意的庄严承诺。

　　——案例改编：刘沛龙的《论五粮液成功的两大法宝》，刊登于《经济参考报》1999 年 6 月 25 日和梁世和的《五粮液现象探析》，刊登于《经济参考报》1999 年 6 月 18 日

精准定位、捕获 90 后用户
——搜狗与携程战略合作

一、案例背景

　　以商旅起家的携程，如今也越来越重视年轻人群体的旅游市场。从去年请来邓超代言，启用全新品牌 slogan"携程在手，说走就走"；最近携程推出专门针对学生的 App"携程学生旅行"，无不显示出对年轻人群的高度重视。

　　携程高级副总裁汤澜对媒体透露，在携程的用户群中，过去 19～24 岁的年龄层只占 1%，今天这个年龄层的用户已经占到了 10% 以上，是过去几年来增速最快的一个用户群。据统计，在线旅游市场中 18～30 岁的用户比例已经占到 54.8%，这一数字还在逐年上升。

　　汤澜表示："90 后一代出生在互联网兴起的年代，有超过 85% 的人都有上网经历，并有超过 67% 的城镇青少年的家中有互联网连接。电脑及智能手机的普及使 90 后在转账、团购、票务、酒店预订、打车等在线支付手段上的比例明显高于其他人群，其生活与消费已呈现出互联网化趋势。大学新生群体正处于此年龄段的起点，若在线旅游服务商针对人群特点提供能满足其需求的旅行服务方案，便能够从用户成长初始阶段培育使用黏度，更好地传递品牌价值。"

二、大数据发现营销机会

　　携程要想扩大 90 后消费群体的市场占有率，首先必须了解 90 后，知道他们喜欢什么，需要什么，在哪里出没，如何做出消费决策。在此基础上，才能做出对

症下药的产品和营销方案。而搜狗基于日渐成熟的星云大数据分析系统发现,围绕大学新生"开学",用户有一系列迫切的需求,其中45%是关于学校的,如校区具体位置,学校是否会给新生发床垫等;还有29%是关于出行旅游的,第一次远离父母庇护,走出人生独立第一步。这些90后大学新生已经在摩拳擦掌,迫切想知道自己要怎么去大学报到,新的城市好不好玩? 这些大一新生集中在18~19岁,1995年左右出生(处在携程19~24岁重点用户群的起点),面临人生中意义重大的一次出行,这么完美的契机,正是携程抓住90后,培养其品牌忠诚的绝好机会。就这一基于大数据洞察的营销机会,搜狗和携程一拍即合,很快确定合作。

三、整合原生营销

一边是明显的需求,一边是解决方案提供商,按照常规做法,搜狗只要做一个信息桥梁,把携程的产品推送到有需求的用户面前就可以了——这已经是一个双赢的好案例。但这一次,携程与搜狗希望做到三赢,开启"依托大数据的整合原生营销"新模式,提升用户体验。

当大一新生即将为了自己的梦想,走向一个陌生的城市,心中出现迷茫、好奇和不知所措时,只需要打开电脑或是手机,进入搜狗搜索,输入与学校相关的词条和关键字,即可触发青春的旅行,了解陌生城市和校园的方方面面,解决校园生活的需求,减轻内心对未知的压力。

搜狗充分利用自己的大数据优势,整合用户信息,给校园新生打造出一份真正实用且具有时效性的校园生活指南,并将携程的"住、行、玩"信息嵌入其中,突破传统线上营销中品牌宣导、媒体传播和用户接受的模式,融入受众所在媒体环境,做到对用户"低打扰、深影响"的原生营销。

针对90后群体的这些特征,搜狗与携程合作推出了一场以《说走就走,大学是青春的旅行》为主题的互动线上活动。

四、一条跨屏传播热链

正如搜狗大数据分析洞察到的,要吸引90后的眼球,你的产品和展现形式必须足够"酷",其次才是符合他们的兴趣,能满足他们的需求。"校园生活指南",每个大学发送录取通知书时可能都有附带一份,但一点也不酷,90后们早已把它扔到桌角,他们更乐意主动到网上去搜寻关于大学和城市好玩的信息。

2014年8月27日至9月30日,搜狗将传统的"校园生活指南"创意成了PC和无线端的特型网页应用,在搜索框输入开学关键词或点击推荐专题,就会在搜索结果呈现一个信息立体丰富的独立区域。如,输入家乡所在地和大学名字,即可一键集成相关信息结果,包括解决相关出行、住宿、短途游需求的"报到我最行"和熟悉学校情况(地图、官方微博微信等,其中微信公众号内容是腾讯对搜狗独家开放的资源)的"学校早知道"两大部分。

值得一提的是,此次合作的特型搜索应用还将出现在移动端,无线搜索、输入法和号码通都将成为本次合作移动端的重要入口,将跨屏营销的模式优势充分发挥,强调精准的同时进一步提升了交易转化率。在这个跨屏营销时代,越来越多的用户喜欢通过智能手机、平板电脑等终端获取内容。搜狗也正在通过搜索、输入法、号码通、语音助手、地图等产品,多维度满足用户在移动端需求和体验的同时加紧布局,并且随着与腾讯合作渐入佳境,搜狗在无线端的营销价值日渐增长。

而且无论在 PC 端还是移动端,用户都可以从这个方框的搜索结果里,直接跳转至携程的购票下单、酒店旅游预订页面,用最短的路径,一站式解决开学相关需求。

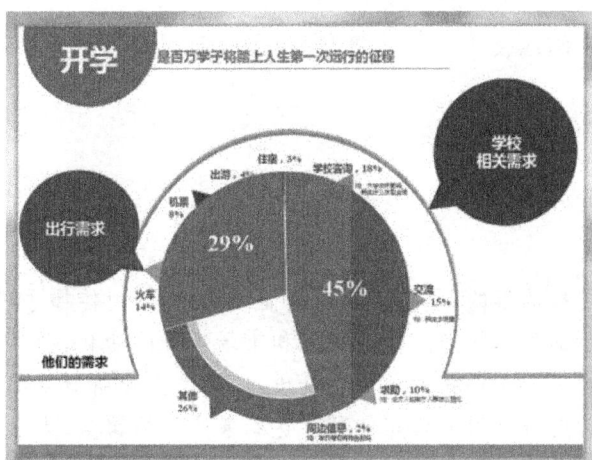

在品牌曝光上,搜狗这种通过多渠道多手段的传播形式为携程带来可观流量,包括利用搜狗覆盖范围最广的输入法产品通过心有灵犀、每日新词等形式对此次活动进行整体推广,并为活动量身制作主题输入法皮肤。活动期间,搜狗搜索还在首页特别制作活动专属 logo。另外,还通过搜狗手机助手、搜狗号码通等产品增强移动端曝光力度,在提升活动效果与转化的同时,短期内大幅提升携程的品牌影响力与品牌形象。

活动期间,全国范围内的大一新生只要在搜狗平台参与此次活动,将会享受到携程提供的多项优惠,如凭学生证和录取通知书可购买廉价机票、1 元机票抽奖活动、免费酒店住宿、1 元免费 1 日游等。搜狗副总裁洪涛表示,随着搜索引擎的发展,单纯的关键字检索已经不能满足用户和企业推广的需求。搜索背后蕴藏的大数据资源更需要我们充分的挖掘和利用。如今,搜索引擎营销是数字

营销和传统营销最为火爆的话题。

———案例来源:《搜狗如何为携程捕获 90 后用户》,刊载于《销售与市场》2014 年 09 期。

问题探讨

企业营销传播的目的,是在不同的传播环境中,利用传播手段,解决企业在特定市场阶段所遇到的问题。传播环境和市场环境的变化,必然导致营销传播模式的变化。在大众传播和大众市场阶段,广告是企业所能使用的最好的营销传播手段。因为广告利用大众媒体可以达到最广泛的覆盖,大众媒体强制的影响力可以部分转移为广告的吸引力和关注度,所以,广告成为成本最低而效果相对最好的一种企业与社会和消费者沟通的方式。随着数字通信和网络技术的普及和发展,传媒形态、传播规律正发生着巨大的变化,传播环境有了根本的转变。传统营销传播观念正在经历一场深刻的转型。新的传播环境对企业的营销传播带来了哪些影响?

一、营销观念的发展趋势

营销观念是企业在组织和谋划营销活动过程中所依据的指导思想和行为准则,它是在一定的经济基础上并随着社会经济的发展和市场形势的变化而不断创新发展的。当代市场营销理论在经历了生产观念、产品观念、推销观念、市场营销理论和社会市场营销理论之后,继续随着实践的发展而不断深化、丰富,在数字环境下产生了许多新的观念。如网络整合营销,创造需求的营销理论,关系市场营销理论,绿色营销理论,文化营销理论,整体(时)营销理论等,这些新的观念相互交融,共同构成了现代营销理论的新特色。

1. 网络整合营销

随着营销活动在新媒体时代的发展,营销实践与理论又发生了新的变化,在互联网新媒体不断发展的基础上,整合营销得到了发展,出现了"网络整合营销"(Internet Integrated Marketing Communication 简写为 EIMC),仍然以整合营销的理论为基础,但是更加专注、强调各种互联网营销方式与渠道的利用,已经逐步成为当下商业、媒体营销活动的主要形式。网络整合营销也有其需要遵守的原则,经过概括表述为 4I 原则,即 Interesting(趣味原则)、Interests(利益原则)、Interaction(互动原则)、Individuality(个性原则)。与之前的 4P、4C、4R 相比,4I 原则虽然还没有在学术界得到理论升华与论证,但是已经在业界的营销实践中得到广泛的应用,尤其是在新媒体营销领域,从业者对 4I 的重视已经超过了 4P、4C、4R 原则。这是因为 4I 原则更好地反映了互联网新媒体平台上对营销活动的要求,是取得预期营销效果的有力保障,也是电视媒体借助新技术、新平台实现营销创新必须遵循的重要原则。

2. 创造需求的营销理论

当代市场营销理论的核心是以消费者为中心,认为市场需求引起供给,每个企业必须依照消费者的需要与愿望组织商品的生产与销售。几十年来,这种观念已被公认,在实际的营销活动中也倍受企业家的青睐。然而,进入新世纪,企业将面对一个高度的买方市场,消费者需求发生了明显的变化:不仅消费能力增强,而且消费观念改变,消费层次提高;不仅有高度的物质需求,而且更重视精神文化需求;不仅有同一化的大众需求,更有追求自我的个性化需求;不仅有传统的需求,更有现代信息化、智能化、科技化的需求等等。消费者需求巨大变化要求现代企业营销变传统被动式的需求管理为主动式的需求管理,充分发挥企业主观能动性,创造需求。

树立这一新的营销理论,需从以下 4 个方面进行考虑:首先,要求企业站在战略高度分析市场,在对市场进行深入调查、预测的基础上,掌握消费者需求的发展变化规律,增强企业营销战略与营销策略的前瞻性,加速消费者潜在需求向现实需求的转化;其次,提升企业营销理念,不仅搞好品牌营销、企业营销,更要重视理念营销,走引导消费者形成新的消费观念、改变消费者的传统消费环境、帮助消费者建立新的消费方式、促进消费者提高消费质量和消费层次之路,让需求跟着企业营销走;再次,坚持以消费者为中心,重视消费者的终身价值,开展创新性营销服务,不断创造使消费者满意度升值的消费需求;最后,利用信息化时代互联网跨越传统信息时空界限,实现一对一互动传播的优越性,使企业的创造需求营销与消费者需求满足达到有机结合。

3. 关系市场营销理论

关系市场营销相比于传统的市场营销组合有较大区别,主要表现在:第一,传统营销的核心是交易,企业通过诱使对方发生交易并从中获利;而关系营销的核心是关系,企业通过建立双方良好的互惠合作关系从中获利。第二,传统营销的视野局限于目标市场上;而关系营销所涉及的范围则包括顾客、供应商、分销商、竞争对手、银行、政府及内部员工等。第三,传统营销关心如何生产,如何获得顾客;而关系营销强调充分利用现有资源,强调保持现有顾客,因而其操作原则应该围绕"关系"展开,以求得关系各方面的协调发展。关系市场营销理论的基础和关键是"承诺"与"信任"。承诺是指交易一方认为与对方的相处关系非常重要而保证全力以赴去保持这种关系,它是保持某种有价值关系的一种愿望和保证。信任是当一方对其交易伙伴的可靠性和一致性有信心时产生的,它是一种依靠其交易伙伴的愿望。承诺和信任的存在:保持发展与伙伴的关系去获得预期的长远利益。因此,达成"承诺—信任",然后着手发展双方关系是关系市场营销的核心。

4. 绿色营销理论

2000 年,随着生活水平的提高,人口质量的改善,人们更加注重家庭、社会利益,更加关心人类赖以生存的环境,在消费意识上,日益青睐既无污染又有益于身体健康的绿色产品。这种新的消费导向,使越来越多的企业接受和采用更为新型的市场营销理论—绿色营销。绿色营销理论,要求企业从选择生产技术、产品技术、材料、包装方式、废弃物的处理方式,直至产品的消费过程,都必须考虑对环境的影响,努力消除和减少生产经营对生态环境的破坏,尽量保持人与环境的和谐,不断改善人类的生存环境。在可持续发展理论的指导下,针对日益严重的环境问题而提出的绿色市场营销理论,将成为 21 世纪市场营销重要的指导思想,是环境保护意识与市场营销理论相结合的现代营销理论,展望未来,企业在营销活动中,应强调开发绿色产品,争取绿色标志,传播绿色文明,共同促进人类社会的和谐发展。

5. 文化营销理论

由于营销本身是基于满足客户的需求,当这个需求在很大程度上以文化为基础时,所以成功的营销应该努力去理解所要开拓的市场文化规范。如果产品不被接受是因为产品的价值观或习惯没有充分满足人们的需求或没有充分满足特定社会文化的价值观,公司的生产部门就必须调整和重新制定生产程序。在此,我们必须了解是什么构成文化之间的差异。文化差异是在各种人类关系都中都存在的,它不只限于语言,还包括非语言沟通、宗教、颜色、数字、风俗习惯、身份意识和食物偏好等,所有这些对不审慎的公司都是潜在的陷阱。如何消除上述差异,以下是对文化市场营销人员提供的指导:第一,对可以做的和禁忌的要有文化敏感性,对出现的各种问题要善于从文化的角度寻求答案;第二认知、理解、接受和尊重他人的文化和文化差异;第三,保持文化中立,并承认文化差别也许是好事;第四,不要试图将一个文化的概念移植到另一个文化中;第五,避免自我参照标准(SRC,self-reference)。

6. 整体(时)营销理论

当代市场营销理论在经历生产观念、产品观念、推销观念、市场营销理论、社会市场营销理论五个阶段而最终形成后,继续随着实践的发展而不断深化、丰富。整体营销是从长远利益出发,公司的营销活动应囊括构成其内、外部环境的所有重要行为者,他们是:供应商、分销商、最终顾客、职员、财务公司、政府;同盟者、竞争者、一般大众,前四者构成微观环境,后六者体现宏观环境。整时营销是追求在一段较长时间而非较短时间实现最大赢利。整时营销有助于克服急功近利,从而实现长期赢利。总之,整时营销有助于消除近视症,从而实现最大赢利。现代市场竞争的不只是少数客户,而是广大客户;不只是短期客户,而是长期客户;不只是现实客户,而是现实及潜在客户。要获得广大的、长期的、现实及潜在客户,必须坚持整时营销。

二、新媒体时代营销传播模式趋势

新媒体营销传播同传统的营销传播最大的不同。就在于新媒体营销传播是以数字技术为基础的。而传统的营销传播管理模式是以人力为主来进行企业的营销传播。数字技术的发展创造了新的传播环境,同样,数字技术也为解决新的营销传播的问题提供了可能性。新媒体营销传播的核心,是以搜索引擎为主的信息传播管理技术发展为支持。没有这种技术的支持,是不可能完成新的传播环境中企业的营销传播任务的。如果说在传统的营销传播模式,主要是通过人的创造性来完成营销传播的研究、策略、创意、制作、传播以及效果研究等问题,在其中,所使用的技术多为简单的技术。那么,新媒体时代营销传播最大的变化,就是人的创造性和数字技术的发展,在营销传播中具有同样的重要性。如果对新媒体营销传播进行概括,可以用这句话作一个定义,即新媒体时代的营销传播,是以数字技术为基础的企业的传播管理。

由于新的媒体环境正在逐渐形成,新媒体自身也正处于迅速的发展过程中,所以新媒体时代的营销传播模式当然尚不成熟。但对于新媒体时代的营销传播模式,有以下几个趋势是必须关注和研究的。

1. 新技术

新媒体时代的营销传播的技术支持主要是第三代搜索。自 2003 年以来,对第三代搜索的研发成为互联网行业革命性的亮点。第二代搜索引擎完成了把尽可能多的信息呈现于用户面前的任务。而判别其中哪些是用户所需要的信息,要由用户自己来完成。第三代搜索的革命主要表现在:给用户提供他所需要的信息。由第三代搜索引擎提供给用户的信息,是根据用户的需要,完成了筛选、分析和总结的信息。在企业进行营销传播的时候,依据这种搜索方式,企业可以对相关的信息进行监测和分析,然后通过人力的进一步研究,制定营销传播方案,再通过数字传播的平台,向利益相关者进行针对性和多层面的沟通。数字技术会帮助企业建立详细的市场数据库,并利用数据挖掘技术从互联网上搜集整理消费者的大量信息加以分析。作为营销传播的参考。同时,数字技术的发展,也会为企业营销传播的信息发送提供更多的控制可能性,并且在信息的表达方面提供更多有吸引力的形式。

2. 新原点

新媒体为企业营销传播带来的最大的机会,是使得企业可以拥有一个自己的品牌家园——企业网站。虽有许多学者从营销的角度对企业网站进行研究,并强调网站是塑造和传达品牌形象的重要载体,但均没有准确地把握网站在新媒体营销传播力的价值。在新的营销传播中,网站不仅是塑造和传达品牌形象,而且是整个营销传播的基础,是企业品牌的原点。也就是说,企业所有的营销传播活动,起点是企业网站,最后又回归到企业网站。

新媒体的平台为企业提供了更多可控制的传播形态,而网站是突出地能够同社会各个层面沟通的一种形态。企业希望传达的所有信息都可以全面地在网站上发布,企业的个性和形象也可以利用网站尽情地表现。而企业的其他传播当然要以网站为基础,同时通过这些传播扩大网站的影响,并吸引社会公众和消费者登录网站与企业有更多的接触。在传统营销中,品牌只能或者存在于营销策划者的构想或者消费者和社会公众对企业接触所形成的感知、记忆或想象中。而在新媒体营销传播中,企业网站可以为企业创造一个更加具象化的品牌家园。企业网站是企业品牌传播的新的原点。

3. 新平台

新媒体时代的营销传播必须依托新的传播平台。新的传播平台是指由数字技术发展所形成的新的企业与社会和消费者沟通的传播结构,这种结构不同于传统的传播环境。如果进行一种硬性的区分,至少有三个层面:公众传播、精准营销以及口碑营销。而这些层面又通过互动贯穿起来,形成纵横交织的脉络。公众传播主要是指现有的各种传统营销传播模式。这些营销传播模式当然会继续存在,并且在新媒体平台上延续和有所创新。但不同的是目前的这种营销传播模式将不再是唯一的,而必须要同其他沟通手段进行组合才能产生传播效果。精准营销是专门针对具有某些共同特性的、与企业相关度最高的小范围的受众甚至消费者个体展开的营销传播。而由于数据库的不断充实完善以及分析挖掘技术的提供,企业将会对消费者在品牌或传播层面、消费行为以及消费心理方面有更全面和深入的把握,所以能达到品牌接触的精准和信息影响的精准。口碑是最古老的商业传播形式。在传统媒体环境中,口碑营销一直持续地存在,并作为营销传播中的重要层面,而这种营销传播方式之所以不能大规模地发展并成为主流,关键原因在于控制性弱。新媒体是通过技术对人类日常传播活动的还原,日常生活中的人际传播当然也被包容进来,并得以扩展和延伸。比如博客、社区讨论、聊天等。在新媒体环境中,口碑传播被显形化了,而且可以通过技术进行管理。如病毒式传播,通过对议题的创意,议题会主动扩散,最后形成舆论。因而,新媒体带来了口碑营销的复兴。在传统营销传播中,口碑营销是营销传播最希望产生的效果,但由于无法控制,而变成可遇而不可求的营销副产品。而在新媒体的营销传播中,口碑营销成为营销传播结构中不可缺少的一环。同时,公众传播、精准营销和口碑营销又不是相互孤立的,企业只有对这三个层面加以组合,才能在此基础上充分利用新闻传播资源、口头传播资源、舆论领袖资源等网络资源实现营销传播效果的最大化。所以,在新媒体的平台上,营销传播之所以更加复杂化,就是因为对更多的传播形式和海量信息进行了整合和管理。

参考文献:

[1] 祝雷,黄文娟,付愉.传统与当代市场营销理论综述[J].大众科技,2009(2):196-197.

[2] 刘峰.大数据时代的电视媒体营销研究[D].华东师范大学,2014.

[3] 刘琴.广告传播的3.0时代[J].当代传播,2008(1):96-98.

[4] 陈刚.新媒体时代营销传播的有关问题探析[J].国际新闻界,2007(9):22-25.

[5] 程士安,等.数字化时代组织传播的新特征[J].广告大观(理论版),2007(3).

[6] 陈刚.新媒体传播的特点及对营销传播的影响[J].国际广告,2006(10).

问题思考

1. 什么是新媒体环境?其给广告行业带来了什么?

2. 4P营销理论、4C营销理论、4R营销理论的内涵及其提出市场环境?营销理论的转变发展说明了什么问题?

3. 运用"首付游"案例说明营销策略与广告策略的关系?

4. 归纳百事可乐追随者策略的成功之处?

5. 五粮液的品牌延伸战略是不是恰到好处?

6. 携程是如何进行市场定位的?

第二章

广告目标

理论阐述

一、广告目标分类

一般来说,广告目标应是广告作用的直接结果,是通过广告本身就可以实现的目标。广告是一种大众沟通,沟通的目的就是通过向消费者传递有关广告产品的特性、消费益处、品牌形象等信息,使其能够在产生购买行动前就对广告品牌形成一种良好的心理倾向,如对广告品牌的肯定认识、积极的情感反应、购买意向等。

广告目标根据不同的划分依据可以分为不同类型,如按目标的不同层次划分,可分为总目标和分目标,总目标是从全局和总体上反映了广告主所追求的目标和指标;分目标是总目标在广告活动各方面的具体目标,可以分解为产品销售目标、企业形象目标、信息传播目标、预算目标等。又如按目标所涉及的内容划分,可以分为产品销售目标、企业形象目标和信息传播目标。以下重点介绍业界常用的划分标准:

1. 按产品在不同的产品生命周期进行划分

(1) 导入期的告知信息型广告目标。因为此前市场上从未出现过向同类产品,所以广告内容必须是说明性的。告诉受众新产品的用途、性能、使用方法等,从而在受众的头脑中注入新产品的信息,制造新的需求;对受众可能出现的疑问做出解释。以向目标受众提供信息为目标的广告,叫告知性广告。这种广告的目的在于传达新产品的信息,介绍产品的用途、性能、使用方法和建立需求等。使市场产生对某类产品的需求,其主要目的是介绍物理性能,其次才是传播某种品牌。

(2) 成长期的说服受众型广告目标。在经过导入期的传播后,市场上的某类产品开始越来越多地被受众接受和认识,此时其他竞争品牌开始疯狂涌现,广告的目标在于配合促销、公关等活动以取胜于市场,所以广告目标偏向从无到有的建立起品牌形象和说服受众购买本品牌的产品。企业通过广告活动使受众对本品牌产生偏好,改变受众对本品牌的态度,鼓励受众转向本企业品牌产品,让品牌拥有市场竞争力,这种以说服为目标的广告,叫做说服性广告。这种广告的目的在于建立选择性需求,即使目标沟通对象从需要竞争对手的品牌转向需要本企业的品牌。

(3)成熟期的保持品牌型广告目标。市场竞争激烈但局面已相对稳定,受众对品牌已经有了一定的认识和偏好,广告的目的不再仅是树立形象和说服,同时还要不断强化品牌的良好形象,在保持原有顾客的同时深入开发潜在顾客,使品牌推迟进入衰退期。企业离开对产品的单独传播,转向通过广告活动在公众脑海中建立企业友好、公益心强、有助于社会发展或者其实力强大的广告,称为形象性广告。这种广告虽然没有直接传播企业产品,但是在建立良好的企业形象的同时,能够使受众爱屋及乌的对企业产品产生好感,提升忠诚度。

(4)衰退期的提醒型广告目标。产品到衰退期后,原有顾客或转向其他品类或继续使用本类产品。留下来的顾客忠诚度往往相对较高,此时的广告以提醒为主要目的,以使得顾客能够记得本品牌产品,也提醒顾客购买本品牌产品。

2. 按目标所涉及的范围划分

(1)外部目标是与广告活动的外部环境有关的目标。如市场目标,包括市场占有率、市场覆盖面、广告对象;计划目标,包括销售量目标、销售额目标、利润率目标等;发展目标,包括树立产品和企业形象、扩大知名度和美誉度、企业生存和发展等;竞争目标,包括与主要竞争对手相比较的广告投放量、媒体投资占有率、广告出现频率、总收视率等。

(2)内部目标是指与广告活动本身有关的目标。如广告预算目标,包括投入与产出的目标;质量目标,包括广告传播的创意、文案、制作等;广告效果目标,包括广告的传播效果、销售效果等。

二、广告目标原则

广告目标是广告策划活动所要运作的方向和实现的目标,也是评定广告效果的标准。广告目标的确定是否得当,关系到广告计划的制定和实施,关系到广告效果的好坏,也直接影响到企业的经济效益。因此,广告目标的确定要遵循科学的原则,要注意以下几种:

(1)要符合企业的营销目标。广告是企业营销活动中的一种促销手段,广告目标是企业营销目标在广告活动中的具体化。广告目标当然应服从、服务于企业的营销目标。

（2）广告目标要切实可行。在确定广告目标时，要考虑到目标实现的可行性，要从实际出发，全面分析，研究企业内外条件的影响和制约因素，既不要降低标准，也不要脱离实际盲目求高，力求使目标恰当合理，切实可行。

（3）广告目标要明确具体。广告目标不能含含糊糊，模棱两可，不能笼统地确定为开拓市场，扩大市场份额，促进商品销售等。广告目标应当尽可能地量化，确定衡量的标准，如产品知名度、市场占有率、产品销售增长率等。广告目标应具体明确，这样，既有利于广告计划的制定和实施，也有利于最后对广告效果进行测定和客观评价。

（4）广告目标应单一。在某一次具体的广告活动中，切忌追求多目标，多目标实际上是主次不分，力量也容易分散，中心不突出，难以收到应有的广告效果。

（5）广告目标要有一定弹性。广告在实施过程中，企业内外环境可能发生较大的变化，这些变化在制定广告目标时是难以预测的。广告活动为了适应这种变化，配合企业整体营销的进行，需要作适当的调整。这种调整，不是彻底地变换广告目标，而是在广告目标所能容许的限度内，以增强广告目标的适应性。

（6）广告目标要有协调性。广告活动是企业整体营销中的一个组成部分。为了配合企业的整体营销活动，在确定广告目标时，既要考虑到它与企业的其他促销手段的协调，又要考虑到与企业其他部门的活动相协调，以有利于实现企业的营销目标。

实例解析

精准目标受众、助推新品上市
——护舒宝液体卫生巾产品导入策略

一、背景介绍

每年年末，是各大品牌必争之时，各品牌都会引入新品，争夺大众注意力，实现品牌与产品的推广。卫生巾作为女性的生活必需品，在大众眼中的营销向来低调内敛。女性私密单品，如何脱离私密性进入大众的视野？成为各大卫生巾品牌推广的一大难点。作为护舒宝旗下的高端线，护舒宝极护液体卫生巾在国内认知度一般。加上售价高达 3 元/片，如何精准找到目标消费群体？成为护舒宝品牌考虑的主要问题。同时，销售渠道（线下铺北上广的卖场，主推线上电商）上的特点，也要求品牌的传播能够真正精准投放。

二、广告目标及策略

（1）精准抓住液体卫生巾的目标消费群体，即 china1＋（25～35 岁，月收入 8 000 RMB 以上，讲究生活品质的一线城市）的女性；

（2）传递品牌精神：鼓励女性打破规则，勇于追求更好的自己；

（3）传播 KPI：利用社会化平台最大化曝光"液体卫生巾"概念并启动女子公益"点名跑"，线下利用新品发布会启动女子公益"点名跑"并实现卷入全国跑团加入传播战役，精准覆盖目标受众。

为了实现以上三大目标，所采取的策略也有如下三点：1. 大数据支持，精准定位 china1＋女性；2. 创造性地与目标女性群体达成合作，成立女子跑步基金，开启女性用品营销新局面；3. 将品牌"Break the rules"精神与高端女性追求自我的，打破常规的需求紧密关联，引起受众情感共鸣；H5 体验式互动，强化产品教育。

三、执行过程

1. 软文精准口碑传播

紧紧抓住护舒宝极护液体卫生巾北美原装进口的背景，借势 alwaysiNFINITY（液体卫生巾的国外名称）积累的 0 差评口碑，护舒宝品牌在 china1＋女性进行口碑扩散。

2. 与国内知名女性励志团体趁早合作专业的女子基金

借助趁早 2014party 预热，植入产品到趁早 box，赢得大批目标受众群体的真实口碑；合作成立专门的女子跑步基金，从情感上与女性建立深层关系。

3. 体验式 H5 助力产品教育

整合营销策略，护舒宝品牌制作产品体验式的互动展示 H5 页面，基于产品定位，H5 页面采用蓝色及液体两个主要设计元素，以故事串联带动产品体验，开启产品特性的互动展示。用户通过多重互动环节，借助智能手机的重力感应、触屏、自定义手势等，切身体验产品的特性，有效增加消费者对产品的认识，提升产品的认知度与好感度的同时，导流电商。

4. ♯奔跑吧姐妹♯城市点名跑卷入全国跑团—线上线下全面覆盖

♯奔跑吧姐妹♯全国城市点名公益跑活动，鼓励女性奔跑，跑出无限大的自我的同时，为公益事业贡献力量。♯奔跑吧姐妹♯活动，以城市为单位，个人晒出跑步里程数至微博，为自己的城市累积跑步里程数，护舒宝品牌最终将以累积跑步里程数最多的城市的名义为女性 NGO 机构捐献与里程数等值的女性护理产品，卷入众多知名跑团和个人参与其中，广州城市跑成功吸引《广州日报》主动卷入并进行传播。

东方早报

奔跑吧姐妹 想跑就跑

——护舒宝全球首款源自液体材料的卫生巾登陆中国 10倍吸收触感仿若无物

5. 精准媒介投放

配合护舒宝未来感·极护在中国的上市,借助行业权威专家和意见领袖证言,通过线上、线下整合传播,在"奔跑吧姐妹"的主题之下,打造全方位的媒体曝光和消费者口碑。在媒介投放上有:主流媒体权威报道;知名网站客户端集中投放;视频类网站投放 & 垂直类女性媒体投放等,投放知名视频媒体优酷、爱奇艺、乐视,并精准投放垂直女性类媒介太平洋女性、周末画报等。

四、效果与反馈

自12月3日电商上线以来,带来50W销售;卷入全国近20个知名跑团加入,近千人参加活动,累积路程数1 130.145千米;护舒宝极护全球首款液体卫生巾广受好评,赢得大批真实用户口碑。本案例的主要创新价值体现到以下几个方面:

(1) 大数据完美定位china1＋女性:基于产品,护舒宝品牌将目标消费群体定位在china1＋的女性;应用大数据的力量,护舒宝品牌完美挖掘出她们的个性特征——热衷海淘,视跑步为一种个性而时尚的运动,乐于加入公益活动。有鉴于此我们制定一系列应对传播。

(2) 创造性设立女子跑步基金:借助于中国知名女性励志团体趁早的合作,护舒宝品牌成立了国内第一个女性用品品牌的女子跑步基金,鼓励女性追求更好的自我,获得目标消费群体的好评,并将女性护理用品脱离私密,成功开启营销新局面。

——转引自《护舒宝极护全球首款液体卫生巾上市 campaign》,发布于金鼠标官网,执行时间:2014.12.3—2015.1.1

应对危机、抢占市场
——江中抢占儿童助消化用药市场

一、背景介绍

2003年年底,江中药业股份有限公司(以下简称江中公司)在对儿童助消化药市场进行全面研究分析后,决定实施战略细分,推出儿童装江中牌健胃消食片,以对江中牌健胃消食片(日常助消化药领导品牌)的儿童用药市场进行防御;2004年中,上市前铺货、电视广告片拍摄等市场准备工作基本完成;2004年年底,销售额过2亿元,并初步完成对儿童市场的防御。2010年,儿童装江中牌健胃消食片销量达5亿元。对于一个OTC(非处方药)新品,面市6年,就在全国范围全线飘红,完成超过5亿的销售额。这样一份成绩,充分证明了实施战略细分的强大威力。

二、危机突现

2003年4月,山东省的百年老厂宏济堂,在中央电视台六套等媒体,投放了神方牌小儿消食片的一条新广告片,具体情节如下:

在一个电视广告拍摄现场中,男主角从产品包装瓶中,探出头来,说"孩子不吃饭,请用消食片",此时突然传来导演的"cut(停),是小儿消食片",于是男主角再演一遍"孩子不吃饭,请用小儿消食片",接下来画外音"神方牌小儿消食片,酸酸甜甜,科技百年,济南宏济堂制药。"

需要补充说明的是,此时的江中健胃消食片,横跨成人、儿童助消化药两个市场。由于这两个市场在消费者、竞争者各方面,均存在一定的差异,对成人而言,江中健胃消食片主要解决"胃胀、腹胀"的问题,而对于儿童,则主要解决"孩子不吃饭"(儿童厌食)的问题,所以江中公司针对成人和儿童市场,分别进行不同的广告诉求,其中针对儿童市场的广告是"孩子不吃饭,请用江中牌健胃消食片"。不难看出宏济堂此次行动的用意——直接针对江中健胃消食片,细分其儿童市场。

江中公司对此极为重视,因为神方小儿消食片直接细分的儿童市场,是江中健胃消食片的核心市场之一,而江中健胃消食片又是江中公司最主要的利润来源。何况,作为山东的强势地方品牌,选择央视这样一个全国性媒体,也体现了其欲进军全国的企图。不难想象,这条宣战式的广告片在江中公司上下引起怎样的轩然大波。

江中非常清楚,如果静观其变——让我们再看看形势如何发生,看看对手的行动是否奏效,或者看对手广告还能维持多久这类的做法,将丧失宝贵的时机,因为一旦等到神方小儿消食片在消费者心智中建立第一印象,就如同坚固的堤防被撕开了一道口子,滔天洪水将破堤而入。到时只怕江中健胃消食片想要补救都来不及,更遑论封锁竞争了。

三、应对策略

通过对江中信息部门提供的各类情报进行分析研究,很快,成美提交了题为《如何抵御神方小儿消食片》的研究报告,其主旨是建议处于领导地位的江中健胃消食片,运用财力法则,实施封锁竞争。江中公司依此方案进行了实施:在宏济堂的大本营山东、安徽、河南等地,加大江中健胃消食片的推广力度,其中电视广告投放量增加到 3 倍,并进行大规模、长时间的江中健胃消食片的"买一赠一"活动,以期通过综合打压其销量,断其现金流的方式阻止、阻止其向全国扩张。并建议江中公司借此契机,主动细分市场,加快儿童专用助消化药品的上市,趁儿童助消化药市场的竞争尚不激烈,尚无竞品占据消费者的心智,全力将新品推向全国市场,使自己成为儿童助消化药这个新品类的代表品牌,从而巩固其市场主导权。

四、寻找利润增长点,细分儿童市场

2003 年 10 月,江中市场部委托成美,作为专项课题,对"2004 年江中健胃消食片的利润增长点"进行研究。正是这项任务,成美的研究人员得以全面、深入地调查,彻底厘清了江中健胃消食片在消费者心智中的位置和认知,并纠正了江中公司"儿童助消化药市场增长有限"的错误认识。历时近 2 个月的研究结果表明:

(1)家长们缺乏"儿童助消化药"可供选择,担心儿童用"成人药品"有损健康,造成不用药儿童的数量惊人,市场存在大量空白;

(2) 地方竞品庞杂,多为"杂牌军",缺乏品牌壁垒的庇护,易于抢夺;

(3) 江中现有儿童用户满意度"虚高",家长存在儿童用"成人药品"的担心,造成用药量偏低,存在提升的空间。

细分一个市场有许多的办法。然而,并不是所有的细分都是有效的,其中企业最容易陷入的细分误区是开拓一个消费者心智中根本不存在的细分市场,而这些细分概念根本不符合消费者的已有认知和经验,像雷诺公司推出的"无烟"香烟品牌 Premier,太阳神推出的"减肥"牙膏。

以"儿童"为细分变量是否有效?研究结果显示,儿童助消化药物的主要购买者,3—12 岁的孩子家长认为"儿童助消化药"与"成人助消化药"是不同的,而且是否为"儿童专用"直接影响到他们的购买决策,是有效细分。

市场细分还需要看时机,研究结果显示,"儿童助消化药"是一个早已形成的市场,需求客观存在,而目前"杂牌"当道,"儿童助消化"的需求被全国数百个地方产品暂时性满足,谁能一马当先占据消费者心智资源,就能迅速地占据并统一市场,而无需经历长时间的认知教育,细分风险小,因此,从细分的时机上来看,也是进行战略细分的最佳点。

2004 年初,成美提交了关于未来一年江中健胃消食片增长来源的研究方案,题为《2004 年,江中健胃消食片的销售增长从哪里来》,方案中通过翔实的数据和论证分析,指出"儿童助消化药"是一个全新、待创建的品类市场,拥有巨大的市场前景,必须对儿童助消化药新品,实施战略细分,第一个创建、开拓该品类,使之成为品类的代表。相应的,江中牌健胃消食片将重新定位在"成人助消化药物"。

五、战略细分之下的整合

江中公司确定实施"儿童助消化药"细分战略后,就开始调动一切元素来制造细分品类的差异,并让消费者充分地感受到差异,包括产品、包装、口味等,以期尽快从原市场中分化出去,成为一个独立的品类市场。简而言之,更好体现"儿童专属性",从而更好满足该细分市场不断发展的需求是成功的基础。

(1) 在产品方面,儿童装江中健胃消食片为摆脱了"成人药品"的影响,完全针对儿童进行设计。片型采用 0.5 g(成人则为 0.8 g),在规格和容量上也更适合儿童。药片上还压出"动物"卡通图案,口味上则是采用儿童最喜爱的酸甜味道,同时在包装上显眼处标有儿童漫画头像以凸现儿童药品的身份……这些改进使儿童装健胃消食片的产品从各方面都更好满足儿童的需求,并不断提示家长这是儿童专用产品。由于儿童装江中健胃消食片是江中健胃消食片的产品线扩展,为了更好关联江中牌健胃消食片的领导地位,及让原有儿童消费者更放心的转移,成美提出在突出"儿童专属性"的同时,应该与江中健胃消食片紧密关联。所以,在包装的设计上,沿用了江中牌健胃消食片的整体风格,而且药片的形状同样为三角形,口味则稍为加重酸甜味。

(2)在渠道方面,由于儿童装的推出,第一步目标仍是对现有市场防御,即促使原来购买江中健胃消食片的儿童家长转为购买儿童装江中健胃消食片。因此,在面市早期,成美建议江中销售部门与药店经理积极协商,将儿童装江中健胃消食片尽量陈列在江中健胃消食片旁边;在条件允许的情况下,同时在儿童药品专柜进行陈列。自我细分基本达成后,才可完全只在儿童药品专柜进行陈列。

(3)在价格方面,为了更全面覆盖儿童助消化药市场,避免价格成为购买的障碍,从而给竞争对手创造价格细分的机会,同时考虑到有利于江中健胃消食片原有儿童消费者的转移,成美建议儿童装江中健胃消食片的零售价格不应比江中健胃消食片高过多,控制在 10 元左右,最终江中公司决定将零售价格定在 6 元,与江中健胃消食片基本持平。

(4)在推广方面,江中公司已清楚认识到,无论客观上你是或不是第一个进入新细分市场的品牌,只要成为"消费者心智中的第一个",它就被认为是原创者。当其他品牌侵犯你的领域时,它们被消费者普遍认为是仿制品。新细分市场存在于消费者心智中,谁能占据消费者心智谁将获取市场。相应的,营销过程就是对心智认知发生作用的过程。而广告则是将定位打入消费者头脑(心智)中的重要手段。因此,江中公司为儿童装江中健胃消食片的广告传播提供了充裕的资金。

值得一提的是,很多进行市场细分战略的企业,容易忘了推广品类,而直接推广品牌,热衷于诉求自己的独特性,这是个严重的错误。定位理论早已证实,先有热门的品类(细分市场),才有热门的品牌。譬如饮料市场,"可口可乐"只有将可乐做成饮料中最大的品类,可口可乐本身才能成为饮料市场第一品牌。

因此,儿童装江中健胃消食片的广告首先要做的,就是开拓这个品类,广告需反复告知消费者,"专给儿童用的,解决孩子不吃饭问题",从而吸引目标消费群不断尝试和购买,使儿童装江中健胃消食片成为消费者心智中该品类的第一。为了鲜明地让消费者将儿童型与成人型江中健胃消食片区分开,广

告片的主角启用了极具亲和力的影视明星肥肥(沈殿霞),而成人型江中健胃消食片电视广告仍继续沿用小品明星郭冬临。

六、营销效果与市场反馈

儿童装江中健胃消食片面市不久,其销量在全国范围都呈现飞速攀升的态势,面市 3 年,完成超过 3.5 亿的销售额。这极大加强了江中公司对儿童装的信心。因此,在随后的几年里,江中公司在资金分配上,将儿童装江中健胃消食片作为优先保障产品,拨出巨额推广费用,全力抢占"儿童助消化药"的心智资源。

　　——案例来源:《战略细分,江中抢占儿童助消化用药市场》,发布于成美官网|案例展示 http://www.chengmei-trout.com/case_detail.aspx? id＝97

借助产品推广、提升品牌影响力
——西门子洗碗机"我不想洗碗"实战分析

一、广告背景及目标

调查显示,在 80/90 后的年轻一代中不想洗碗的人群占到 90％以上,甚至为了不洗碗而被称作"懒癌"都无所谓。为了推销自己的洗碗机,西门子家电瞄准这一消费者痛点,激活每个人心底那股"我不想洗碗"的情结,同时借助社交平台扩大和延伸这种情绪,从而达到拓展产品认知度的目的。此次活动广告主西门子家电提出的目标有:

(1)借助洗碗机产品推广,提升品牌影响力。
(2)专业化西门子家电品牌形象。
(3)增加微博微信粉丝。
(4)带动门店与电商,促进产品销量。

二、策略与创意

本案通过 3 个阶段的活动,整合微博微信平台,利用话题传播、微信游戏、KOL 转发等方式将"我不想洗碗"的传播主题推向目标消费者,从而达到拓展产品知名度、带动销售的目的。

三、执行过程

1. "我不想洗碗,我有画说"创意大赛
"我不想洗碗"是消费者内心深处的诉求,此次大赛通过创意作画的形式以及社交平台的传播将这一情绪激发出来，让消费者有感而发地进行创作。活动预热期，我们通过3次网络问卷调查，请发网络话题，围绕"洗碗"抛数据炒话题，并以"洗碗"进行话题投票，在论坛及微信上的阅读量高达1.6万。

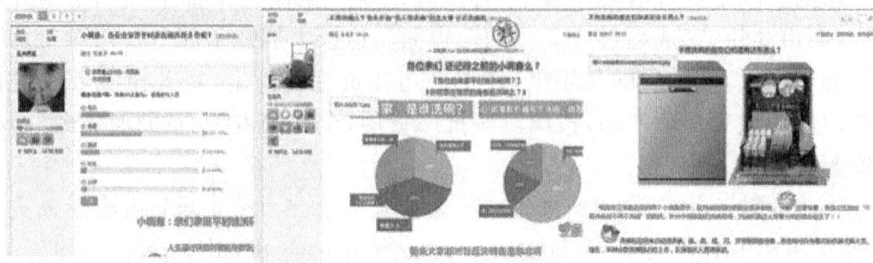

活动 minisite 搭建（网址链接：〈http://www. babydao. com/zt/siemens/〉）："我不想洗碗，我有画说"宝贝岛活动创意征集上线，活动参与人数达到 28 941 人次，参赛作品共计 117 个。西门子我不想洗碗活动专题最高投票作品达 20 116 票。合作媒体助推：宝贝岛通过 PC 端硬广资源和 Web 端自媒体资源为活动专题带来曝光量高达 101 848 次，微信阅读量共计 10 000 次。自媒体＋KOL 资源联合导流：PC 端及 WAP 端活动专题上线后，通过官方微博微信发布，相关 KOL 大号推广，瞬间引爆全网络。

2.“解放双手半小时”江西巡回创意展

活动第二阶段,结合一场落地线下活动,一款微信定制游戏,以创新艺术表达方式推广西门子洗碗机产品,将西门子洗碗机“解放双手半小时”的产品理念传达给目标消费者。南昌万达广场西门子洗碗机“解放双手半小时”创意活动,连续2天轰炸全南昌城,单天人流量达近万人,现场设置了亲子手工游戏、玻璃房漫画互动、微信疯狂刷盘大赛、微信打印机、产品使用报名等妙趣横生的环节。活动在微博和微信朋友圈中得以广泛传播,造成了轰动效应并成功引起了本地传统媒体的关注。现场围观观众人山人海,同时邀请了当地互联网媒体人、微博微信网络红人、电台等媒体到现场进行观看和报道。

3.“解放双手半小时”7天免费试用申请

活动第三个阶段,西门子洗碗机“7天免费试用申请”活动专题页面上线,分为 WAP 端及 PC 端,分向导流。结合本地微博微信当红意见领袖转发申请页面,吸引用户申请试用,试用分享可以给更多用户直接了解洗碗机。利用精准营销工具 DSP 及粉丝通,定位人群投放,把对的人群引入活动页面,控制成本,投放有效流量。合作媒体助推:宝贝岛通过 PC 端硬广资源和 Web 端自媒体资源为活动专题带来曝光量高达 83 543 次。本地 KOL 助推:微信 KOL 曝光量达到:98 236,微博 KOL 曝光量达到:101 300。

四、广告效果与市场反馈

此次西门子洗碗机"我不想洗碗"活动,官方微博曝光量总计 2 157 200,微博粉丝增加量1 715。活动微信曝光量总计 28 345 000,官方微信粉丝增加量 6 030。

(1)"我不想洗碗,我有画说"创意大赛。"我不想洗碗,我有画说"宝贝岛活动创意征集上线,活动参与人数达到 28 941 人次,参赛作品共计 117 个,最高投票作品达 20 116 票。微博 KOL(Key Opinion Leader)曝光量 20 478,微信 KOL曝光量 8 245。

(2)"解放双手半小时"江西巡回创意展。趣味"疯狂刷盘"游戏,互动量达到 4 500 次,结合本地微博微信当红意见领袖转发游戏,并给线下活动宣传预热,PV 达 70 000 人次。

(3)"解放双手半小时"7 天免费试用申请。西门子洗碗机 7 天免费试用招募专题 pc 端及 web 端点击量高达 83 543 pv,预约报名人数 1 989 位。活动精准媒体(微博粉丝通、DSP)曝光量总计:21 348 822。宝贝岛通过 PC 端硬广资源和Web 端自媒体资源为活动专题带来曝光量高达 83 543 次。

"我不想洗碗"戳中痛点。 在中国,饭后洗碗是一个让人"累觉不爱"的传统。调查显示,在 80/90 后的年轻一代中不想洗碗的人群占到 90%以上,越来越多人自曝"懒癌"患者,为了逃避洗碗引发"家庭战争"的事例屡见不鲜。另一方面,当下洗碗机市场尚处消费者培育阶段,观念上的缺失成为最大阻力。

西门子洗碗机的营销思路,从找到消费者的痛点开始,激活每个人隐而不发的"我不想洗碗"情结,借助社交沟通利器,从而拓展西门子洗碗机的认知度,确立市场领导者的品牌地位,"我不想洗碗"的阶段话题应运而生。

——案例来源:《西门子洗碗机"我不想洗碗"》,发布于金鼠标网,http://www. goldenmouse. cn/html/case/anlilei/zhengheyingxiaolei/kuameitizheng/2015/0128/1910. html

携手优质平台、提升品牌曝光
——2014 长虹 CHiQ 爱在一起网络推广方案

一、背景与目标

电器产品大卖的背后是电器商家营销混战的愈演愈烈,长虹作为老字号品牌商家,在这场混战中,不同于其他品牌硬性的产品营销,长虹 CHiQ 以崭新视角挖掘网络营销价值,充分利用娱乐营销的互动性与娱乐性,与腾讯 QQ 空间携手打造了"长虹 CHiQ 爱在一起"活动,以其别样的品牌营销面貌博取了众人眼球。其广告目标为以下两个方面：

（1）借助并制造用户关注点及兴趣点，输出有效内容，引发在互联网上的广泛传播和扩散，提升长虹年轻化智能产品 CHiQ 的市场热度，促进销量；

（2）通过优势资源与平台合作制造互联网大面积曝光，提升长虹 CHiQ 品牌的知名度及好感度。

二、策略与创意

主题提炼：面对如今家电设备智能化，群体年轻化的现状，长虹推出智能系列产品 CHiQ，旨在用爱回馈消费者多年来的陪伴与支持，用爱来制造更高品质，更好体验的智能家电，提升消费者的幸福指数。"爱在一起"是本次长虹 CHiQ 的营销主题。

策略：本次推广活动围绕"爱在一起"分为三个篇章，爱的表白，爱在一起，爱的承诺。从借势双十一光棍节，引领全新的网络表白形式，爆发"爱的表白"活动狂潮，到持续引发消费者情感沟通的"爱在一起"活动，选拔出最佳情侣上广告头条，同时，线下最佳情侣"七年求爱"病毒视频传播，爱的承诺活动持续传播，引发长尾效应。

三、执行过程

阶段一：选择活动平台，搭建活动基地

选择了互动性，娱乐性较高，年轻人群较为集中的腾讯作为本次推广活动的主平台，分别与腾讯空间，腾讯视频，腾讯微博，腾讯网等资源进行深度合作，打造活动聚合平台。

同时，用户在参与主互动的同时，还可进入长虹社区，品牌官网，长虹电商等进行浏览，将流量利用最大化，形成闭环效应。

阶段二:借势双十一,与 QQ 空间合作,打造网络脱光表白活动

　　用户可填写虚拟表白卡片,赠送虚拟礼品(植入长虹 CHiQ 卡通形象作为虚拟礼品),发送给心爱的人。用户也可以在界面中编辑自己的爱情故事。活动期间参与人数破了网络表白的新纪录,超过 140 万用户参与网络表白在短短的 11 天里面。活动总曝光 20 亿次。

阶段三："爱在一起晒出幸福"活动号召用户上传幸福合照，DIY 相册。

通过票选，可以有机会上广告头条，获得最佳情侣称号及精美礼品。

参赛者网络口碑阵地爱情故事爆出，引发网络关注。主贴短时间内阅读量近 20 万，回复上百条。

拍摄表白病毒视频，巧妙植入长虹 CHiQ。

阶段四："爱在一起爱的承诺"情侣求爱视频发布，社交平台迅速传播

诞生最佳情侣，平台展示最佳情侣的甜蜜经历，爱情承诺。网友可观看线下情侣求爱视频，点赞送祝福。求爱视频发布，通过微信微博等阵地传播，短时间内观看次数超 60 万次。

四、效果与反馈

光棍节表白脱单活动总曝光超 20 亿次，总参与表白次数超 140 万次，创造网络表白人数新纪录；爱在一起三阶段活动总曝光超 30 亿次，总参与互动数超 500 万次；最佳情侣内容营销外围情感故事帖各阵地发布阅读总数超 40 万次。病毒视频各阵地总播放量近百万。

长虹市场部负责人认为，本次活动不光在互联网上有效地将长虹 CHiQ 的知名度瞬间打响，并且在短时间内运营了互联网的创新营销方式提升了长虹的品牌好感度及年轻化定义，让消费者与品牌的距离更为贴近。活动参与人数也大大超过了预期数字。并且有效带动了产品销量。整体活动极大带动了长虹美 CHiQ 多款产品的曝光率和销售额增幅达 10% 以上；活动期间，11 月部分热卖区域"虹色风暴"爱在一起促销活动短短几天内 CHiQ 电视热卖超 6 000 台，并带动其他长虹 CHiQ 产品，美菱等产品线销量，总销量近 9 000 万元。创造历史佳绩。

刘海中(长虹企划部部长)表示,对于 CHiQ 这样"新生命"而言,知名度与好感度的培育是我们的首要任务。腾讯 QQ 空间的互动传播形式既温馨动人又极容易扩散传播,何况 QQ 和 CHiQ 都有一个"Q",所以很自然地就"在一起"了。同时借力以爱情为主题的光棍节,我们与腾讯 QQ 空间合作推广品牌活动,参与的网友数量大大超过了预期。另外,长虹此次不仅单纯地在进行品牌营销活动,更重要的是同期长虹各产品公司也进行了大量以"在一起"为主题的市场推广活动,形成了线上到线下的联合推广声势,也取得了较好的联动效果。

——案例来源:《2014 长虹 CHiQ 爱在一起网络推广方案》,发布于金鼠标官网,执行时间:2014. 11. 1—12. 31 http://www.goldenmouse.cn/html/case/anlilei/zhengheyingxiaolei/shuzimeitizhe/2015/0124/1679.html

问题探讨

为什么要做广告? 广告应达到什么效果? 在这个问题上,广告主常犯的一个错误是,把提高销售额作为广告的唯一目标。在许多广告主看来,公司花钱做广告的一个基本原因就是推销产品或服务。因此,销售额或与之相关的某个指标(如市场占有率)是广告的唯一有意义的目标,也是判断广告成功与否的唯一标准。犯有这种错误的主要原因是,这些广告主不知道什么是广告目标,广告目标与营销目标的区别与联系。对广告经理来说,了解广告目标与营销目标的区别与联系是非常重要的。在制定了营销目标后,广告经理必须善于将营销目标转化为广告目标,或制定出有助于实现营销目标的广告目标。

一、广告目标与企业营销目标的联系与区别

广告是市场营销手段之一,广告目标就是整个广告活动要达到的最终目的。它的宗旨是为企业传播信息,以使企业增加销售机会和利润,扩大社会影响。企业营销目标是指企业为实现利润所开展的营销活动所要达到的目的。因此,广告目标与企业营销目标两者紧密相关,又相互区别。

1. 广告目标与企业营销目标的联系

学者汪天益在其文章《广告目标与企业营销目标的关系》中,认为两者的关系可概括为结构关系,逻辑关系和隶属关系。其中,隶属关系是两者的本质关系。首先从结构上看,广告目标是企业营销目标的一个组成部分。广告目标与企业营销目标在结构上的关系可通过把两者置于企业这个大系统之中,来获得清晰的认识。企业作为社会的一个组织,它有很多目标,如:政治目标、经济目

标、文化目标等。在这些目标中又有许多次级目标,如经济目标又可分为产值目标、利润目标、资金目标等。每级目标的实现都应有次级目标作保障。例如,利润目标的实现,须有营销目标作保障,没有营销活动,企业就不可能实现利润。营销活动一般涉及到市场、产品、价格、广告和渠道等方面。因而企业营销目标的实现也必须依赖于市场目标、产品目标、价格目标、广告目标和渠道目标。可见,广告目标是企业营销目标的一个组成部分。

其次从逻辑上看,先有企业营销目标,后有广告目标。产品广告的出现源于企业对该企业产品的推销。当然,产品的推销不是盲目的,它是有计划、有目的地进行的,这就需要制订产品目标和计划,而产品目标和计划是在总的营销目标下进行的。于是,有了下面的逻辑顺序:先制订营销目标,再制订产品目标,最后制订广告目标。这里需要指出的是,广告目标和产品目标在营销目标中是同等级的目标,但在确定两种目标时却存在逻辑顺序差别。

最后从隶属关系上看,广告目标必须服从或服务于企业营销目标。从隶属关系来看广告目标与企业营销目标的关系对搞好广告工作更具实际指导意义。在前面的结构关系中已表明,在企业营销目标中,除广告目标外,还有市场目标、产品目标、价格目标和渠道目标。因而广告目标是由企业营销目标所决定的,它必须服从和服务于企业营销目标。换言之,广告目标要以市场情况、产品档次、价格水平和销售渠道为依据,使之在方向、内容、时间和空间等各方面同企业营销目标保持协调,促使企业营销目标全面实现。如不能清楚认识到这种隶属关系,必将使广告目标脱离实际,广告工作者在广告主题、广告创意、广告表现、媒介组合等设计、制作和发布的实际广告活动中也将步入歧途。

2. 广告目标与企业营销目标的区别

在广告实践中,广告主大都是混淆了营销目标与广告目标,将销售额作为广告目标。例如,如果一家公司的营销目标是在一年内将销售额提高 20%,广告主便将这个营销目标作为广告目标。结果这个目标能否实现就成了衡量广告成败的唯一标准。在许多广告主看来,花钱做广告就是为了提高销售额。离开销售额,任何广告目标都没有意义。如果不能提高销售额,广告也就失去它存在的意义。这种观点的错误在于,混淆了营销目标和广告目标的区别,看不到其他营销组合变量对销售额的制约和影响作用,从而过分夸大广告的力量。

广告目标是为实现营销目标服务的。但是,广告目标又不同于营销目标。广告目标通常以消费者的反应变量,如品牌知晓、品牌认知、品牌偏好等来表示。而营销目标通常用销售额及其有关的指标,如市场占有率、利润率或投资回报率等指标来表示。例如,某一品牌产品的营销目标是将销售额提高 30%,而为实现这一目标服务的广告目标应是:提高品牌知名度 90% 以上;提高品牌认识 70%;提高品牌偏好 40%;提高尝试购买 35% 以上、品牌忠诚(再购买)率达到

20%等。因此,销售额的提高并不一定意味着广告的成功,销售额的下降也并不一定意味着广告的失败。广告与销售额的关系可以理解为销售额是广告的长远目标或最终目标,而广告的沟通目标是广告的近期目标或直接目标。

二、营销目标如何转化广告目标

制定广告目标的过程就是将营销目标转化为广告目标的过程。要实现这一转化,首先就要了解销售额的提高来自哪种购买行为,广告主期望通过促进、强化或改变目标消费者的哪种购买行为来提高销售额;其次,还要搞清通过广告沟通什么信息,或通过引起目标受众的何种反应,才能导致这种所期望的行为。

● 提高销售额的营销目标

销售额的提高,实质上是产品使用的提高。销售额主要来自三种行为:吸引新的消费者,尝试购买(第一次购买)该品牌;提高现有消费者的品牌忠诚度;刺激现有消费者更多使用该产品,提高产品使用率。

1. 获得新的消费者

如下图所示,可将某一类产品的消费市场细分为三部分:细分 E 的是现在购买 A 品牌的消费者;细分 O 的人是那些购买除 A 品牌之外的其他品牌的消费者;细分 N 的消费者不购买这类产品的任何品牌。提高 A 品牌产品销售额的途径之一是吸引新的消费者。从图中可以看出,要吸引新的消费者,主要有两种策略:一种主要策略是吸引细分 O 的消费者;另一种策略是吸引细分 N 的消费者,即那些现在不使用这类产品的人。

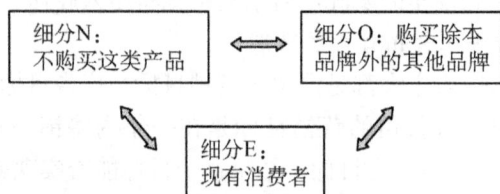

2. 提高已有消费者的品牌忠诚度

销售额的提高部分取决于现有消费者的品牌忠诚度。细分 E 的消费者,即已有的消费者中,一部分人非常忠诚,只购买 A 品牌,或几乎不买竞争者的品牌。对这些消费者应该采取的策略是:努力保持其品牌忠诚度,提高其使用率,以减少其购买其他品牌。为此,广告可以提醒他们本品牌的重要特性,或强化其使用经历。此外,通过有奖销售活动也能达到保持其品牌忠诚的目的。细分 E 中的另一些消费者在我们品牌与其他竞争品牌之间不断转换。但通过采取一些措施,也可使这些消费者更忠诚于 A 品牌。比如,如果发现他们没有意识到本品牌的真正优势,就可通过广告加深其品牌理解,使他们认识到本品牌优于其他品牌,从而忠诚于 A 品牌。然而如果这些消费者确信几个竞争品牌之间没有什么差别,要保持其品牌忠诚就不够现实,为此所要付出的代价也是很大的。

3. 提高使用率

提高现有消费者的产品使用率是获得销售额的又一个途径。提高使用率的方法有:引导消费者以其熟悉的方式更多使用本品牌,或提出新的使用方法、新的产品用途。例如,为了提高方便面的销售量,康师傅方便面的一则广告便向消费者建议:一包方便面有两种吃法,即可干吃,又可汤吃。

● 通过行为制定广告目标

在通常情况下,广告不能直接引起消费者的行为反应,但是广告通过向其沟通广告品牌的某些重要特性,或消费益处,建立广告品牌与某些人物、使用情景或某些肯定情感的联系等,能引起目标消费者对广告品牌的良好反应,这种反应最终引起上述那些所期望的行为。这种介于广告与行为之间的反应变量称为中介变量,也就是广告的目标变量。广告所要引起的消费者反应主要有:品牌认知、品牌理解、品牌情感及品牌形象等。

三、制定广告目标的方法

企业在制定广告规划时,应首先设定广告目标,但对如何设定广告目标并测定其广告效果,人们有很多种不同的看法。在制定广告目标上国外有两种比较有影响的方法。

方法一:科利的 DAGMAR 法。

在 21 世纪 60 年代初,美国广告学者科利创造了 DAGMAR(Defining Advertising Goals for Measured Advertising Results)理论,意思是"为可度量结果而确定广告目标"。他认为"广告目标是记载对行销工作中有关传播方面的简明陈述","广告目标是用简洁、可测定的词与笔之于书",其"基准点的决定是依据其所完成的事项能够测量而制定",科利提议采用"商业传播"的 4 阶段理论去研究、分析消费者在知觉、态度或行动上的改变,从而达成广告最后说服消费者去行动的目标。

知名(Awareness)即潜在顾客首先一定要对某品牌或公司的存在"知名";了解(comprehension)即潜在顾客一定要了解这个品牌或企业的存在,以及这个产品能为他做什么;信服(Conviction)即潜在顾客一定要达到某心理倾向并信服想去购买这种产品;行动(Action)即潜在顾客在了解、信服的基础上经过最后的激励产生购买行为。

方法二:莱维奇(Lavidge)和斯坦纳(Steiner)模式。

罗伯特·J·莱维奇和加里·A·斯坦纳于 1961 年在美国期刊《市场杂志》上,提出了一种不同于 DAGMAR 理论的"从知名到购买的进展"层级模型。广告可认为是一种必须把人们推上一系列阶段的力量。

（1）在最初阶段是人们完全不知道某种商品品牌或企业的存在。

（2）对产品的存在已经知晓,但到购买还有一大段距离。

（3）对产品进行了了解,开始接近购买。

（4）使产品与自身利益相联系后,更接近购买。

（5）对于产品产生偏好,离购买有一步之遥。

（6）产生购买欲望,相信购买为明智之举,开始行动。

（7）产生实际购买行为。

但 L&S 模式存在一定的缺陷。主要有以下几个方面:首先是对于某些商品的购买,消费者可能并不按照这一模式进行,他们可能开始后就停止,或者可能做错然后重新开始。其次是后面阶段对前面的阶段产生影响。再者是从知名到购买全过程可能在瞬间完成,尤其在低风险低花费产品购买上更为常见。最后是有的消费者购买行为可能完全不遵循这种过程。他们可能能按照某种其他途径做出购买决策。

四、设定广告目标的观点

（1）以产品销售情况来设定广告目标。企业根据产品的销售情况如销售数量、销售金额、市场占有率等来设定明确而具体的广告目标。扩大产品的销售规模,意味着企业能从中获得更大的经济效益。这种方法简单、易行,特别是对直接营销的商品,其优势更为明确。因为对直接营销的商品,直邮广告、电话广告可以直接与广告受众联系,消费者是否购买可以很快得知。但对于大多数消费品的营销而言,广告效果不太明显。

（2）以消费者的行为设定广告目标。当广告目标不能直接以产品的最后销售效果制定时,企业可以引导或改变广告受众的消费行为来设定广告目标。例如,某些企业设定的广告目标是广告受众者在作出购买决定前采取某种明确的行动,如向企业索取更详细的产品资料、网上访问该企业主页、电话或信件咨询等。对这类消费者,企业可以采取直接营销方式,由推销人员上门洽谈,从而提高推销访问的针对性和效率。

（3）以传播效果来设定广告目标。以传播效果来设定广告目标,就是提高产品的知名度,让更多的广告受众了解产品,心理上接受和偏爱广告产品。这类广告目标的设定,短期来看,未必有明显效果,但却是大多数企业经常采用的方式。

参考文献:

[1] 汪天益.广告目标与企业营销目标的关系[J].广告大观,2000(5):26.

〔2〕王新玲.广告目标·营销目标·目标变量[J].销售与市场,1995(11):16-18.
〔3〕何佳讯.广告案例教程(第三版)[M].上海:复旦大学出版社,2010.
〔4〕陈爱国.广告原理与实务[M].北京:冶金工业出版社,2008.

问题思考

1. 广告目标与销售目标、营销目标的区别与联系?

2. 确定广告目标的方法有哪些? 他们分别有什么特点?

3. 影响广告目标制定的因素有哪些? 请举例说明?

4. 江中抢占儿童助消化用药市场运用了哪些策略? 是如何实行的?

5. 西门子洗碗机抓住了消费者怎样的心态? 有此心态的目标受众有何特点?

6. 按产品生命周期分析护舒宝液体卫生巾的广告目标策略。

第三章

目标市场策略与
广告目标受众

理论阐述

一、目标市场策略

目标市场,是指通过市场细分,被广告主所选定的、准备以相应的品牌、产品或服务去满足的现实或潜在的消费需求的那一个或几个细分市场。目标市场是企业决定要进入的市场。市场是一个完整的系统,这个市场体系是由包含许多市场要素的各个相对独立的市场构成的有机综合体,是庞大而复杂的。每个相对独立的市场又有着各自建立的基础,有各自独特的领域和存在形式,并发挥着各自的作用。任何规模巨大的企业都不可能满足所有买主的整体需求,无法为所有的顾客提供人人满意的服务。因此,每个企业都必须为自己的市场规定一定的范围和目标,满足一部分人的需要,也就是必须首先对市场按一定的标准进行细分。只有正确地选择了目标市场,才能有针对性地根据消费者心理需要,把商品信息通过不同的媒体传递给目标消费者。企业的一切营销活动都是围绕目标市场进行的,选择和确定目标市场,明确企业的具体服务对象,关系到企业任务、企业目标的落实,是企业制定营销战略的首要内容。

广告目标市场策略是企业在细分市场的基础上为进行广告营销活动而选择出一个或几个最有开发潜力的市场而采取的策略。目标市场战略一般有无差异市场广告策略、差异性市场广告策略和集中性市场广告策略三种。

无差异市场广告策略是在一定时间内,不去考虑细分市场的特性,而注重市场的共性,向同一个大的目标市场只推出单一产品,运用各种媒介搭配组合,做同一主题内容的广告宣传,力求在一定程度上满足尽可能多的顾客的需求。无差异性营销的理论基础是成本的经济性,生产单一产品,可以减少生产与储运成本;无差异的广告宣传和其他促销活动可以节省促销费用;不搞市场细分,可以减少企业在市场调研、产品开发、制订各种营销组合方案等方面的投入。这种策略对于需求广泛、市场同质性高且能大量生产、大量销售的产品比较合适。这种策略一般应用在产品引入期与成长期初期,或产品供不应求、市场上没有竞争对手或竞争不激烈的时期。它有利于运用各种媒介宣传统一的广告内容,迅速提高产品的知名度,以达到创牌目的。

差异市场广告策略是指在市场细分的基础上,企业根据不同细分市场的特点,运用不同的媒体组合,做不同主题的广告。这种广告无论在满足消费者的需求上,在产品品质与外观特点的宣传上,在广告形式上都具有很强的针对性。也就是说,是针对特定的一批消费者而制作的。一般来说,在广告产品成长期的后期,成熟期或遇到同行激烈竞争时,通常运用此种广告策略。这种策略是在产品进入成长期后期和成熟期后的广告策略。这时,产品竞争激烈,市场需求分化较突出。由于市场分化,各目标市场各具不同的特点,所以广告设计、主题构思、媒介组合、广告发布等也都各不相同。

集中性市场广告策略是企业把广告宣传的力量集中在已细分的市场中一个或几个目标市场的策略。此时,企业的目标是集中力量争取在较少的分市场或子市场上有较大的市场占有率,以替代在较大市场上的较少市场占有率。因此,广告也只集中在一个或几个目标市场上。集中性营销策略的理论依据是将有限的资源集中起来在小市场占大份额,集中性营销策略适合资源力量有限的中小企业。中小企业由于受财力、技术等方面因素的制约,在整体市场上可能无力与大企业抗衡,但如果几种资源优势在大企业尚未顾及或尚未建立绝对优势的某个或某几个细分市场上进行竞争,成功的可能性更大。集中性营销策略的局限性体现在两个方面:一是市场区域相对较小,企业发展受到限制。二是潜伏着较大的经营风险,一旦目标市场突然发生变化,如消费者趣味发生转移,或强大竞争对手的进入,或新的更有吸引力的替代品的出现,都可能使企业因没有回旋余地而陷入困境。

● 目标市场广告策略的选择

当企业实力雄厚,可考虑采用差异或无差异广告营销策略,相反资源有限,则选择集中广告营销策略;如果顾客需求、购买行为基本相同,对营销策略的反应也大致相同,即市场是同质的,可实行无差异广告营销策略。当产品特征同质化强,消费需求差异较小,产品之间竞争主要集中在价格上,适用于无差异广告营销策略;如果企业是向市场投入新产品,竞争者少,适宜采取无差异广告营销策略、以使了解和掌握市场需求和潜在顾客;当产品进入成长期或成熟期以后,就可采用差异广告策略,以开拓新市场,或实行集中广告营销策略设法保持原有市场,延长产品生命周期;如果竞争对手实行无差异广告营销策略,企业一般就应当采用差异广告营销策略相抗衡。如果竞争对手已经采取差异广告营销策略,企业就应进一步细分市场,实行更有效的差异广告营销策略或集中广告营销策略(见下表)。

三种策略选择标准表

目标市场广告策略	企业资源或实力	市场同质性	产品同质性	产品生命周期	竞争对手数目	竞争对手策略
无差异	多	高	高	介绍期	少	——
差异	多	低	低	成熟期	多	无差异
集中	少	低	低	——	多	——

二、广告目标受众

"广告受众"一词是广告研究人员从传播学理论中借用"受众"这一术语改造而成的一个广告学专用术语。所谓广告受众,就是指广告传播活动中,广告信息传播的对象,广告信息的直接接触者、接受者。广告传播从表面上来看,通过传播媒介的传播能够对所有接触广告媒介的公众产生作用,所有接受广告信息的公众都能够成为广告的客体。但实际上,广告的目的是针对特定的目标消费者进行诉求,并对他们发生作用的,并不是针对所有的人的。由此可以把广告受众分为广告实际受众和广告目标受众。[1] 广告的实际受众,指的是通过各种媒介接触到广告信息的所有受众。其中广告的目标公众,是指广告主体根据特定的广告目标要求所确定的广告活动的特定的诉求对象。商业广告的目标受众分为4类:

(1)普通消费者,即为满足个人生活需要而购买商品的消费者大众,由个人和家庭组成,是广告活动的主要传播对象。这个庞大的受众群体正是广告的行动对象。

(2)工商组织成员,包括生产资料(诸如办公设备、生产机械、原材料和软件)的生产企业、社会组织等,是区别于一般消费者的大宗货物购买者。针对这类受众的产品和服务往往需要人员销售。另一方面,由于广告诉求不是面对团体整个成员,通常是团体的特定的决策者,因此,可以利用广告在潜在买主中创

---

① 郑小兰,谢璐主编.广告原理与实务[M].北京:中国林业出版社,2007.8:241.

造知名度,培养有利态度。

(3)商业渠道成员,包括零售商、批发商和经销商,他们既是日用产品和服务生产商的受众,同时也是生产资料生产商的受众。生产商只有从商业渠道获得足够的零售量,产品才能到达买主,因此,广告必须针对市场的商业环节。各种广告和促销形式均有助于培养满足商业渠道成员的需求。

(4)专业人员,指医生、教师、律师、会计或其他任何接受过特殊培训或持有证书的专业人员,他们构成了广告的特殊目标受众。一方面,由于这类受众具有特殊的兴趣和需求,因此针对专业人员的广告应注重于表现专门为满足他们的需求而设计的产品和服务,且在广告中使用来源于专业人员公认的专业术语和特殊的环境。另一方面,这些具备专业背景的人员的权威性,又使得他们成为对企业目标顾客购买行为有影响的人员。例如,购买药品和营养食品的消费者则较为信任医生的建议,购买孩子学习书籍的消费者则重视老师的意见。因此,注重这类目标公众是十分有意义的。

实例解析

多子多福亦风流
——宝洁公司的差异化市场策略

一、背景介绍

品牌延伸曾一度被认为是充满风险的事情,有的学者甚至不惜用"陷阱"二字去形容其风险之大。然而,纵观世界一流企业的经营业绩,我们就不难发现,

宝洁在中国市场的品牌

(图片源自宝洁公司网站:http://www.pg.com.cn/Products/)

这其中既有像索尼公司那样一贯奉行"多品一牌"这种"独生子女"策略的辉煌，更有像宝洁公司这样大胆贯彻"一品多牌"差异市场策略，在国际市场竞争中纵横驰骋尽显"多子多福"的风流。宝洁公司是一家美国的企业。它的经营特点：一是种类多，从香皂、牙膏、漱口水、洗发精、护发家、柔软剂、洗涤剂，到咖啡、橙汁、烘焙油、蛋糕粉、土豆片，到卫生纸、化妆纸、卫生棉、感冒药、胃药，横跨了清洁用品、食品、纸制品、药品等多种行业。二是许多产品大都是一种产品多个牌子。以洗衣粉为例，他们推出的牌子就有汰渍、洗好、欧喜朵、波特、世纪等近10种品牌。在中国市场上，香皂用的是舒肤佳，牙膏用的是佳洁士，卫生巾用的是护舒宝，仅洗发精就有"飘柔"、"潘婷"、"海飞丝"三种品牌。要问世界上那个公司的牌子最多，恐怕是非宝洁莫属。

二、差异化市场策略

宝洁公司执行的是差异化市场策略，但不是把一种产品简单地贴上几种商标，而是追求同类产品不同品牌之间的差异，包括功能、包装、宣传等诸方面，从而形成每个品牌的鲜明个性，这样，每个品牌都有自己的发展空间，市场就不会重叠。以洗衣粉为例，宝洁公司设计了九种品牌的洗衣粉，汰渍（TIde）、奇尔（Cheer）、格尼（Gain）、达诗（Dash）、波德（Bold）、卓夫特（Dreft）、象牙雪（lvorySnow）、奥克多（Oxydol）和时代（Eea）。他们认为，不同的顾客希望从产品中获得不同的利益组合。有些人认为洗涤和漂洗能力最重要；有些人认为使织物柔软最重要；还有人希望洗涤和漂洗能力最重要；还有人希望洗衣粉具有气味芬芳、碱性温和的特征。于是就利用洗衣粉的九个细分市场，设计了九种不同的品牌。宝洁公司就像一个技艺高超的厨师，把洗衣粉这一看似简单的产品，加以不同的佐料，烹调出多种可口的大菜。不但从功能、价格上加以区别，还从心理上加以划分，赋予不同的品牌个性。通过这种多品牌策略，宝洁已占领了美国更多的洗涤剂市场，目前市场份额已达到55％，这是单个品牌所无法达到的。

三、制造"卖点"

宝洁公司的多品牌策略如果从市场细分上讲是寻找差异的话，那么从营销组合的另一个角度看是找准了"卖点"。卖点也称"独特的销售主张"，英文缩写为USP。这是美国广告大师罗瑟·瑞夫斯提出的一个具有广泛影响的营销理论，其核心内容是：广告要根据产品的特点向消费者提出独一无二的说辞，并让消费者相信这一特点是别人没有的，或是别人没有说过的，且这些特点能为消费者带来实实在在的利益。在这一点上宝洁公司更是发挥得淋漓尽致。以宝洁在中国推出的洗发精为例，"海飞丝"的个性在于去头屑，"潘婷"的个性在于对头发的营养保健，而"飘柔"的个性则是使头发光滑柔顺。在中国市场上推出的产品广告更是出手不凡："海飞丝"洗发精,海蓝色的包装,首先让人联想到蔚蓝色的大海,带来清新凉爽的视觉效果,"头屑去无踪,秀发更干净"的广告语,更进一步在消费者心目中树立起"海飞丝"去头屑的信念;"飘柔",从牌名上就让人明白了该产品使头发柔顺的特性,草绿色的包装给人以青春美的感受,"含丝质润发家,洗发护发一次完成,令头发飘逸柔顺"的广告语,再配以少女甩动如丝般头发的画面,更深化了消费者对"飘柔"飘逸柔顺效果的印象;"潘婷",用了杏黄色的包装,首先给人以营养丰富的视觉效果,"瑞士维他命研究院认可,含丰富的维他命原B5,能由发根渗透至发梢,补充养分,使头发健康、亮泽"的广告语,从各个角度突出了"潘婷"的营养型个性。还有:沙宣——专业定型,动感时尚;润妍——倍黑润发,专为东方人设计;伊卡璐——天然植物,草本精华,小资定位等。

可以看出,宝洁公司多品牌策略的成功之处,不仅在于善于在一般人认为没有缝隙的产品市场上寻找到差异,生产出个性鲜明的商品,更值得称道的是能成功地运用营销组合的理论,成功地将这种差异推销给消费者,并取得他们的认同,进而心甘情愿地为之掏腰包。

四、能攻易守

传统的营销理论认为,单一品牌延伸策略便于企业形象的统一,减少营销成本,易于被顾客接受。但从另一个角度来看,单一品牌并非万全之策。因为一种品牌树立之后,容易在消费者当中形成固定的印象,从而产生顾客的心理定势,不利于产品的延伸,尤其是像宝洁这样的横跨多种行业、拥有多种产品的企业更是这样。宝洁公司最早是以生产象牌香皂起家的,假如它一直沿用"象牙牌"这一单一品牌,恐怕很难成长为在日用品领域称霸的跨国公司。以美国 Scott 公司为例,该公司生产的舒洁牌卫生纸原本是美国卫生纸市场的佼佼者,但随着舒洁牌餐巾、舒洁牌面巾、舒洁牌纸尿布的问世,使 Scott 公司在顾客心目中的心理定势发生了混乱——"舒洁该用在那儿?"一位营销专家曾幽默地问:舒洁餐巾与舒洁卫生纸,究竟那个品牌是为鼻子设计的? 结果,舒洁卫生纸的头把交椅很快被宝洁公司的 CHARMIN 卫生纸所取代。宝洁公司正是从竞争对手的失败中吸取了教训,用一品多牌的策略顺利克服了顾客的"心理定势"这一障碍,从而在人们心目中树立起宝洁公司不仅是一个生产象牙香皂的公司,还是生产妇女用品、儿童用品,以至于药品、食品的厂家。

许多人认为，多品牌竞争会引起经营各个品牌企业内部各兄弟单位之间自相残杀的局面，宝洁则认为，最好的策略就是自己不断攻击自己。这是因为市场经济是竞争经济，与其让对手开发出新产品去瓜分自己的市场，不如自己向自己挑战，让本企业各种品牌的产品分别占领市场，以巩固自己在市场中的领导地位。这或许就是中国"肥水不流外人田"的古训在西方的翻版。

从防御的角度看，宝洁公司这种多品牌策略是打击对手、保护自己的最锐利的武器。首先从顾客方面讲，宝洁公司利用多品牌策略频频出击，使公司在顾客心目中树立起实力雄厚的形象；利用一品多牌从功能、价格、包装等各方面划分出多个市场，能满足不同层次、不同需要的各类顾客的需求，从而培养消费者对本企业的品牌偏好，提高其忠诚度。其次对竞争对手来讲，宝洁公司的多品牌策略，尤其是像洗衣粉、洗发水这种"一品多牌"的市场，宝洁公司的产品摆满了货架，就等于从销售渠道减少了对手进攻的可能。从功能、价格诸方面对市场的细分，更是令竞争者难以插足。这种高进入障碍无疑是大大提高了对方的进攻成本，对自己来说就是一块抵御对手的盾牌。

五、经验借鉴

从宝洁公司的成功中看到了多品牌策略的多种好处，但并非是坦途一条。俗话说"樱桃好吃树难栽"，要吃到多品牌策略这个馅饼，还需要在经营实践中趋利除弊。

首先是经营多种品牌的企业要有相应的实力，品牌的延伸绝非朝夕之功。从市场调查，到产品推出，再到广告宣传，每一项工作都要耗费企业的大量人力物力。这对一些在市场上立足未稳的企业来讲无疑是一个很大的考验，运用多品牌策略一定要慎之又慎。其次是在具体操作中，一定要通过缜密的调查，寻找到产品的差异。有差异的产品品牌才能达到广泛覆盖产品的各个子市场、争取最大市场份额的目的。没有差异的多种品牌反而给企业加大生产、营销成本，给顾客的心理造成混乱。最后是要根据企业所处行业的具体情况，如宝洁公司所处的日用消费品行业，运用多品牌策略就易于成功。而一些生产资料的生产厂家则就没有必要选择这种策略。

——案例改编：燕翔的《多子多福亦风流——宝洁公司多品牌策略评析》，刊登于《企业改革与管理》，2000 年 04 期，第 42-43 页。

为什么不能叫干黄

——"贡桔干酒"的目标市场定位策略

一、背景

1999 年,江西飞环集团斥资 5 000 万元成立了"飞环酒业股份有限公司"。该公司利用当地被誉为"桔中之王"的"南丰密桔",成功地研发了一种高品质的果酒,企业为产品命名为"贡桔干酒"。在当年,世界果酒执行主席麦尔考先生对"贡桔干酒"给予了高度评价;2000 年初,该酒又获得了布鲁塞尔国家博览会的酒类最高奖。果酒按类型可分为:干型酒、半干酒、半甜酒、甜酒。其中,最高档的是干型酒(甜度在 4 度以下)。在市场上,最流行和销量最大的果酒是葡萄酒,其中又以干白、干红居级之冠。"贡桔干酒"色泽淡黄,酒体丰满,香味典型,含锶、硒等益脑微量元素,其维生素和氨基酸含量均超过干白和干红。1999 年 8 月,北京市一家市场调查公司经过对全国五大城市调查,对该酒给予了基本肯定,认为该酒的零售价应该定在 14 元/瓶左右;稍后,广州一家调查公司认为该酒的市场零售价不能高于 10 元/瓶。在 1999 年 11 月,北京智生堂营销顾问有限公司对"贡桔干酒"给予了大胆否定,认为产品以"桔子酒"的定位推出是没有卖点的,品位无法提升,价格也无法提高,企业的投资回报将难以实现。并提出了新概念"干黄",认为将"贡桔干酒"划入"干酒"市场,将有利于产品的营销,飞环集团在"智生堂"的配合下,从市场调查开始,在概念营销的带动下,确定了合理的价格策略,上市后迈出了成功的第一步。

二、目标市场定位

通过对北京、上海、广州、南京、成都、西安、郑州、杭州等城市进行的针对性实地调查,得出结论是:人们对桔子酒的认知,与对桔子干酒的认知是不同的。桔子酒的卖法应不同于桔子干酒,贡桔干酒不能当作桔子酒来卖,干酒的卖法应等同于干红、干白的卖法才适合。另一方面。在市场中只有 0.08% 的人明确选择用桔子做的干型酒。可见,其市场十分狭小,潜量有限。因此,他们认为应将产品的目标市场定位在消费者选择几率较高的葡萄酒市场中。并且,必须对产品重新进行命名,以使其能够顺利进入葡萄酒市场。

产品应该是借干白、干红之势,进行趋势定位,让消费者认为是同类产品中的新产品。经过调查:由"南丰密桔"为原材料生产的干型酒,颜色淡黄,消费者是否认可,直接关系到以产品命名是否会成功及上市后的成功率。从抽样的结果看,消费者喜欢的酒色依次是:红色——黄色——桃红色——白色——淡绿色。因此,黄颜色的酒是被消费者接受和认知的。在市场上,干白是指干型白色葡萄酒,干红是指红色葡萄酒,可见,果酒是可用颜色来命名的。贡桔干酒色泽淡黄,对其更名创意为"干黄"。另外抽样结果表明,消费者中,有96.95%的知道"干红"指的是葡萄酒;有76.12%的知道"干白"指的是葡萄酒。消费者对干白和干红的认知率越高,其对"干黄"的联想率就越高。几大城市对干黄的联想认知为57.16%。那么,产品"干黄"的创意命名是成立的,"干黄"这个命名对其销售会起到较好的推动作用。

三、营销战略

产品市场导入战略   在产品概念创意上,将"桔酒"改为"干黄",并以凸显"干黄"为全新卖点,并力求使产品个性化。在产品对市场的导入时,整个产品的宣传诉求程序是:先推"干黄",再推"品牌",再推"原料",最后推"厂家"。本产品诉求战略与传统的营销导入方法不同。传统的营销导入方法,一般是先诉求品牌,再诉求产品。本战略设计的先推产品,再推品牌的理由是:"干黄"概念本身即具备品牌特征和品牌价值。因此,这一导入战略并不背离品牌战略路线。飞环酒业可以据此为基础,实施品牌工程。

1. 产品的市场竞争战略

干黄的市场定位是中高档产品。虽然产品是以蜜桔为原料生产的干型酒,但在果酒市场上,仍应以干型葡萄酒为营销方向和竞争目标。在营销策略上,要向"干红"和"干白"靠拢,追求与干红和干白的概念差异和品种差异,在竞争中尽可能回避原料差异。换言之,干黄的竞争战略是靠拢干型葡萄酒,而远离诸如苹果酒等其他果酒。在目前的市场上,果酒的竞争首先是葡萄酒圈与其他果酒圈之间的两大类竞争。在消费者的心中,葡萄酒的档次要高于其他果酒,故此,把自己定位于葡萄酒层面,在市场上即处于较高的位势。

2. 产品的目标市场战略

根据市场调查,饮用干酒的顾客一般在30~40岁左右。因此,干黄的目标市场应以该年龄段的白领阶层为主,包括商务消费人群。这个目标市场,消费能力强,富有朝气,观念求新,娱乐应酬多,是比较理想的消费群体。

3. 产品的市场价格策略

在产品的市场竞争中,"飞环干黄"将自己列入葡萄酒圈内,因此,干黄的市场价格战略也应以干型葡萄酒为参考依据,把市场上畅销品牌的价格作为基准,使自己执行同位价格战略。因此,居高定位策略不可取,居低定位策略不可用。"同位略高"的价格战略比较适合市场发展路线。在企业制定价格时,干黄的价格要比干红略高5%为宜。干白、干红、干黄,要做到价位步步高升。目前,飞环干黄的零售价为39.8元/瓶。

四、消费行为研究

市场调查发现,果酒的消费特点主要集中在节庆日和酒店娱乐场所。调查对象在卷中回答"在什么情况下才喝果酒"时,其答案如下:58.60％的人在过节团聚时饮用;24.03％的人在平时就爱喝;21.63％的人在酒吧娱乐场所饮用;16.53％的人在酒店、餐饮饮用;12.11％的人随别人一起喝。这个市场调查结果,为销售渠道选择提供了依据。

消费者对新产品的了解方式:消费者通常情况下是用以下方式知道新酒上市的:有70.39％的人是通过电视广告;有28.40％的人是通过报纸广告;有12.45％的人是听别人介绍;有11.93％的人是看到了厂家促销宣传;有8.58％的人是由服务人员介绍的。这个市场调查结果,为市场启动提供了依据。

产品的包装关系到产品的档次。干型果酒的包装一般有两种:一是"波尔多"瓶,一是"莱茵"瓶。飞环酒业公司在布鲁塞尔专门选择了纯黑色的"莱茵"型瓶。纯黑色有高档的象征,也有避光的好处,有利于干酒的保存。更有个性的是,它是目前中国大陆唯一使用的此类酒包装。并且,调查显示:有39.78％的人喜欢无色的瓶子;有33.51％的人喜欢黑色的瓶子;有19.73％的人喜欢绿色的瓶子;有11.51％的人喜欢棕色的瓶子;有4.36％的人喜欢黄色的瓶子。调查结论:黑瓶包装成立。

五、电视广告创意

名人篇创意构思:"干黄"是一个产品概念,本概念创意即在借干白、干红之势巧妙进入市场。因此,广告中要有干白、干红铺垫才能托起干黄。名人的推介力最强,在广告中,创意名人广告唯是最捷途径。产品的目标市场定位于白领圈内,所以,现在产品形象代言人应当符合市场定位。

广告脚本(名人篇):(画面及潜台词)一位男士西装革履,坐在桌前,酒吧里有一点烛光。男士:"喝酒看潮流,过去喝干白、后来喝干红,现在应该喝干黄!"酒杯在微微转动,凸现酒质晶莹。一贯小姐,右手拿一朵小黄花,对男士含情一笑,闻一下,左手拉开上衣口袋,将花插进上衣。男士手端酒杯,(模仿)闻一下,左手拉开左上衣口袋,忘情地把一杯酒倒进了口袋——然后惊愕地瞪大了眼睛——回过神来的表情。一只空酒杯在屏幕上晃动。广告语:"多情总是干黄"一只飞环干黄酒瓶子推出,定在酒杯旁边——(接)"飞环干黄",打出标志及字样。

广告脚本(绝对篇):在一个豪华的餐厅内,一位中年男侍应生连续打开了三瓶酒。他边打开酒,边自言自语道"干白、干红、干黄。"然后把酒一起放在桌面上。这时,一位老板走来,侍应生面带笑容道:"干白? 干红? 干黄?"老板说"绝对是干黄!"侍应生忙倒了一杯干黄。接着又有一位中年男士走来,侍应生问"干白？干红？干黄？"男士说:"绝对是干黄!",这时,一位漂亮的小姐走来,侍应生马上倒了一杯干黄,十分自信地递上去道:"绝对是干黄",小姐接过酒杯,惊讶不解地张开了嘴巴。侍应生得意的笑脸。飞环标志和"干黄"字样飞出。

六、执行与效果

2000 年 6 月,"飞环干黄"可以说是完事具备,只待启动。在 2000 年 7 月 25 日,飞环集团董事长陈泉龙先生在广州与策划人会晤,最后决定于 2000 年 9 月 9 日正式启动全国市场。"九·九"出新酒。"飞环干黄"在 9 月 9 日上市也在追求着一种吉祥。8 月 20 日,飞环酒业股份有限公司召开了上市总动员大会。9 月 9 日,"全国名优产品颁奖暨飞环干黄上市发布会"在北京人民大会堂举行。大会由全国消费者基金会和飞环集团联合主办。北京各大新闻媒体纷纷加入了报道。与此同时,在南昌、上海、广州三地也召开了形式别样的"飞环干黄中秋酒会",许多外国朋友和艺界名人参加了"干黄＋冰块"的赏月晚会。稍后,中央电视台、湖南卫视、江西卫视、北京电视台等相继开始播发产品广告。销售人员和经销商们也开始铺市和促销。上市工作有条不紊,有声有色。"飞环干黄"上市第一个月,实现销售回款 76 万元人民币,市场启动获得了初步成功。

——案例摘自:张辉的《为什么不能叫干黄》,刊登于《中国经营报》2001 年 2 月 6 日。

年轻人的第一辆车
——奇瑞 QQ 精确对准目标市场

一、微型车行业概述

微型客车曾在 20 世纪 90 年代初持续高速增长,但是自 90 年代中期以来,各大城市纷纷取消"面的",限制微客,微型客车至今仍然被大城市列在"另册",受到歧视。同时,由于各大城市在安全环保方面的要求不断提高,成本的抬升使微型车的价格优势越来越小,因此主要微客厂家已经把主要精力转向轿车生产,微客产量的增幅迅速下降。

在这种情况下,奇瑞汽车公司经过认真的市场调查,精心选择微型轿车打入市场;它的新产品不同于一般的微型客车,是微型客车的尺寸,轿车的配置。QQ微型轿车在 2003 年 5 月推出,6 月就获得良好的市场反应,到 2003 年 12 月,已经售出 28 000 多辆,同时获得多个奖项。

二、产品定位策略

汽车产品一般是以价格档次定位,比如"经济型轿车"、"中级轿车"、"豪华轿车"等。奇瑞 QQ 是以细分消费群体为明确客户定位的汽车产品。

"年轻人的第一辆车"提出了年轻的上班族崭新的生活方式——拥有汽车、拥有一个属于自己的移动空间,享受驾驭乐趣,这不只是有多年工作经历的上班族的专利,年轻的上班族同样也能进入汽车时代。而在此前,年轻人的上班族的出行方式基本上是公交或者自行车,打出租车只是偶尔的事情。国内的汽车厂商一般都认为,年轻的上班族不会买车,或者说上班族需要多年积累才有实力买车,而且即使在有了一些经济实力之后,上班族在买房和买车之间一般选择前者,而不是后者。而奇瑞 QQ 打破了传统的社会理念和消费观念,为年轻的上班族提出了汽车消费新理念。

奇瑞公司经过调查得知,金融信贷工具在国内的广泛使用和信贷市场的成熟,增强了年轻上班族的购买力度,培育了他们信贷消费的全新理念,而且年轻人注重生活质量,崇尚时尚的生活方式,这使得年轻人提前拥有属于自己的轿车成为现实可能和主观需要。另外,随着年轻人的成长,他们对社会的贡献越来越大,他们所占据的社会位置越来越重要,社会对他们的经济回报也一定是越来越大,年轻的上班族那时还会换更高价位的轿车。这就是奇瑞 QQ"年轻人的第一辆车"产品定位的创意初衷,也表明了奇瑞公司对汽车消费市场的深入分析和对目标消费群体的准确把握。

奇瑞公司有关负责人介绍说,为了吸引年轻人,奇瑞 QQ 除了轿车应有的配置以外,还装载了独有的"I-say"数码听系统,成为了"会说话的 QQ",堪称目前小型车时尚配置之最。据介绍,"I-say"数码听是奇瑞公司为用户专门开发的一款车载数码装备,集文本朗读、MP3 播放、U 盘存储多种时尚数码功能于一身,让 QQ 与电脑和互联网紧密相连,完全迎合了离开网络就像鱼儿离开水的年轻一代的需求。

三、品牌策略

QQ 的目标客户群体对新生事物感兴趣,富于想像力、崇尚个性,思维活跃,追求时尚。虽然由于资金的原因他们崇尚实际,对品牌的忠诚度较低,但是对汽车的性价比、外观和配置十分关注,是容易互相影响的消费群体;从整体的需求来看,他们对微型轿车的使用范围要求较多。奇瑞把 QQ 定位于"年轻人的第一辆车",从使用性能和价格比上满足他们通过驾驶 QQ 所实现的工作、娱乐、休闲、社交的需求。

奇瑞公司根据对 QQ 的营销理念推出符合目标消费群体特征的品牌策略:

在产品名称方面:QQ 在网络语言中有"我找到你"之意,QQ 突破了传统品牌名称非洋即古的窠臼,充满时代感的张力与亲和力,同时简洁明快,朗朗上口,富有冲击力;

在品牌个性方面:QQ 被赋予了"时尚、价值、自我"的品牌个性,将消费群体的心理情感注入品牌内涵。

引人注目的品牌语言:富有判断性的广告标语"年轻人的第一辆车",及"秀我本色"等流行时尚语言配合创意的广告形象,将追求自我、张扬个性的目标消费群体的心理感受描绘得淋漓尽致,与目标消费群体产生情感共鸣。

四、产品定价策略

新车上市,主要有两种定价策略:"高开低走"和"低价入市",奇瑞 QQ 选择了后者。

奇瑞 QQ 上市之前,奇瑞公司曾经在新浪微博做了一个"网络价格竞猜"活动,在由 20 万人参加的奇瑞 QQ 新车价格竞猜调查中,大多数人都认为这样一款设计时尚、性能不错、自己舒适的新车价格应该在 6 至 9 万之间。与消费者大众相比,更有发言权的不少业内人士也认为,该车在 5 至 8 万之间。然而,奇瑞公司最终宣布的价格却是 4.98 万元。

奇瑞的低价入市策略有着很大优点:第一,在短时间内形成购车热潮,获得了新车难得的良好口碑;第二,销售规模迅速崛起,使新车在国内微型车市场上占据了领跑者的位置;第三,新车的热销,使得汽车厂商的大规模生产成为现实,产能的充分释放又使得新车的零部件大规模采购成为可能,从而为终端产品的低价提供了成本保障和前提条件。

"高价低走"策略的定价逻辑是,新车先以比较高的价位入市,赚足尽可能多的单车利润,而后盯着市场供需变化和竞争对手的降价来不断调低自己新车的价格。奇瑞 QQ 低价入市策略与奇瑞 QQ 的"不仅便宜,而且时尚"的产品理念是吻合的,也与奇瑞公司"造中国消费者买得起的具有世界品质的轿车"的造车理念一致。

五、整合营销传播

QQ 作为一个崭新的品牌,在进行完市场细分与品牌定位后,投入了立体化的整合传播,以大型互动活动为主线,具体的活动包括 QQ 价格网络竞猜,QQ

秀个性装饰大赛,QQ 网络 FIASH 大赛等等,为 QQ2003 年的营销传播大造声势。

相关信息的立体传播:通过目标群体关注的报刊、电视、网络、户外、杂志、活动等媒介,将 QQ 的品牌形象、品牌诉求等信息迅速传达给目标消费群体和广大受众。

各种活动"点""面"结合:从新闻发布会和传媒的评选活动,形成全国市场的互动,并为市场形成了良好的营销氛围。在所有的营销传播活动中,特别是网络大赛、动画和个性装饰大赛,都让目标消费群体参与进来,在体验之中将品牌潜移默化地融入消费群体的内心,与消费者产生情感共鸣,起到了良好的营销效果。

QQ 作为奇瑞诸多品牌战略中的一环,抓住了微型轿车这个细分市场的目标用户。但关键在于要用更好的产品质量去支撑品牌,在营销推广中注意客户的真实反应,及时反馈并主动解决会更加突出品牌的公信力。

据奇瑞汽车销售有限公司总经理金弋波介绍说:"因为广大用户的厚爱,QQ现在供不应求。作为独立自主的企业,奇瑞公司什么时候推出什么样的产品完全取决于市场需求。对于一个受到市场热烈欢迎的产品,奇瑞公司的使命就是多生产出质量过硬的产品,让广大用户能早一天开上自己中意的时尚个性小车 QQ。"

QQ 的成功,引起了其他微型车厂商的关注,竞争必将日益激烈。2004 年 3 月奇瑞推出 0.8 L 的 QQ 车,该车具有全自锁式安全保障系统、遥控中控门锁、四门电动车窗等功能,排量更小、燃油更经济、价格更低。新的 QQ 车取了"炫酷派"、"先锋派"等前卫名称,希望能够再掀市场热潮。

——案例改编自:沈小雨,《定位鲜明　奇瑞 QQ 诠释"年轻人的第一辆车"》,刊登于《成功营销》,2004 年第 2 期,第 34 - 36 页。

玛驰,美到刚刚好
——玛驰锁定都市时尚女性

一、营销背景与目标

玛驰是日产汽车旗下最畅销的车型之一,2010 年被东风日产引入中国市场,但经过 4 年时间,这款主打年轻人的微型小车并未达成日产人的期待,成为热卖车型。2014 年末,东风日产与其代理公司欲将此款车型进行重新定位,从车型本身造型圆润、做工精细、驾控轻巧的特点出发,将目标人群锁定为都市时尚女性。

时尚个性

新玛驰

致炫

嘉年华

全新飞度

女性 ←————————————————→ 男性

现款玛驰

马自达2

缤威

C2

新Polo

雨燕

爱唯欧

标志207

活力运动

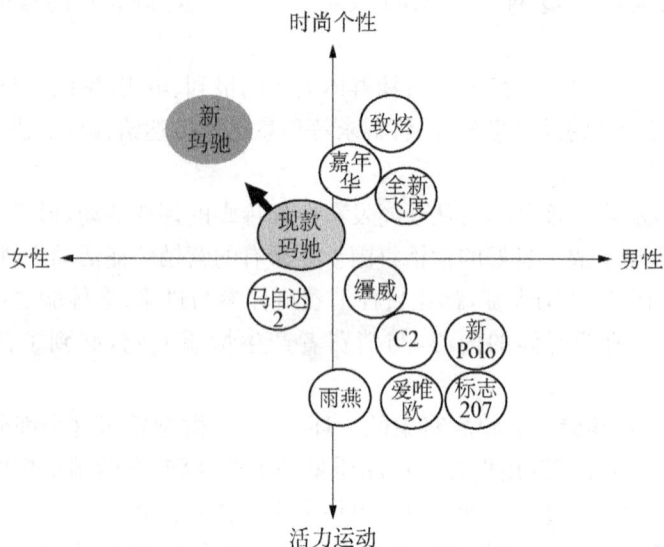

中国汽车行业保持飞速发展,车型繁多,细分市场不断复杂化。中国人买车的思维,也正从以往一味追求性价比和大空间,向追求另一种生活方式转变。选择买一辆什么样的车,已经成为一种自我性格与态度的体现。而女性人群,是中国汽车庞杂的细分市场里常被忽略的一支购买主力。

1. 面临的营销困境及挑战

(1) 玛驰上市四年内,市场主动发声较少,并未形成广泛的知名度。

(2) 车型本身除推出粉色版之外,并无实质上的改变。

(3) 汽车营销通常以男性受众为主体,而女性的购买思维与男性截然不同,如何打动她们,是一个需要探讨和深究的问题。

2. 消费者洞察

首先,女人是一种"视觉动物",她们对事物的外观有着天然的挑剔,"时尚"、"美"对她们来说有着无法抵御的魔力;其次,女人是一种"感性动物",尤其是打拼在职场上的女白领,面对工作与生活的压力,她们需要心灵鸡汤的滋养、受人赞许的目光,来释放自己。

整体目标:完成玛驰时尚女性新定位的转变,围绕"我的四轮包包,美到刚刚好"的传播主张进行内容和话题的制造与传播,获得都市时尚女性人群的认可。

二、策略与创意

策略:车,可以是男人身份的一张名片,为什么不可以是女性必备的一件时尚单品?

以视觉征服,让她们感受玛驰这辆小车,可以为自己带来最美的一面;以情感打动,在一个充满浮华、虚假审美的时代,倡导女性展现本我之美,关注自己内心真实的感受。从外在到内在,让"美到刚刚好"成为女性对于时尚的全新理解,并且让她们能够发现生活的全新价值。

创意表现:整合凤凰网年终礼单特别策划,将时尚调查、明星街拍、微博礼单活动矩阵整合,打造系列原创创作内容。

三、执行过程/媒体表现

1. Step one　时尚频道原生调查,开启"美到刚刚好"时尚理念

(1) 2014 年 11 月 20 日,凤凰时尚在首页发布《2015 年个人时尚态度调查》。

(2) 该调查吸引大量网友关注,引爆话题,为后期带出"玛驰车是美到刚刚好的时尚单品"做好了铺垫。短短 5 天,参与调查的人数就达到 11 321 人,其中有 86.66%的网友认同个人时尚态度是"最适合自己的就好,美到刚刚好"。

2. Step two　精品街拍栏目植入,呈现"美到刚刚好"视觉大片

(1) 凤凰时尚精品街拍栏目 StreetFashion,围绕"美到刚刚好"的主题,针对不同时间节点打造明星+模特+主持人三期时尚街拍大片,实物植入东风日产玛驰车,用视觉效果呈现玛驰车的时尚美感,加深网友对玛驰的产品认知。

（2）三期街拍中，除了选择不同身份的女性代表，从不同角度为玛驰的美到刚刚好时尚证言，将"美"的产品力诠释到极限，更是在街拍大片中巧妙植入文字说明，全面诠释玛驰特质。同时在三期街拍上线当天，凤凰时尚微信同步推广，网友转发点赞，增强手机端传播力度。

3. Step three 年终礼单盘点，凤凰时尚特别策划

（1）12月15日，圣诞即将来临之际，凤凰时尚官方微博发起"票选2014圣诞美到刚刚好的礼物"特别活动，将玛驰作为圣诞首选的时尚单品推荐给消费者；凤凰时尚-年终礼单盘点，顺势将玛驰作为强推时尚单品进行打造，凤凰时尚和凤凰影响官方微博对该专题进行了持续全力的推广。

（2）投票特别策划活动持续一周，玛驰车获得了高达903的票数，位列榜首。

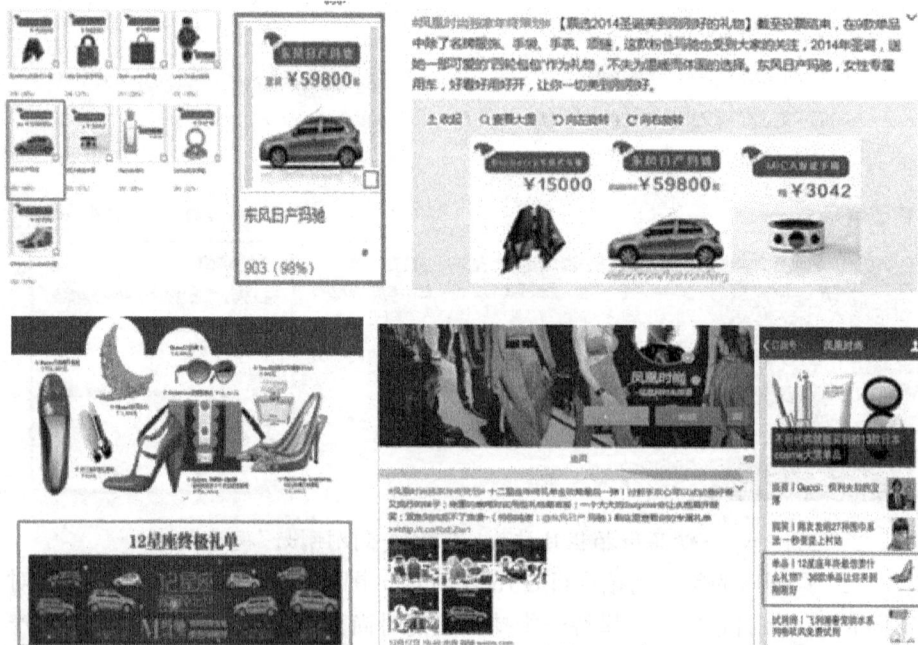

4. Step four　以情感诠释玛驰"美到刚刚好"的时尚理念

（1）凤凰时尚年度情感策划，用美出自我特色的 8 位热门时尚女性人物访谈和图文故事，解读回归的"时尚之美"，以情感诠释玛驰"美到刚刚好"的时尚理念，建立深度价值认同。承接"外表"时尚美，更追逐一种内在的美好态度。

（2）特别策划专题中，洞察时尚女性的自拍喜好和表现欲，特别设置互动版块，让各位网友选择自己的美丽关键词，讲述心中"美到刚刚好"的感受，形成海报传播。截至专题推广结束，网友上传照片超过五千张！

● 费用情况：

刊例金额：RMB33 550 000

合同金额：RMB2 150 000

四、营销效果与市场反馈：

投放周期：2014/11/20—2014/12/31

广告印象数（Impression）：322 060 458

广告点击数（Click）：158 270

点击率：0.05％

千次印象传播成本（CPM）：RMB6.68 元（按合同金额计算）

点击成本（CPC）：RMB13.58 元（按合同金额计算）

基于媒体大数据洞察，凤凰网从时尚和情感角度为玛驰制定了一系列传播方案。一方面，以"时尚外表"吸引网友眼球，推出"我的四轮包包"的产品形象：将车以"时尚单品"的概念推出，吸引女性消费者的关注，同时凤凰网将玛驰融入时尚原生内容（时尚调查、街拍等），真正把这款粉色小车打造成今冬必备的时尚之选。另一方面，以"情感"打动网友内心，诠释"美到刚刚好"：美，不只是打扮，而是自己内心的选择，活出自己的态度，自然美到刚刚好。

——案例来源：《玛驰，美到刚刚好》，发布于金鼠标官网，执行时间：2014. 11.20—2014.12.31　http://www.goldenmouse.cn/html/case/anlilei/

zhengheyingxiaolei/shuzimeitizhe/2015/0303/2276. html

问题探讨

　　21 世纪将是一个以网络计算为核心的信息时代,数字化、网络化与信息化将是 21 世纪的时代特征。而在这个信息时代,产品的推出速度和产品信息等令人目不暇接,商品供应丰富,形成了供大于求的买方市场,商品的销售日益困难,企业之间的竞争加剧,比竞争对手更为了解消费者就成为企业增加市场份额的关键。通过消费者行为的研究和分析,可以更加了解谁是目标消费者,可以生产出消费者想要的东西,可以使用目标媒介和新媒介,可以更多地接近消费者等。然而在这个以数字化为特征的信息时代给消费者行为带来了怎样的影响? 呈现怎样的变化呢? 研究消费者的行为模式又有哪些呢?

一、消费者行为模式探析

　　消费者需求是现代营销的起点,消费者行为研究是整个营销管理学科体系的根基。伴随着 20 世纪 50 代以消费者为导向的营销观念的出现,消费者行为学从产生到迅速发展已经经历了半个世纪,目前在西方学术界已形成了相对稳定的学术流派和研究范式。

　　1. 理性决策消费行为模式

　　该理论范式盛行于 20 世纪七八十年代,它遵循实证主义研究方法,假设消费者是理性决策人,消费行为是消费者寻求问题解决的纯粹理性过程,与消费者的气质、动机、情感心境等个性心理无关,其关注重点是消费者的消费决策过程与影响因素。在理性决策人的假设前提下,经济学和认知心理学这两个学科的研究者提出了不同的消费行为模式:经济学认为,消费是作为"经济人"(Economic Man)的消费者在充分竞争和完全信息的市场环境下按照效用最大化原则选择商品的过程。在认知心理学派研究者眼中,消费是作为"认知人"(Cognitive Man)的消费者为了满足需要而寻找商品服务的信息加工过程:先意识到问题存在,然后收集信息,在此基础上评价、比较、筛选,最后作出购买决定。感知和知觉、学习和记忆、信念和态度等认知心理过程与消费者决策行为之间的关系是他们的研究主题。

　　2. 情感体验消费行为模式

　　该模式认为,消费者是"情感人",消费行为是一个消费者受内在动机驱动而寻求个体心境体验的情感经验过程。该模式根植于个性心理学、社会学、文化人类学等学科理论,遵循阐释主义研究方法论,着重从消费者个体心理感受的角度理解消费者行为的内在根据,研究重点是需要、动机、生活形态、自我概念、象征等消费者个性心理与消费购买行为的关系。现代心理学一般认为,个性(Personality)是指个人带有倾向性、本质性、比较稳定的心理特征总和,它包含个性倾向性和个性心理特征两个方面,个性倾向性包括需要、兴趣、信念、价值观等,个性心理特征则包括气质、能力等。每个消费者都会以特有的气质风格出现于他所从事的各种消费活动之中,而不依赖于消费的内容、动机和目的。购买同一商品,不同气质类型的消费者会采取完全不同的行为方式。因此,气质是消费者固有特质的一种典型表现。由于定义角度不同,不同学者对消费者个性和气质的内涵和成因理解不同,西方学术界对消费者个性气质与行为关系研究主要有以下几个流派:精神分析、特质论、社会心理个性、自我概念与象征。

3. 行为主义消费行为模式

该模式自 20 世纪 90 年代以来逐渐流行,它把消费者视为按特定行为模式对环境刺激作出反应的"机械人",消费是一个源于环境因素影响的条件反射行为,并不一定经过一个理性决策过程,也不一定依赖已经发展起来的某些情感。促成消费发生的环境因素很多,比如,强烈的金钱刺激、文化规范的影响、物质环境或经济上的压力,以及厂商的营销活动等,研究消费者在这些环境影响下的学习、态度以及行为反应模式是这一研究模式的主要内容,研究者运用的是控制实验法、观察法、抽样调查等实证主义方法,理论依据来自于行为主义心理学和社会心理学的研究结论,包括 S - R(刺激—反应)研究范式、行为学习理论、文化和亚文化、相关群体和意见领袖的影响作用等。则理性决策人的消费行为模式过分强调实验室的实验和确定化的定量研究,宣扬环境决定论,完全否定了消费者内在心理过程和主观经验,这种脱离消费者的现实社会生活的理论范式,把消费者视作机械系统,不能解析许多消费者行为现象,难以给营销实践提供有意义的结论。

二、数字环境对消费者行为影响

我们已经进入了信息时代,这个时代以数字为核心,一切营销活动都呈现在数字环境下,而这环境的一个重要的时代特征便是网络化。网络为商业活动提供了更为广阔的空间。网络市场的经济主体——消费者本身行为特征的改变,则成为被关注的重要内容。网络市场的空间广阔性、时间连续性、便利性,使人们的消费观念和方式随之产生了重大变化。

1. 差异性与个性化

网络市场空间的无限广阔必然造成消费群体地域分布的广阔,不同地域、不同民族、不同年龄、不同消费观念和不同消费层次使对商品的需求极大多样化,再加上近年来,经济不断发展,物质生活水平日渐提高,人们已经不再单纯地追求温饱,而是在满足温饱的基础上越来越多地追求个性化的生活、个性化的商品。并且在传统模式下,进行市场细分和市场定位的对象是顾客群,不可能是单个顾客,细分市场的目的是针对不同顾客群的需求提供特定的产品和服务。而在数字环境下的顾客群中的数目可细分到单个消费者,充分满足顾客的个性化需求。正由于消费者对于商品消费的个性化需求越来越大,同时企业激烈竞争成为常态,竞争导致产品或服务同质化。在这种情况下,中小企业纷纷找寻市场中被行业领导者们遗漏的"盲点",关注这些"盲点",了解市场行情和消费者需求,配置营销资源,从而催生了利基市场。

2. 可掌握的信息越来越多

信息网络的高速发展,各种媒体的逐渐完善,使消费者获得产品信息的渠道越来越多,获得的信息越来越全面,从而可进行充分的分析和比较,购得自己合适的产品,更好地达到心理的平衡和满足。此外,消费者也改变了以往只和销售者有联系的状态,现在可以与生产者进行直接地联系和沟通,表达自己的意愿,甚至可以直接参与到生产中来,这就使厂家减少了市场的不确定性,从而可以采取更稳定有效的营销策略。

3. 服务需求主流化

社会进步,生活工作的节奏不断加快,使人们的时间更加宝贵,身心也更加疲惫,休闲时间越来越少,因此人们追求更为便利的服务的心理要求就越高。减少复杂环节,甚至足不出户,尽快获得自己所需要的商品是越来越多人的需求。IBM 的经营理念:IBM 就是服务;中国海尔的口号:真诚服务到永远,这使消费者的上帝地位得到充分体现,根据马斯洛的需求层次理论,人在低层次的需求得到满足后,往往会产生更高层次的需求,如尊重的需要、归属的需要和自我实现的需要在消费过程中的分量愈来愈显著。

4. 选择的扩大化和购买的偏感性化

由于网络系统的强大信息处理能力,为消费者在挑选商品时提供了空前的选择余地,只要时间允许,消费者行为可以是理性的。但是,现在的上网者大都具有强烈的时间观念,消费者面对过多的信息,没有时间和精力理智地选择他们所需要的信息,从而造成了消费行为的非理性,消费者判断商品的标准是喜欢、不喜欢,消费者的行为偏感性化。

5. 消费者的主动权越来越大

商品交换是一个复杂的双向学习过程。消费者在采取购买行为前,他希望了解他所感兴趣的产品和服务的细节,并会提出一些问题。网络给消费者带来了权利。在信息技术条件下,消费者充分享受交互式的操作手段,他们愿意有他们自己的信息,开发他们需要的产品,并自己来搜索企业产品或服务的信息。消费者通过计算机网络参与产品决策,选择色彩、样式、包装等,并自行下定单。在定制、销售产品的过程中,为满足消费者的特殊要求,让他们参与越多,售出产品的机会就越大。在网络上,消费者可以自己搜索感兴趣的信息,对大量信息进行筛选和浏览,还可以综合利用这些信息,形成他们自己的对某种产品或服务的判断。由此可见,网上交易的主动权已掌握在消费者手中。

6. 消费者参与生产和流通循环的直接化

在传统的营销模式中,消费者所选择的产品和服务是企业已经设计制造出来的,产品和服务通过各种销售渠道,最终到达顾客的手中。在这种模式下,消费者企业生产的产品的被动接受者,他们无法表达自己的意愿和要求,而且由于技术、资金各方面条件的限制,企业也无法满足顾客个性化的需求。商业流通循环是由生产者、商业者和消费者共同完成,商业机构充当生产者和消费者连结的共同纽带。但在数字环境下,消费者和生产者直接构成了商业的流通循环。如戴尔的直销模式 Go Direct,实现了戴尔的超速增长,满足了顾客的特定需求;IBM 的 Alphaworks 让消费者直接参与 IBM 的产品设计,生产顾客需求的特定产品。

参考文献:

［1］刘枚莲. 电子商务环境下的消费者行为研究［D］. 武汉:华中科技大学,2005.

［2］罗纪宁. 消费者行为研究进展评述:方法论和理论范式［J］. 山东大学学报(哲学社会科学版),2004(4):98-104.

［3］刘红梅. Web 环境下消费者行为的特点及其对网络营销的影响［J］. 中小企业科技,2007(7):23-24.

［4］刘立. Web 环境的消费者行为变化［J］. 南京邮电大学学报(社会科学版),2006(2):41-45,51.

［5］廖卫红. 移动互联网环境下互动营销策略对消费者行为影响实证研究［J］. 企业经济,2013(3):69-73.

［6］陈伟. "长尾理论"与利基市场［J］. 陕西教育(高教版),2009(4):109-110.

［7］杨保军. 基于"长尾理论"的利基市场营销分析［J］. 市场周刊(理论研究),2007,10.

问题思考

1. 数字环境下,消费者行为产生了哪些变化,请举例说明?

2. 哪类企业和产品适于实施差异化策略? 宝洁如果采用统一品牌,结果会不会更好?

3. "贡桔干酒"的目标市场定位策略的创新体现在哪些方面?

4. 奇瑞 QQ"年轻人的第一辆车"如何接触目标受众？

5. 如何评价玛驰定位在都市时尚女性策略？

6. 简述消费者行为研究的重要性。

第四章

广告媒体策略

理论阐述

一、广告媒体

媒体也称为媒介,原意为居于中间之物。广告媒体又称为广告媒介,它是指在广告主与广告目标对象之间起联系作用的物质,是运载广告信息以达成广告目的一种物质技术手段。现代社会中,凡是能刊登广告作品,在广告宣传中起传播信息作用的物质,都可以称为广告媒体。如报纸、杂志、广播、电视、路牌、橱窗、霓虹灯、交通工具等均可作为广告媒体。

广告媒体是一种多视角的物质存在,可以从不同的角度采用不同的标准对其进行分类。按媒体的自然形态,可分为报纸类、杂志类、电视类、网络类、广播类、邮递类、户外类、交通类、光电类、店铺类、包装类及书籍类十二大类媒体,这是最常见的分类方法;按媒体影响范围的大小,可分为全国性广告媒体和地方性广告媒体;按媒体所接触的视、听、读者的不同,可分为大众化媒体和专业性媒体;按媒体传播信息时间的长短,可分为瞬时性媒体、短期性媒体和长期性媒体;按媒体所具有的物理性质和形态,可分为具有光电性能的电子媒体,能用来张贴、装订、邮寄的印刷品媒体,能周转和更换使用的可塑性媒体等;按能否统计到广告发布的数量以及广告收费标准,可分为计量媒体和非计量媒体;按广告媒体所引起的广告心理记忆特征,可分为以看为主的视觉媒体、以听为主的听觉媒体和视听兼备媒体。

二、广告媒体策略

广告媒体策略亦称为广告媒体策划,就是把商品的创意或构想,针对其目标,在一定的费用内利用各种媒体的组合把广告信息有效地传达到市场目标。

其实质就是如何选择恰当而有效的广告媒体的计划。就广告活动的整体而言，媒体策略是广告运作中最重要的环节之一，它在整个广告活动中具有重要的意义。一方面，媒体策略与企业广告目标的实现有直接的关系。媒体的选择与组合、媒体刊播的时间和频率、版面的大小、媒体覆盖区域的大小等，无一不影响着广告总体目标的实现，如果媒体策略制定得当，企业的广告总体目标就能更好地实现；如果媒体策略不当，那么整个广告活动只能事倍功半，不能达到预期目标。另一方面，媒体策略对广告传播效果有直接的影响。不同的广告媒体，具有不同的传达性、吸引性和适应性。由于广告媒体的类型特点差异、广告对象的差异、广告信息个性的差异、企业实力的差异等种种因素的影响，选择不同的媒体会有不同的传播效果。因此，媒体策略的优劣关系到能否取得较为满意的广告传播效果，甚至关系到整个广告活动的成败。

三、广告媒体计划

1. 广告媒体的选择

广告媒体选择的目的在于求得最大的经济效益，即以最低的广告费用取得最有效的广告效果。为了取得最大的经济效益，在选择媒体时必须考虑以下因素：

（1）媒体的性质。不同的广告媒体有不同的性质、特点和价格，广告媒体传播的数量与质量、媒体的文化地位及社会威望等对广告效果都有重要的影响，在选择媒体时，对其各种特性都应有所了解。

（2）广告商品的特性。广告主在传递广告信息时，大都以宣传产品所具有的各种特性为主要内容，因此，在选择广告媒体时，要考虑广告宣传的产品有什么特性，使消费者通过广告能够了解到这种产品的独特之处。

（3）消费者的习惯。不同的消费者，在年龄、性别、职业、收入、兴趣爱好、文化层次、知识结构以及生活习惯等方面各有其特点，从而形成对媒体的不同接触习惯。

（4）广告目标的要求。任何广告都有其特定的目标要求，这些目标是由广告主的经营目标决定的。因此，选择广告媒体时，必须考虑广告目标的要求，看其能否与广告主营销活动紧密结合。

（5）市场竞争状况。广告竞争是市场竞争的一个重要方面，竞争对手的广告策略往往具有很强的针对性和对抗性。为了配合企业的市场竞争，压制竞争对手的广告效果，蚕食对方市场，不但在广告内容和策略上要有所不同，而且在广告媒体的选择上也应该有所区别。

（6）广告信息的时效要求。商品信息要及时、迅速地传达、以便取得竞争的优势。

（7）国家的法律规定。法律因素对媒体的选择有一定的制约作用。企业在选择广告媒体时，必须考虑国家规定的与广告宣传内容有关的法律、法规和条例。

（8）广告费用预算。广告费用实际上包括购买媒体的费用和广告作品的设计制作费用。广告费用预算对媒体策略有重大影响，不同的媒体购买费用不同，设计制作费用也不同。即使同一媒体，也因发布广告的时间和版面位置不同而价格相差很大，企业要根据自身的财力来选择广告媒体。

2. 广告媒体组合策略

（1）视觉媒体与听觉媒体的组合。视觉媒体是指借助于视觉要素表现的媒体，如报纸、杂志、户外广告、招贴、公共汽车广告等。听觉媒体主要借用听觉要素表现的媒体，如广播、音响广告，电视可说是视听完美结合的媒体。视觉媒体更立观，给人以一种真实感，听觉媒体更抽象，可以给人丰富的想象。

（2）瞬间媒体与长效媒体的组合。瞬间媒体是指广告信息瞬时消失的媒体，如广播电视等电波电子媒体，由于广告一闪而过，信息不易保留，因而要与能长期保留信息可供反复查阅的长效媒体配合使用，长效媒体一般是指那些可以较长时间传播同一广告的印刷品、路牌、霓虹灯、公共汽车等媒体。

（3）大众媒体与促销媒体的组合。大众媒体是指报纸、电视、广播、杂志等传播面广、声势大的广告媒体，其传播优势在于"面"。但这些媒体与销售现场相脱离，只能起到间接促销作用。促销媒体主要指邮寄、招贴、展销、户外广告等，传播面小、传播范围固定，具有直接促销作用的广告，它的优势在于"点"，若在采用大众媒体的同时又配合使用促销媒体能使点面结合，起到直接促销的效果。

3. 广告媒体的组合效应

广告媒体组合策略之所以能使商品产生轰动效应和良好的促销效果，主要是媒体组合会产生立体传播效应，立体传播效应主要包括：延伸效应、重复效应及互补效应。

（1）延伸效应。各种媒体都有各自覆盖范围的局限性，假若将媒体组合运用则可以增加广告传播的广度，延伸广告覆盖范围，广告覆盖面越大，产品知名度越高。

（2）重复效应。由于各种媒体覆盖的对象有时是重复的，因此媒体组合使用将使部分广告受众增加，广告接触次数也就是增加广告传播深度。消费者接触广告次数越多，对产品的注意度、记忆度、理解度就越高，购买的冲动就越强。

（3）互补效应。以两种以上广告媒体来传播同一广告内容，对于同一受众来说，广告效果是相辅相成、互相补充的。由于不同媒体各有利弊，因此组合运用能取长补短，相得益彰。

实例解析

观球论英雄,激情成就梦想
——青岛啤酒 CCTV 大型电视竞猜活动媒体投放方案

一、项目介绍

2006 年世界杯比赛将于 6 月 9 日—7 月 9 日在德国 12 个城市举行,共有 32 支球队,64 场比赛。中央电视台历史上第一次被授权使用与世界杯标识一起的组合标,并力图将世界杯打造成一个 2006 年最响亮的体育类社会事件,CCTV - 5 频道将做全程直播,总播出量不少于 350 小时。青岛啤酒从品牌战略发展的需要出发,与中央电视台 CCTV - 5 共同策划了一档战略性合作栏目版块——"观球论英雄,激情成就梦想",该版块通过对中央电视台转播焦点赛事竞猜的形式,以及线下促销活动,充分与年轻消费者互动,促使消费者积极参与购买产品,竞猜胜负,赢取大奖,感受快乐,并借此在消费者中传播青岛啤酒与奥运的结合,传播奥运精神和企业文化,达到品牌价值提升的目的。

二、活动主题

"青岛啤酒 CCTV 观球论英雄,激情成就梦想"大型电视竞猜活动。

三、活动目标

(1) 提升消费者对青岛啤酒品牌主张的深度认知,利用世界杯激情活力高品质的品牌特性丰富青岛啤酒品牌联想。

(2) 促进青岛啤酒高附加值产品的销售。

(3) 广泛传播青岛啤酒奥运赞助商的品牌信息。

(4) 促进品牌年轻化,提升品牌价值。

四、活动的主旨:贯彻"传播、体验、销售"三位一体营销思想

(1) 传播:传播激情成就梦想的品牌主张;传播百年青啤,百年奥运精神及相关性;传播品牌激情文化。

(2) 体验:通过观看电视节目发短信,通过路演,酒吧,啤酒花园现场氛围营造,通过互动游戏,通过图片展示等形式,让消费者参与到活动当中,并亲身感受到品牌文化带来的乐趣和生活快乐。

(3) 销售:销售主要分三部分,一是正式启动绿罐上市计划:以青岛啤酒优质绿罐包装作为整体线下奥运促销活动信息的主要载体,借此完成绿罐对白罐的全面切换;二是推动小瓶夜场销售:以开瓶有奖方式鼓励消费者积极参与到观球竞猜的活动当中,既喝酒看球,又有幸运奖品;三是为青岛优质产品的深度推广创造条件。

五、活动说明

线上部分:

(1) 概述。以"喝青岛啤酒,看世界足球,圆奥运梦想"这一主线,及球迷对赛事结果的高关注度,在 CCTV - 5《足球之夜》《天下足球》栏目中设置"观球论英雄"竞猜活动版块,借助标版、背景版、主持人口播、赛程展播点评、竞猜信息公示、广告片插播、短信平台等形式将世界杯前中后对赛事的竞猜活动统一起来;依托赛事期间设置的竞猜活动,评选幸运观众,竞猜先锋和竞猜英雄,赢取奥运足球大礼包,奥运门票等大奖,调动球迷的参与热情,并将这一热情持续下去。

(2) 规则。本次活动的评选方式将通过电视、平面、网络、户外媒体的方式详细告之;观众参与评选时所参照的信息以央视网站 WWW. CCTV. COM 及体坛周报上为准;观众可在比赛前重复预测,最终结果以最新发送日期为准;观众参与当天赛事预测活动时,有效时间截至到每场赛事下半场开赛 15 分钟。

（3）活动方式。以发送短信形式竞猜比赛胜负结果。

时间：2006 年 4 月 3 日—2006 年 7 月 9 日；

地点：中国大陆地区（央视 5 套覆盖范围）；

观众消费者参与形式：移动用户发送短信 PS 到 8006，其他用户发送短信 PS 到 9999266。具体信息请观看 CCTV-5 青岛啤酒"观球论英雄"节目或登录 WWW. CCTV. COM 专题网页。参与幸运抽奖并可进行积分累计，有机会赢取奥运开幕式门票大奖。

（4）媒体策略：

① 电视媒体：4 月 3 日—6 月 5 日 CCTV-5《天下足球》《足球之夜》节目中之"青岛啤酒观球论英雄"节目板块；6 月 9 日—7 月 9 日 CCTV-5 世界杯专题《豪门盛宴》之"青岛啤酒观球论英雄"专题节目；3 月 27 日—7 月 9 日 CCTV-5 每天多频次播出的宣传片花。

② 网络媒体：4 月 1 日—7 月 31 日央视国际网站开设世界杯专题，对比赛信息及活动信息详细公布；4 月 3 日—7 月 31 日搜狐等门户网站发布广告，与央视世界杯专题网页链接；

③ 平面媒体：4 月 10 日—7 月 31 日刊发品牌广告，并对活动信息详细公布，世界杯期间每日一期；

④ 户外媒体：5 月 15 日—7 月 15 日在主要城市发布候车亭或地铁广告，公布活动信息（营销公司）；

⑤ 产品包装：4 月 15 日—7 月 30 日促销装产品销售，每箱包装附带一张活动参与信息卡；

⑥ 终端：4 月 20 日—7 月 9 日餐饮、商超、夜场终端 POP 活动信息公布；

⑦ 青岛啤酒公司网站 www. tsingtao. com. cn

（5）获奖规则：

① 电视互动有奖活动开展时间：2006 年 4 月 3 日—7 月 9 日；

② 观众可参与单场比赛比分竞猜，也可连续参与多场比赛比分竞猜。参与单场比赛比分竞猜有机会赢取幸运奖；连续参与多场比赛比分竞猜则可获得积分，有机会赢取大奖；

③ 连续参与多场比赛比分竞猜，每猜对一场比赛的比分则积 1 分，比分没有猜对但猜对胜负结果则积 0.5 分，比分和胜负都没有猜对则积 0 分；

（6）奖项设置：

4 月 3 日—7 月 9 日观看 CCTV-5 青岛啤酒观球论英雄栏目，参与全部 64 场比赛比分竞猜，就有机会获得五重超级大奖。

六、媒体投放计划

第一阶段：预热阶段（3 月 20 日—6 月 9 日）

目标:通过前期传播及活动开展,使消费者知晓本次活动并产生参与兴趣;

工作重点:媒介整合传播、促销产品上市;

媒体配合:电视、网站及平面广告。首先是电视广告呈现:全天滚动播出本次活动的宣传片,并附以冠名标版及信息标版;在《天足》《足夜》栏目"cctv-青岛啤酒观球论英雄电视活动"板块中由主持人介绍此次活动、球队信息、参与方式等,每期一场比赛,在下期公布竞猜结果,并从发送短信的观众中抽取幸运奖;宣传片冠名标版展示;信息标版:将青啤赞助该项活动告之观众,并出现赛程信息或获奖揭晓的信息。其次是央视、国际网站/sohu/sina 网表现。在央视国际网站开设"观球论英雄"论坛及相关专题(含球队介绍、对阵表、评选方式介绍等),并设置网上评选板块;将"sohu"网中的"观球论英雄"板块与央视国际网站界面做链接。最后是在平面媒体《中国电视报》和《体坛周报》,开设专门板块介绍本次活动及参选方式。

线下媒体—产品/终端

第二阶段:赛事期间(6 月 9 日—7 月 9 日)

目标:通过媒体的广泛发布和线下终端活动的广泛开展,最大限度的参与到本次活动中来,并带动产品销售;

工作重点:媒介整合传播、终端及路演活动开展;

媒体配合:电视及网站。首先电视广告呈现:在白天播出的 2 档《世界杯新闻》(约 10:30、约 15:30)中出现赛程信息和获奖结果信息标版;在白天的赛事回放中(不少于 50 场)出现"青岛啤酒观球论英雄、激情奖不停"竞猜信息、获奖结果信息的字幕;在白天播出的"球迷世界杯+欢乐世界杯"专题中(约 13:00,不少于 25 期),主持人以口播、标版等形式向观众告知当天球赛的竞猜信息;在每晚专题"我爱世界杯之豪门盛宴"中(不少于 29 期)开辟"cctv-青岛啤酒观球论英雄"板块,告知竞猜、赛程信息及短信抽奖结果,并出现"青岛啤酒观球论英雄、激情奖不停"的字幕;全天滚动播出本次活动的宣传片,并附以冠名标版及信息标版;宣传片冠名标版展示;信息标版:出现赛程信息、竞猜信息或获奖揭晓信息。央视、国际网站/sohu 网;内容如前,同时增加每期获奖观众的名单、兑奖方式说明及战况点评等,并及时公布 16 强、8 强、4 强等对阵表及编号。

线下媒体——产品/终端/酒吧促销/啤酒花园

第三段:赛后评述(7 月 10 日—7 月 23 日)

目标:公布各项奖项获得者,取得消费者对于青岛啤酒的品牌信任;

工作重点:媒介整合传播、公关、兑奖。

电视广告呈现:在 7 月 10 日的《天足》及 23 日《足夜》中各制作一期青啤"cctv-青岛啤酒观球论英雄活动"的回顾专题,并将"对阵球队胜负竞猜英雄"请至现场进行采访;全天滚动播出青啤冠名宣传片;宣传片冠名标版展示;提示标版:提示观众收看《天足》中"对阵球队胜负竞猜英雄"的诞生;揭晓标版:提示观众收看《足夜》中"对阵球队胜负竞猜英雄"现场采访。其他媒体配合:通过召开新闻发布会、软文报道(网络、平面)等形式放大此次活动的效果和影响力。

七、活动效果

"观球论英雄、激情成就梦想"给了青啤借助中央电视台这一平台,给消费者尽情展现对足球的狂热之情的机遇。此次围绕 2006 年德国世界杯开展的大型线上整合传播,线下产品促销活动,也将为青岛啤酒品牌发展带来巨大的经济和社会效益。

世界杯期间,青岛啤酒的主盈利性产品拉罐,取得了在淡季与上年同期连续两个月销量提升 32% 的结果,品牌的影响力得到较大提升。连续几年的体育营销活动,尤其是今年的世界杯"观球论英雄"活动,极大地提升了青岛啤酒的美誉度,在 2006 年初,由特恩斯市场调研公司针对 20 个青岛啤酒重点城市进行调研中,青岛啤酒的无提示第一提及度比去年同时提升了 46%,主要消费群已聚焦于 20~35 岁高学历、高收入男性;2006 年 8 月中国品牌协会主办社会评选《世界杯十大最佳营销案例》,青岛啤酒是啤酒行业唯一入选,位列第五;2006 年 9 月中国品牌研究院公布的 2006 中外品牌美誉度涨幅排行榜 100 榜单中,青岛啤酒年度美誉度涨幅达 27%,位居第三位。

——案例改编自:崔虹,卞理.《观球论英雄 激情成就梦想——青岛啤酒 CCTV 观球论英雄大型电视竞猜活动策划案》.刊登于《广告人》,2007 年第 5 期,第 82 - 87 页.

维意定制"一举 N 得"
——维意定制的暑期档影院传播新思路

一、营销背景

中国本土制造企业已正式步入"而立之年"。在日益成熟的同时,群雄格局纷争不已,如何在此番竞争中脱颖而出,为未来的尽快蜕变与升级奠定良好的基础,并在以移动互联网、影院平台等多元媒体营销席卷的当下,将其进行良性组合,实现创新的媒介选择传播,更是成为各大品牌必须解决的重中之重。

2014 年 6—7 月暑期档,正值以《哥斯拉》《明日边缘》《窃听风云 3》《变形金刚 4:绝迹重生》(以下称《变 4》)等为代表的影片热映,维意在北京、广州、佛山三地同时掀起一场创意个性家居定制品牌影院媒体传播新热潮,并借助品牌代言人——李冰冰(即《变 4》的首席华人女星)的影响力,跳脱同类竞品,率先建立自身的品牌影响力与受众偏好度。

二、广告创意与大银幕如何做到"一举两得"

品牌选择具备一定文化娱乐影响力的影视明星为其代言，进而在其主流或潜在消费者中进行有针对性的传播，提高自身品牌的知名度和美誉度，不失为一种上佳营销策略。不过，如何发挥明星代言的最大效力，时机和媒介选择在碎片化、多元文化娱乐形态与新媒体盛行的当下，显得尤为重要。维意，作为家居行业的个性创意新秀品牌，选择"李冰冰＋暑期档＋《变4》＋影院整合互动营销"的组合模式，在短期内打响知名度并树立起良好的品牌品质。

首先是品牌随代言人身价和影响力的飙升而受益。据《广州日报》7月20日A10娱乐版报道：因为《变4》的成功，李冰冰两个月时间收入8 000万，同时成为《变形金刚5》的女主角，一跃成为华语影星中数一数二的超豪影酬榜单人物。这意味着其在普通大众心中的知名度与好感度随着增加，理所当然其代言品牌也跟着受益。据悉，维意定制后续将联合李冰冰做一个慈善公益活动，号召粉丝捐书给山区小朋友，并专门设计了一款适合小朋友读书写字的书柜。

其次是维意广告创意本身的定制品质诉求。再好的明星代言，如果产品或广告创意本身的内容不过关，传播效力只能"事半功倍"。从投放结束的效果反馈来看，受众对李冰冰印象深刻，"一群女生在玩耍"及"很多漂亮家具"的画面也留下了深刻的印象，第一时间将品牌的形象传达，受众从广告中较好地感知到维意定制的家具可以使房间布局合理且外观时尚大方等。

最后是主打影院主流观影受众的年轻时尚女性，可谓切中主题。因为，电影院中女性观众的占比相对高过其他传统内容平台，比如结伴观影中的恋人和年轻夫妇组合，女性"闺蜜"组合等。对于女性来说，维意精美的音画效果建立起的情感沟通方式是最有效的内容娱乐营销，从而有效传达品牌诉求。

三、品牌营销的影院媒体投放形式如何实现效果最大化

其一、火热暑期档内线上TVC双模式投放。暑期档作为中国电影市场的第

一大票房产出档期,2014 年从 5 月底就已开始。6—7 月则在一众中外优秀影片的集体入市境况下,票房与观影人次增长大爆发。强大而震撼的视听效果,加上精彩的影片内容,不断的吸引追求娱乐刺激的年轻时尚观影受众走进影院。因此,维意首先在 6 月中旬至月底在央视三维旗下的北京、广州及佛山进行"全影片＋全影厅"的全覆盖投放,期间热映影片包括《哥斯拉》《沉睡魔咒》《明日边缘》《窃听风云 3》等话题热议与票房大卖影片,从而最大限度覆盖有效观影人群。附着年度大片《变 4》,并在其上映的第 2—3 周进行有针对性的精准区域投放。主要看中的是品牌代言人的明星效应,而李冰冰在影片中的个人气质及人物形象设定,与维意本身诉求较为吻合,从而使得整个事件营销的正面积极效果最大化。

维意定制CTR个案调研效果反馈（北京、广州、佛山投放均值）

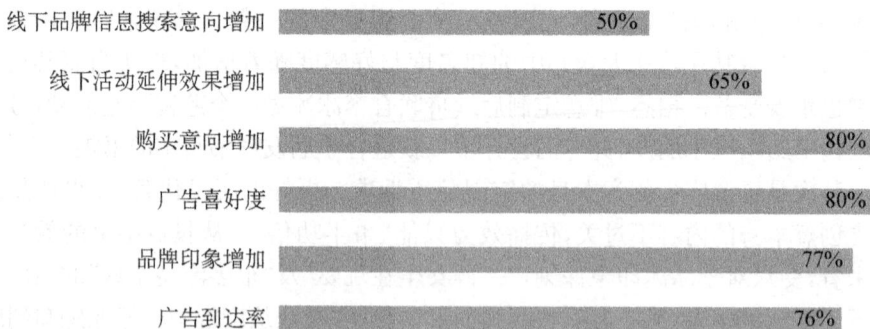

线下品牌信息搜索意向增加	50%
线下活动延伸效果增加	65%
购买意向增加	80%
广告喜好度	80%
品牌印象增加	77%
广告到达率	76%

其二、线上＋线下全方位影院互动整合传播。在第二波线上投放期间,维意充分利用影院阵地的有效地理空间,在大银幕前期投放过的北京、广州及佛山三地精选 8 家影院,主推《变 4》首映日 VIP 观影会及现场互动扫二维码活动,比如:看电影,加微信,就可赢得清洁机器人,吸引不少年轻人加入;凭电影票换礼品也颇受青睐,有 65％以上的参与者表示感兴趣。

【看电影，加微信，赢清洁机器人】活动

四、新思路:媒介传播"私人定制"时代的品牌与媒体

2014 年 1—8 月,中国影市票房已到达 200 亿的门槛,观影人次达到史无前例的 5.6 亿,市场扩容速度惊人。电影媒体也随之迅速壮大。而品牌传播的"私人定制"时代则是社会经济消费结构的转变和新媒体发展带来的必然结果。天时地利人和的因素,催生了优质影院媒体作为品牌影响力塑造与营销时代的优良基因。

第一,个性创意家居消费人群与观影受众,均为高品质消费力的重度人群。在消费者情感中心制时代,品质家居品牌如何赢得受众? 除了质量本身的保证外,他们更倾向于私人定制,如随心所欲的设计及适合自己的风格设计、布局合理环保、外观时尚大方、与朋友们共享等。而在影院,主流消费群体"三高三强"的消费特质,他们是 18—40 岁的城市领先型消费群体,即我们常挂在嘴边的"常态观影大军",虽说男女比例基本持平,但 97% 以上属于情侣和结伴观影,进一次影院的平均消费在 300~400 元之间。电影观众明显呈现出"高素质、高学历、高消费力;品牌意识强、购买欲望强、消费能力强"的特点,对于他们喜爱的品牌,直接购买的可能性更大。相较而言,维意此番携手李冰冰在影院的定制传播,正是契合其重度人群与主流观影人群的高消费力与购买可能性!

第二,电影内容娱乐营销平台创造娱乐内容、明星效应与品牌互动式营销传播典范。电影媒体是娱乐之王,强占关注:被明星和光影环绕着的大银幕,是实至名归的娱乐之王;具备强势娱乐化内容、高热度关注焦点。大品牌齐聚大银幕,同台尽显个性与品质:一线大牌齐聚银幕,同台效应下品牌自然有了质的飞升,银幕演绎的是一场品牌品质盛宴。电影媒体全方位灵活整合传播,灵活多样的全线娱乐整合营销模式,有效保持品牌活力。

从某种意义上来说,维意 2014 年暑期档电影媒体投放的多角度尝试,融合影院特定影片的事件营销价值与常态化电影档期"影片全覆盖"投放的媒体价值,对自身品牌进行了一次多层面深度传播与影响力营销,效果"一举 N 得"!而未来,相信在维意定制影院品牌营销成功的基础上,将会带给其他行业及其品牌在拓延品牌推广及消费者互动方面更多有益的参考,从而率先在受众中建立良好的知名度与喜好度,最终打造品牌持续影响力。

——案例来源:王琰,《维意定制"一举 N 得":创意家居品牌的暑期档影院传播新思路》,刊登于《广告大观(综合版)》,2014 年第 11 期,第 94 - 95 页。

多屏互动实现营销立体化

——微软 Xbox One OTTTV 新媒体整合营销

一、营销背景及目标

背景:2014 年,自微软 Xbox 游戏机诞生以来首次正式登陆中国,同时 Xbox One 也是 10 多年来中国发售的首款主流游戏机。对于 Xbox One 国行,消费者认知不一致,众说纷纭,对于其几千元的主机,以及几百元一款的游戏,大多停留在观望态度。微软 Xbox One 进入中国前曾做过市场的调研,用户的购买需求很高,但受到网民对国产行货的误解和非议,Xbox One 在传统互联网渠道推广效果不够理想,因此微软希望尝试一种可以引起受众共鸣的新营销方式,改善 Xbox One 的推广效果,在短期内取得爆发。

挑战:由于 Xbox One 第一次进入中国,其传播体系还没有建立成熟,营销局面也没有完全打开。如何在短期内形成有效的营销攻势,让受众切实感受产品,做出购买决策,在产品推广的同时如何有效地提升产品销量,成为营销宣传的一个挑战。

目标:通过与 OTT 电视厂商的深入合作,聚合 OTT 大屏广告流量进行产品推广,同时创新的使用智能电视电商平台配合推广,实现智能电视渠道推广和销售的一体化。

二、策略与创意

用对的媒体,塑造对的场景,投给对的受众,用对的投放方式让受众产生对的决策和行为:①Xbox One 是客厅娱乐利器,用户群体与智能电视高度一致;②智能电视的收看场景一般为家庭休闲时间,与使用游戏机的场景氛围相同,容易引起受众共鸣,形成购买决策;③智能电视可以实现品牌展示、跳转引导、遥控器下单购买等多重功能,一站式完成购买,形成营销闭环。

开源:打造全新的基于智能电视商城的微软产品购买新渠道,充分发挥智能电视媒体营销能力,开拓智能电视销售新模式;

汇集:汇集创维智能电视用户、创维电商用户和创维活跃会员用户,以促销活动方式引导用户流量到微软官方网站购买微软产品。

三、执行过程/媒体表现

1. 多形式广告,塑造对的场景

以开机广告、EPG 广告、贴片广告等资源的整合,在全国数千万智能电视机终端进行推广,打破了 OTT 只投开机广告的固有思维,充分发挥了各个资源的推广价值并与销售相结合,塑造了以智能电视为载体的产品全方位场景体验。

1) 开机广告

开机画面的大幅显示,可通过手机扫描二维码轻松购买,超高的互动到销售的转换率,彰显出智能电视的家庭覆盖特色。同时,受众在观看智能电视时大多以家庭为单位,产品购买决策极易在家庭成员的共同商议中产生,进而有效实现从关注向购买的转换。

2) EPG 广告

点击 EPG 广告跳转到创维电视 TV 商城进行产品购买,展示出 OTT 的联网特性,用户可一键进入购买页面,首次在智能电视系统中实现了从广告到购买的无缝衔接。

3）TV商城

在TV商城首页,给予首页推荐显著位置,对微软产品进行新品推广,同时可直接跳转到销售专区。

4）影视专区

影视专区的建立迎合OTTTV用户点播收视的习惯,这部分人群都是具备点播收视习惯的用户。

2. 立体营销平台,打造对的媒体

协调厂商资源,创建了Xbox One立体营销平台,开通微软智能电视商城的销售专区,在产品推广的同时也打通了微软在智能电视的销售渠道,与广告相结合形成了推广和销售的闭环。

3. 粉丝营销,寻找对的人

Xbox One产品定位家庭娱乐游戏机,我们认为同样具备家庭属性特点的电视机会员用户人群是非常具备营销价值的人群,因此在用户黏度极高的品牌电视会员俱乐部中进行了粉丝营销,与智能电视用户进行跨屏互动,充分发挥智能电视媒体的营销能力,开拓了智能电视销售新模式。

1) 创维会员社区论坛

2) 创维会员 QQ 群和官方微信

四、营销效果与市场反馈

充分利用 TV 商城内的推广资源,建立全新的基于智能电视和遥控器操作的智能电视商城购买方式,覆盖 437 万台智能电视终端,总计 4 688 万 PV。

本案例中主要的创新价值体现在以下几点:

(1) 场景营销:用对的媒体投给对的受众,用对的投放方式让受众产生对的决策和行为。

(2) 多屏互动:大屏的广告展示和小屏的贴身互动相结合使营销推广更立体化。

(3) 营销闭环:智能电视 TV 商城结合广告推广引流,打造新型的 OTT 电商营销模式,为微软开辟全新高效的营销渠道,在电视大屏上构筑从推广到购买的营销闭环。

——案例来源:《微软 Xbox One OTT TV 新媒体整合营销》,发布于金鼠标网,http://www.goldenmouse.cn/html/case/anlilei/hulianwangdianshiyingxiaolei/2015/0127/1857.html

一百万个多彩开始
——多乐士巧借互动剧的媒体策略

一、营销背景与目标

中国的现代家庭,正在饱受下班沉默症的困扰! 下班沉默拉远了家庭成员间的距离;随着时间的推移,家庭空间也变得暗淡乏味。对于多乐士而言,油漆是一个低关注度的行业,中国家庭也更习惯使用白色。希望通过富有创意的营销手段,提高品牌在家庭消费群众的美誉和认知,让色彩成为连接家庭关系的纽带。

根据此次活动的特点和业界普遍规范,本次广告实战的 KPI 指标如下:活动网站的 Visits 要达到 290 万次,PV 要达到 720 万,UV 要达到 87 万,分享微博数量不低于 29 万条。

二、策略与创意

日益繁忙的工作、生活,让现代家庭游走在焦虑与压力的边缘。上班侃侃而谈,应酬交际八面玲珑。回家疲惫不堪,一言不发,如同香港漏气大黄鸭瘫倒在沙发上。最新调查显示,超过 83.1% 的受访者认为自己患有"下班沉默症",魔都(上海)、帝都(北京)和妖都(广州)幸运摘得"下班沉默症"高发城市前 3 名!

而设计师、传媒工作者、程序员、教师和医生更是成为最易得"下班沉默症"的职业！中国的现代家庭，正在饱受下班沉默症的困扰！下班沉默拉远了家庭成员间的距离；随着时间的推移，家庭空间变得暗淡乏味。

对于多乐士而言，油漆是一个低关注度的行业，中国家庭也更习惯使用白色。基于"Adding Colour to People's Lives"的品牌理念，广告代理商为"多乐士"引入了焕新色彩加强家庭关系的概念。让多乐士用色彩改变生活；让人人都可以体验色彩焕新，刷掉下班沉默，刷掉平淡乏味，让你我在一起、心更近。

三、媒体表现

在"let's colour"网站安排了一个在线家庭，出演中国首部在线色彩互动剧，他们的生活中会遇到各种各样的单调乏味，引起参与者共鸣。随着参与的增加，沙发上主人公之间的距离越来越远，生活的空间也越来越黯淡。幸福的家庭，被时间黯淡了空间，让沉默拉远了距离。

当两个主人公的故事疯传于网络时，在上海淮海路的繁华商圈上演了中国首部街头色彩舞台剧，两个被下班沉默症困扰的年轻人，被隐藏的色彩人拯救。将色彩的焕新力量通过戏剧形式呈现给观众，激发了无数围观者的在线话题传播，在病毒事件和视频的助推下，在线家庭得到了许多关注。

正式活动网站的上线，使大家体验到更加精彩的色彩互动剧。登录活动网站，用鼠标或手机微信扫描二维码，通过动作感应技术，随时随地与在线家庭同步刷新，体验神奇的"隔空刷墙"。用一种颜色刷掉一种乏味，刷出精彩剧情，开启新关卡。参与者可以用蓝色、绿色、紫色、黄色和红色给两个主人公带来沉静、生机、灵感、活力和浪漫的改变。随着不断涂刷，在线家庭的单调乏味不断减少，生活的空间变得多彩，两人间的距离也越来越近。

参与者刷得越快越多，还可获得更多涂刷面积积分，通过积分更有机会兑换真实家易涂服务面积，为生活带来真实的色彩改变。

在刷新过程中，还可以邀请好友一起来刷新，分享涂刷乐趣，共享积分，这很快成为了一股多乐士时尚焕新潮流。在焕新中增进彼此的亲密度，分享涂刷成果，在微博进行 PK。还有很多热心网友刷出的趣味图案，成为了神奇的 UGC，其带来的二次传播效应，吸引了更多参与。

四、营销效果与市场反馈

在 8 周时间里,活动网站访问超过 390(3 975 154)多万人次,新浪微博分享超过 20 万(299 363)条。社交媒体影响达 3.6 亿(362 327 683)人次。超过 30 家电视、平面和网络媒体纷纷报道,创造了超过 890 万(8 910 400)的媒体价值。

本案例荣获第五届金鼠标·网络营销大赛全场大奖和最佳媒介策略奖。广告主为阿克苏诺贝尔太古漆油(上海)有限公司,广告代理商为琥珀传播 Amber Communications,其执行时间为 2013 年 6 月 5 日—2013 年 7 月 31 日,通过实战定量的调研和相关的数据反馈得知:活动预期设计的 KPI 指标 PV、Visits、UV 和 Weibo Sharing 指标全部达到或超过预期。此次多乐士"一百万个多彩开始"焕新生活品牌网络互动营销活动,通过多乐士品牌所倡导的"焕新色彩,加强家庭关系"的理念,通过线上线下的创意整合营销,在网络上掀起了刷墙热潮。网友用鼠标或者手机,通过动作感应技术,随时随地与在线家庭同步刷新,体验神奇的"隔空刷墙",感受色彩焕新为生活带来的多彩改变,在焕新中拉近家庭成员间的距离。其卓越新颖的广告创意和整合的传播手段不仅获得了很好的品牌传播实效,同时也为中国广告传播界尤其是网络互动类传播树立了良好的行业标杆。

——案例来源:《多乐士"一百万个多彩开始"整合传播》,发布于互动中国网,执行时间:2013 年 6 月 5 日—2013 年 7 月 31 日 http://www.damndigital.com/archives/91245

问题探讨

2011 年移动广告达到 14.5 亿美元,比上年增长了近一倍,比其他任何形式的数字广告增长都快。谷歌赚取了全美移动广告份额的一半以上,脸谱也将积极地投身到移动显示广告市场中来。新闻机构也指望通过移动广告来盈利,但在这方面新闻机构处在了一个空前复杂的生态环境中。纽约大学尼尔·M·波兹曼借用生态学中有关"相互关联制约"的机理和相关性的系统研究方法,把媒介生存与发展的生态环境称作"媒介生态"。这种在传统大众媒介框架下的"媒介生态"进入数字化时代发生了变化,一种新的媒介生态即"数字媒介生态"正在形成。在数字媒介生态中,传媒集团融合转型的趋势在何方? 融合误区有哪些? 数字媒介生态对广告产生了何种影响? 这些问题都值得我们去关注。

一、以人为本的数字媒介生态业已形成

如果说"媒介生态是在一个特定时代,在媒介各构成要素之间、数字媒介之间、媒介与其外部环境之间相互关联制约而达到的一种相对平衡的结构",那么"数字媒介生态"系统就体现在以下四个层面:

首先是数字媒介构成要素之间的平衡,包括个人电脑技术、D-ROM 技术、光导纤维以及现代通信、控制技术等相互结合构成媒介技术的平衡;文本、影像、声音等共同存在、相互协调的信息形态的平衡;"数字内容提供者"(Digital Content Provider,DCP)发布信息,受众既可接收信息,也可成为信息的发布者的传受关系的平衡。其次是数字媒介之间的平衡,体现为纷繁复杂的数字媒介以互联网为核心,向社会各个领域辐射。再次是数字媒介与传统媒介业、电信业、娱乐产业之间的平衡。最后,数字媒介的形成与发展是"一系列因素共同作用的结果,其中不仅包括科技,还包括政治、社会和经济力量的推动",数字媒介不断保持与一定时代的政治、经济、文化、社会生活形态等外部环境的平衡。

以上数字媒介生态四个层面的平衡系统并不是结构的、静态的存在,正如N. 尼葛洛庞蒂在《数字化生存》中说,"计算不再只和计算机有关,它决定我们的生存",也就是说,物质的数字媒介与活生生的"人"息息相关。不过,马歇尔麦克卢汉"媒介是人体的延伸"对数字媒介与人的关系把握得更深入:"目前我们正在很快地接近人的延伸的最后阶段——意识的技术模拟阶段,在这个阶段,知识的创造性过程将被集体共同地延伸至整个人类社会,如同我们已通过各种媒介延伸了我们的感官和神经一样。"数字媒介生态中的媒介相对于以往的媒介,更加要求尊重人的需求,更加体现和尊重生活世界的主体性和人性化。心灵需要时人们寻找自己所想要的信息;看到了文本、图形、活动图像,听到了声音,符合人们感知外部世界生理特点;对这些信息复制、筛选、加工、回复,从而成为操作这些信息的主体。以人为本的数字媒介生态最终形成。

二、传媒集团融合转型的趋势

1. 核心竞争力转型:从"内容生产商"到"平台运营商"

很多传统媒体提出,要做内容生产商,因此,无论是报纸,还是其他新媒体,都能立于不败之地。这当然是有价值的竞争策略选择,但是新媒体环境下,仅以内容生产商为核心竞争力,很难占据主流地位。如果媒体仅仅固守内容生产,会失去与用户的直接联系。反观近年崛起的新型媒体,大多致力于传播平台的建设,并因此获得了传播力和商业上的成功。比如苹果 APPSTORE、淘宝、今日头条等等,基本没有自主内容生产,而是利用新媒体互联互动互通的特点,汇聚万千渠道,整合成一个巨大的传播平台,成为面向广大受众的信息入口,形成巨大

的传播力、影响力。

2. 产品形态转型:从媒体产品到泛媒体产品

对于媒体融合来说,也有必要从一贯的媒体本位放开眼界,适应泛媒体时代到来的现实。所谓泛媒体时代,就是由于新型媒体的日常化、生活化,无时不在,无处不在,使信息传播(也包括新闻传播)呈现一种泛在状态。也就是说,新闻传播不再以过去专门的、特定的方式完成(比如年轻人不再通过报纸、电视新闻节目、新闻客户端获取新闻,而是通过微博、微信、搜索引擎、移动屏等了解新闻),提供新闻传播的也不再仅仅是那些专业的、专门化的媒体(比如京东之类的电商、淘宝旺旺之类的聊天工具,甚至网络游戏、杀毒软件都成为新闻信息提供者。随着物联网的发展,在手表上、冰箱上、桌面上看到新闻并不奇怪)。

3. 经营模式转型:从规模经济、范围经济到微创新、微创业

近 20 年来,中国传媒业一直以集团化发展为目标。这一发展路径有其合理性。从国家战略层面,这是对抗国外传媒巨头,增强国家传播实力的重要方式;更重要的,是由于传统媒体属于高投入高风险高产出型的产业,传媒经营遵循规模经济、范围经济规律。但是,新媒体产业则呈现不同的经济规律。固然有谷歌、百度那样高投入、高风险、高产出型企业,但更大量的,是那些低投入、低风险,也能获得不菲收入的新媒体企业。在新媒体经济规律下,微创新、微创业的意义更为重要。凯文·凯利有句名言:只要有 1 000 个绝对忠诚粉丝的支持,就能维持体面的生活。网络经济的特点是:收入和成本都比较低。确切地说是成本曲线被拉长了,启动媒体业务所需的高昂的原始投资减少了。低成本创业,互联网长尾效应形成的大规模用户群,使微创新、微创业的成功可能及其价值大大提高。国内外新媒体领域的实践也证明,那些专注某个细小领域,提供最专业最细致的信息服务,低成本运营的媒体最易获得成功。皮尤研究所在针对全美438 家新兴数字新闻媒体的调查中发现,一半以上(241 家)仅有 3 名或更少的员工。

4. 发展战略转型:从传媒集团到文化产业集团

跨行业跨产业发展,在国内外传媒集团早已广泛展开。虽然对此还有不同意见,甚至有不是"转型"而是"转场"的质疑,但出于媒体经济危机的压力,越来越多的媒体开辟其他产业领域的业务。在国外,《纽约时报》和英国《每日电讯报》,都推出了葡萄酒俱乐部。加拿大的《环球邮报》像很多德国报纸一样,提供品牌游轮之旅,记者在船上以主讲嘉宾的身份出现。有些报业集团还经营网上书店,主办会议和读者活动,并提供教育服务等。从国内传媒业来看,已经出现资本运营型、地产支撑型、电商发展型等多种产业延伸模式。比如浙报传媒进军资本市场,收购游戏产业,收益不菲;重庆日报集团等在文化地产领域利润颇丰;2014 年更是被称为"传统媒体电商年",全国 80 多家媒体设立自己的电商平台,

有些已经取得不错的效益。

三、数字环境下媒体融合问题

所谓融合，意味着边际界限的模糊、交叉、突破、浸润。要建设新型主流传媒集团，要形成主流传播实力，不但要有媒介介质的融合，更重要的是实现在移动互联网环境下的产品形态的融合、经营模式的融合、产业发展的融合，有更大胆、更具突破性、更深层次的探索。但在媒体融合发展中至少存在认识误区需要修正判断，这样才能在融合发展和媒体转型中走出误区，重新出发。

1. 新兴媒体不等于新技术

传统媒体最容易犯错的一个基本判断就是仅仅把新兴媒体看成新技术。没错，新兴媒体离不开新技术，但新兴媒体不仅仅是新技术，更重要的是它对新技术的应用。传统媒体在新媒体的利用开发上，不仅需要工程师，更需要产品经理。如同不少人把乔布斯误认为"科技英雄"一样，乔布斯并没有发明任何一种新技术，他只是将各种新技术组合成 iPhone 这样一个新产品上，准确地说乔布斯是一位优秀的产品经理。因此，没有新技术不行，光有新技术也是不够的，还必须把新技术应用到媒体运营和融合发展上，把技术产品转化为服务产品并找到商业模式，这样的新媒体战略才是王道。

2. 内容价值的重新审视

内容、渠道和商业模式是传统媒体的三大构成，其中内容是核心。因此，传统媒体一直高举"内容为王"的大旗。在传统媒体时代，由于信息的不对称，这面大旗一直迎风高高飘扬，所向披靡。然而，进入互联网时代，有反对"内容为王"的呼声，也有以"内容的至上地位永难撼动"来驳斥的。对于"内容"，不能笼统看待。如果站在新兴媒体角度来看，反观"内容为王"并没错，因为新兴媒体只是不生产内容的媒介平台；但站在传统媒体角度来看，"内容为王"也没错。所以问题的关键是在融合发展内容如何为王？没有运营的内容是没有价值的，面对新兴媒体的挑战，我们对内容必须重新估价。

3. "全媒体"不如新业态

"全媒体"这一提法似乎很高大上，其实是一个很模糊的概念，大致可以有两个层面的意思：一是全业务，二是全产业。有学者指出尽管传统媒体的全媒体战略能够让内容到达各个新媒介界面，但它还是找不到盈利模式，"全媒体"只是做多媒介或跨媒介的内容传播，未能形成新的商业模式。与其做大而全、华而不实的"全媒体"，不如在与新兴媒体和其他产业嫁接中打造出有效益的新产业，创造出有生命力的新业态。2014 年，当我们正热烈地讨论传统媒体与新兴媒体融合的时候，美国硅谷的人已经在热烈地讨论另一种融合——平台型媒体。既然有平台型媒体，可否有媒体型平台？一切皆有可能，构建新型媒体呼唤新业态。

4. 融合发展关键在改制

产业经营涉及到经营权和管理权，事业单位怎么能跟民营企业合作经营？在不同所有制之间可以合营，但事业单位与企业利益诉求不同，前者追求社会效益，不以赢利为目的，后者则是追求经济效益的最大化。因此，只能是项目合作，难以作为产业发展和企业经营。如果要实现这一目的，传统媒体要改制，至少产业属性较强的那一部分要变事业为企业。因为，传统媒体要与新兴媒体深度融合，首先要成为市场主体，要与资本市场对接，投资合股的主体只能是企业，唯有如此才能实现市场主体的对接，才能合资合营共同发展传媒产业。

5. 传统媒体就是主流媒体？

一直以来，人们总是习惯把传统媒体称之为传统主流媒体。什么是主流媒体？笔者的理解是：一是传播主流价值观，二是影响社会主流人群。第一点没有问题，第二点在传统媒体时代也没有问题。但随着互联网的迅速发展，传统媒体还能抱着主流媒体称号高枕无忧吗？当然，我们判断传统媒体为主流媒体还有一个依据，就是它的公信力和权威性，从传媒经济的角度来看，公信力、权威性这些社会资本只是潜在的竞争优势，要借助传播和运营来实现转换，将社会资本变现才能形成真正的竞争优势。

传统媒体的转型之旅就是破冰之旅，无论是融合策略也好，发展战略也罢，首先是建立在正确的思想认识和方向判断基础上，首先需要纠正认识偏差、走出思想误区，才能找到正确的前进方向和发展模式。因此，深刻理解互联网、努力学习新媒体、洞察传媒发展新趋势，应该成为当下媒体人需要下功夫做的首要功课。

四、数字媒介生态对广告的影响

大数据改变了媒体投放比。以前广告主在广告投放时经常会遇到"我们应该在哪个媒体投放"、"需要投放多少广告"、"应当如何分配广告费"、"用户看到广告有无共鸣、有无行动"等问题，这些在大数据时代都可以通过数据分析看到结果。大数据使广告的精准投放成为可能，社交媒体因大数据而受到广告主的青睐。先前对在线媒体的评估方法主要是搜索、广告位的转化率等，这些方式都只能得到客户的行为结果，而对于品牌建立的有效性、长久性仍然缺乏真实体认。但大数据改变了这一切，伴随着语义分析软件、语言处理软件、机器认知软件、集群分析软件等，大数据可以揭示出在线市场行为的真实结果。大数据让社交媒体的价值被重新定位，广告主因此也会重新评估自己在社交媒体及传统媒体上的投入配比，这对依靠广告而生的传统广电而言无疑是大挑战。大数据改变了广告形态。用户获取广告的通路越来越多，但用户分配给每个广告上的时间却越来越少，在这一情形下，让自己的广告长得不像广告，将广告融于信息与内容中,将会增大广告被关注的可能性,腾讯目前做的基于信息流的广告就是这种新形态。此外,还有一些基于位置信息的广告也应运而生。比如,大数据可以通过用户手机的品牌、手机所在位置、移动路线、手机中安装的 App 类型来判断用户的基本特征,并依据算法分析出用户的兴趣偏好,从而适时、适位地向用户推送相应广告,这种推送甚至可以依据地域定向、性别定向、场景定向来投放。这般了解用户需求的广告,投放效果必然优于先前的非精准的广告投放。

参考文献:

[1] 张庆梅.以人为本:数字媒介生态与广告传播[J].西北大学学报(哲学社会科学版),2007(3):166-168.
[2] 栾轶玫.大数据重塑媒介生态[J].视听界,2013(4):23-27.
[3] 刘鹏.传统媒体融合转型的若干趋势[J].新闻记者,2015(4).
[4] 王海妹.激发活力　融合发展——电视媒体与新兴媒体融合发展策略初探[J].新闻研究导刊,2014,15:17,23.
[5] 谭天,张冰冰.电视与新兴媒体融合的新生态与新变局[J].新闻与写作,2015(4):30-34.
[6] 谭天,林籽舟.走出误区　重新出发——谈谈电视与新兴媒体融合发展中的认识偏差[J].声屏世界,2015(4):14-17.

问题思考

1. 论述媒介发展脉络?
2. 试以纸媒为例,论述传统媒体未来发展趋势?
3. 试举例说明什么是媒介泛化? 对此你有什么看法?
4. 在数字环境下如何实施广告媒介策略? 在实施中应该注意哪些问题?
5. 多乐士在案例中实行了哪些媒体策略?
6. 维意定制将影院作为广告投放平台的优势与劣势?
7. 实行多屏或跨屏营销需要满足哪些条件?

第五章
广告创意与表现

理论阐述

一、广告创意

我们通常所说的广告创意是狭义的广告创意,就是广告人员对广告活动进行的创造性的思维活动,是为了达到广告目的,对未来广告的主题、内容和表现形式所提出的创造性的主意。具体来说广告创意是以市场调研所获得的市场情报、商品信息、消费者资料和竞争者信息为依据,以广告策划诸环节所确定的广告策略为架构,寻找一个说服目标消费者的理由,并通过广告表现来影响目标消费者的感情和行为,使之听从劝说,采取购买行为[①]。常见的两大创意理论为ROI 理论和 USP 理论:

ROI 理论,即是威廉·伯恩巴克用于恒美广告公司更好地进行广告创意而制定的一套独特概念主张。其基本内容是:好的广告应具备三个基本特质——关联性(Relevance)、原创性(Originality)、震撼性(Impact)。关联性要求广告创意表现与广告主旨相吻合,有的放矢的创意才使广告具有意义;原创性要求广告创意突破陈规,避免因袭雷同,永葆吸引力和生命力;震撼性要求广告创意表现使消费者的心理及生理产生深刻印象。这三个基本特征简"ROI"。ROI 的实施难点是,分别实现"关联"、"原创"、"震撼"并不难,而同时实现"关联"、"创新"和"震撼"则是个高标准。

1961 年美国"科学派"代表人物罗瑟·瑞夫斯在市场产品严重同质化的背景下提出 USP(Unique Sales Proposition)理论,核心是突出产品的独特性,推行差异化营销。USP 理论是一种线性传播的理论方式,消费者在其中处于被动的

---

① 郑文昭,张龙.广告原理与实务[M].北京:中国科学技术出版社,2008.

地位。USP 理论的提出和发展经历了两个阶段：

第一个阶段：20 世纪 50 年代的 USP 理论。20 世纪 50 年代是"产品至上时代"，由于正值"二战"刚刚结束，世界经济全面复苏，市场需求旺盛，开始由卖方市场转为买方市场，商品厂家此期也经历了从生产观念、产品观念到推销观念的演进，而 USP 理论始终是围绕"推销"这一核心概念展开的。

第二个阶段：20 世纪 90 年代的 USP 理论。进入品牌至上的 20 世纪 90 年代，广告环境产生了翻天覆地的变化。达彼斯公司重新审视了 USP，在继承和保留其精华思想的同时，发展出了一套完整的操作模型，并将 USP 重新定义为：USP 的创造力在于揭示一个品牌的精髓，并要强有力地、有说服力地证实它的独特性，使其变得所向披靡，势不可挡。

二、创意简报

创意简报，又称 Brief，也称工作简报。在广告公司中，首先由客户将情况告知广告公司的客户服务人员，客户部根据客户的要求，整理清楚思路，撰写创意简报。其基本内容形式如下表所示。

客　　户		工作编号	
品　　牌		日　　期	
任务题目			
广告计划要求：			
目标受众：			
广告预期达到的目的：			
消费者现有信念：			
传达给消费者的单一承诺：			
支持单一承诺的论点：			
必须包括的内容：			
设定的产品形象：			
创意时间表： 提交创意总监： 提交客户部： 提交客户：		客户部总监 签字	

注：创意简报实例见本章附录：百事纯果乐创意简报

三、广告表现

广告创意表现简称广告表现,是传递广告创意策略的形式整合,即通过各种传播符号,形象地表述广告信息以达到影响消费者购买行为的目的,广告创意表现的最终形式是广告作品。广告创意表现在整个广告活动中具有重要意义:它是广告活动的中心;决定了广告作用的发挥程度;广告活动的管理水平最终由广告表现总和地体现出来。

1. 夸张

夸张是指对所要表现对象的形态、持性、功能、用途、内涵、意义等方面进行刻意的放大或缩小,以一种强烈的表达方式,对创意信息进行突出。在广告创意手法中,夸张可分为以下几类:

(1) 形态的夸张。将原本正常的人物和事物的形状、体量、数量、表情等进行特殊效果的处理,产生超常的视觉效果,增强视觉冲击力。

(2) 情景的夸张。设定一个违背常理的故事或场景,将现实中不可能发生的一幕通过趣味性、震撼性的表现方式呈现出来,塑造戏剧性情景。

(3) 功能的夸张。广告中对于产品功能的突出往往采用夸张的手法。功能的夸张一定要注意合理性,将趣味性和幽默感融入适度的夸大之中,可以消解受众的逆反心理产生亲和效果。

(4) 时空的夸张。时间和空间决定了人类生存的常规方式,将时空进行夸大或缩小的处理,可以突破时间的正常发展和空间的客观状态,达到强化广告主题的目的。

2. 幽默

幽默与一般的笑科不同,是趣味与智慧的结合体,幽默的制造需要更深厚的文化积淀。就广告创作而言,幽默一直是广告人所追求的一种重要诉求方式,正如广告狂人乔治·路易斯所说:"幽默可以使廉价的东西变得高雅。"不过创造优秀的幽默广告并不是一件容易的事情,幽默必须增添广告信息的趣味性,同时又要与广告的主题紧密相连。更为重要的是,幽默不是令自己发笑,而是要博得受众发自内心的微笑,所以幽默广告不能孤芳自赏、高高在上,同时也不能低估消费者的幽默智商,合理适度的幽默语言以及对幽默文化针对性的洞察,是此类广告创意成功的关键所在。

3. 对比

对比是对不同的事物或是同一个事物的不同方面进行强调,并加以比较,以此产生强烈的反差。对比可以是直观的形象,比如色彩、形状、质感、数量、面积、方向等的对比;也可以是内在意义上的,比如属性、功能、情调、内涵、特质等的对比。形成对比的元素,或是产生激烈的冲突,或是相辅相成地融为一体,构成一种强烈的差异效果。对比创意的目的,就是凸显广告主题,以一种刺激性的信息影响受众。

4. 拟人

拟人是一种常见的修辞手法,是指将非人类的生物、事物等赋予人的特征,使它们具有人类的思想、情感、性格、能力和行为方式。在广告创意中,将广告形象人性化,可以增强广告的艺术感染力,以一种轻松活泼的表现方式,传达产品信息,吸引受众。拟人的创意手法在广告中可以表现为:将没有生命的事物加以改造、使其具有人的特征;将某些生物的行为、动作和表情人性化。

5. 联想

联想是一种由此及彼的思维方法,具有相似性或是具有对比性的事物之间,最容易引发关联性的想象。因此,想象是联想的基础。世界上的万事万物,都可以通过一定的方式联系在一起。联想是人类思维非常重要的一种能力,体现了人类的思想水平。根据产品的特性与具有相关意义的事物建立联系,可以使广告创意不落俗套,以一种更具深意的表达方式引发受众的好奇与思考,甚至可以激发受众主动地参与到创意想象之中,共同完成对广告作品的解读。

6. 移用

移用是将具有某些特定含义的经典元素加以改造和利用,在保留其原有形象识别性的前提下,将所要传达的广告信息植入其中,阐释新的主题。这种创意方法正是"旧元素的新组合"著名创意理论的直接体现。历史名人、知名艺术作品、城市形象标志等具有特定意义的典型事物,都可以作为移用的素材,这种从传统和经典中汲取营养的创作方式,体现了广告商业属性之外更丰富的文化内涵。

7. 悬念

悬念是人类的一种心理活动过程,在戏剧、电影等具有时间性的艺术形式中,创作者会采用设置一个悬疑的迷局来引发观众的好奇心和求知欲,这就是悬念应用的一种基本方式。由于悬念的创造与实施需要经历一个从设置悬念,到引发兴趣,再到解开悬念的时间过程,所以在二维、静态的广告画面中运用悬念,其难度就更大。悬念创意的主要形式就是在广告中展示一个超乎常理的情境,画面表现得可以是一个不可思议的结果,或者是引人兴味的场面。当受众接触到这些第一手信息时,不能够马上得出结论,由此萌发了揭开谜底的好奇和欲望,这时悬念就随之产生了。经过一段思索和求知的过程之后,受众可以借助于广告中的广告语等提示信息,获得广告背后隐藏的真实原因,悬念由此破解。利用这一创意模式,可以充分调动受众的兴趣,以引发主动思考的方法使受众加深对广告的印象。

8. 反常

反常,顾名思义就是违反常规的事物或现象。这种创意手法,强调的是打破正常的思维惯式,本应遵循的一般规律被彻底消解。在此类广告中,常态的情感、思想、意识、行为由荒诞离奇的故事情节取而代之,令受众在哗然、惊悚或是会心一笑中体验着精彩的广告主题表达。

9. 超现实

"超现实"的说法源自一种文艺风格,20世纪前期,欧洲诞生了超现实主义艺术流派。此风格流派受当时弗洛伊德精神分析学说的影响,从人的潜意识中发扬艺术灵感,主张非逻辑性、非理性的创作思维、以经验、记忆、梦境和想象作为艺术实践的基础,其艺术风格呈现出魔幻、奇异、隐喻、超脱的特质。广告创意中,可以利用这种超越现实的奇妙想象,营造绚丽、梦幻的童话意境、将奇幻的情节和炫目的画面相融会,渲染出震撼心灵的艺术魅力。

10. 戏剧性

广告大师李奥·贝纳的"戏剧性"理论早已被奉为经典,他认为广告要深挖产品内在的戏剧性,并通过具备引人入胜艺术化手法表现出来。在创意手法中,戏剧性的叙述也行之有效。与李奥·贝纳的理论有所不同,广告作品的戏剧性表现更加具体和直接,以制造戏剧冲突为主要途径,营造一种紧张、矛盾的氛围,以此影响受众的心理活动,激发受众的情绪。

实例解析

以荒谬反击荒谬,让谣言不攻自破
——全联福利中心广告的广告创意解析

一、前期资料的收集与分析

全联福利中心是台湾的一家连锁超市品牌,为了更加广泛深入地收集资料,创意人员多次前往全联的卖场进行考察体验,并同全联上上下下的员工聊天对话。通过这种亲身实地的深入体验和访谈、创意人员发现了全联福利中心特殊的企业背景和独特的企业精神,并对此进行了分析。

自身劣势:全联的前身是卖军公教福利品的公营商店。由于原本属于财团法人性质,员工没有绩效压力,导致企业完全没有服务、成本的概念。有消费者开玩笑说,过去进去全联就像是看晚娘脸色。消费者要经过验证才能进门,收银员坐着收费,周一盘点时把铁门拉下来,中午休息时间甚至不营业,完全是一副大爷作风。消费者对全联的这些印象,成为沉重的历史包袱。同时,全联的超低物价也让社会上产生了许多误会。

自身优势：便宜、价差就是全联的价值所在。全联的商品平均比便利店便宜百分之三十。

"省省省"是全联的最重要定位。消费者眼中不起眼、不豪华的卖场背后，隐藏着节省运营成本以提供更低的产品价格回馈社会的经营理念，而且不仅是卖场终端，整个全联企业都是秉承着这样一种可贵的朴素理念。这让创意人员不仅了解了全联，而且爱上了全联，这种了解和爱，正是产生大创意的宝贵源泉。

竞争品牌：跨国大型超级市场入驻台湾，它们拥有规范购物流和营销策略，卖场气派、货架整齐、服务品质高。这些则是全联福利中心比较缺乏的。

二、消费者洞察

全联以前的广告，广告主题是"没有×××，……我们省下钱，给你更便宜的价格"，这让消费者知道了全联，也知道了全联的东西真的便宜，可是有些消费者就是不愿意去全联，因为他们觉得全联卖的东西质量不好。所以创意人没有抱着第一年的功劳簿不放，而是诚实面对客户的新问题，力求提升全联的品牌形象，促进卖场销售，让消费者相信全联的质量。

全联过去是军公教福利中心，这是一个历史包袱，而且因为它产品的售价真的太低了，所以坊间谣传全联福利中心的货物便宜是因为他们在质量上偷工减料、以次充好。由于传统的认知作祟，"便宜没好货"已经成为几乎所有人的共识。

从洞察中发现部分消费者认为价格便宜等于品质不高，所以创意人员就在便宜与好货之间找到一个对比性的冲突点，完成全联"便宜有好货"的品牌主张，让新的消费者进入。

三、创意发想

通过前两个阶段的工作，创意人员已经找到发想的方向，那就是改变消费者心中"便宜没好货"的认知。

由于全联的价格便宜，引起了有些消费者的质疑。要颠覆"便宜没好货"的刻板印象，创意就必须解决或消解因为价格便宜而对全联产生的谣言攻击。

经过多次的开会讨论，创意人员提出全联的进货渠道与其他卖场都是一样的，只是因为能拿到最大的价差，所以货物才能卖得便宜。然而澄清本身反而显得虚弱，最后创意团队确定了讽刺自己的策略，表现出面对问题的勇气。于是，把全联谣言这件事拿到桌面上来谈，在广告中把部分消费者对全联的质疑和谣言进行夸张、展现"黑心工厂"的生产图景，以荒谬反击荒谬，让谣言不攻自破。这表现出一种底气十足的自信——因为自信，才能自嘲。以此挑战"便宜没好货"的传言，击中消费者的内心，消除他们对品质的担心。

广告总是表现甚至夸大品牌完美的一面，全联的广告却大胆地挑战自己的缺陷。"完美"的品牌往往会在品牌海洋中随波沉浮，而大胆彰显软肋的全联，却让这个品牌变得真实可亲，从而迅速上岸。全联大胆应对消费者质疑产品质量的谣言，但这些缺点最后都转化成优点，令人作呕的疯狂景象背后是诚实质朴的真相。

四、表现与执行

确定了创意点，就要选择合适的形式和内容去把创意执行出来。在形式上，创意人员选择了完全黑白的插图风格，让全联的广告在成千上万绚烂的色彩轰炸中安静出场，以另类姿态瞬间赢得关注。这种看似粗俗的表达方式，反而让消费者更加愿意相信全联，因为相比大多数广告经过反复修饰的完美画面，这种说话方式不粉饰、不做作，更能打动人心。

而在内容上，则极尽夸张搞怪之能事，把所谓"之所以卖得便宜就是因为是来源不正的劣等货"这一想象表达得酣畅淋漓。

《卫生棉篇》：两个欧巴桑抢着一筐用过的卫生棉走进车间，后面有工人把它们放进滚筒洗衣机中漂洗，然后挂在晾衣绳上吹风晾干，之后转到桌面熨烫、套袋、装箱。

Headline: You will think this is true because of our super low price.　Client: PX-Mart

《牛奶篇》：肮脏简陋的作坊里，有人从外边拉进新的流浪狗，而里面的砖头砌成的围栏里养满了用来产出"牛奶"的母狗。衣着邋遢的大叔紧张地挤着狗奶，然后由桶里灌装到奶瓶中，最后密封运走。

《口香糖篇》：令人匪夷所思的是，口香糖的原料竟然是废旧的橡胶轮胎。在人工生产线上，有条不紊地完成着整个生产流程：将轮胎吊起，丢进熔炉，炼出的液体拎到桌上倒进模具里，经冷却成薄片，用纸包装，装盒。

平面:全联福利中心 Mart Chewing Gum(谣言系列)

客户:全联福利中心

城市:台北市

代理商:奥美广告

创意总监:胡湘云/龚大中

艺术指导:林文胜/陈重宏

插画:陈重宏

广告文案:龚大中

年份:2008

创意说明：连这么扯的谣言你都会相信！那是因为全联福利中心的价格实在太便宜了。

三幅让人大跌眼镜的画面，配上真诚而平实的文案——便宜到你会相信这是真的，不仅让消费者想象到全联的东西有多便宜，而且从反面表达出全联货物的可靠质量，因为广告的潜台词正是"这怎么可能是真的"！

正所谓身正不怕影子斜，台北奥美所创作的全联福利中心的广告创意流露出一种理直气壮、潇洒大度的品牌气质——直面谣言，调侃谣言，进而消除谣言。这组系列广告对于由于价格太便宜而遭谣言中伤的全联，有洗刷冤屈的作用，而逆向操作的手法也有效加深了消费者的印象。

五、创意检验

在检验创意的阶段，创意人非常幸运的是他们遇到了一个善解创意的好客户。因为客户是最终挑选点子的人，没有客户的点头，再伟大的创意也只能停留在草图的阶段。全联福利中心这个广告主在充分提出属于客户的意见之后，将主导权留给广告公司：因为他们尊重创意，尊重专业。这种对广告公司的信任也让全联福利中心获得了回报，全联的广告一经推出，便成为人们关注和讨论的议题，并得到很好的反响。这些广告帮助全联从两百多家分店扩展到五百多家，销售成绩每年都有两位数字的百分比增长，一举成为台湾超市第一品牌。这种良性的合作也为广告代理公司大受其益，创意人员也成为广告比赛的大赢家。

全联广告的特点就是幽默气息十足。有人说，广告的任务只有两个，那就是沟通信息和娱乐受众。这组荒诞逗趣的系列广告引逗读者的同时，还经热心网友转发，收获了更大的传播效果。全联福利中心的广告可谓是出色完成任务。

——案例摘自：尹小龙编著，《广告创意与表现：方法与案例解析》，山东文艺出版社，2010.08

以退为进："对不起"的反击
——加多宝"对不起"体的创意策略

一、背景及目标

1997年，广药集团将内地的王老吉商标租借给香港鸿道集团，鸿道集团授权其子公司加多宝集团在国内销售红罐王老吉。2012年，广药通过仲裁收回王老吉品牌的经营权，加多宝集团则继续使用凉茶创始人王泽邦后人王健怡授权的正宗凉茶配方,推出以加多宝命名的凉茶产品,并启动品牌切换的公关活动。

2013年1月31日,广州市中级法院在接到广药集团申请后,下达诉中禁令裁定书,裁定广东加多宝饮料食品有限公司等被申请人停止使用"全国销量领先的红罐凉茶改名为加多宝"或与之意思相同、相近似的广告语进行广告宣传的行为。这对于加多宝的春节促销将产生数以亿计的影响。

该次传播目的在于让更多的消费者、媒体、意见领袖能够在"加多宝收到诉中禁令"的简单结论下,深入探究加多宝与广药之间的品牌纠葛和事实真相。

二、创意沟通元

消费者洞察:①对于企业之间品牌纠纷并不感兴趣,传统公关宣传接触多了甚至会产生反感情绪;②消费者不会去关注复杂的全部事实,只希望得到一个简单的关键信息;③消费者有强烈的参与表达的欲望。

媒介洞察:①随着以微博为代表的自媒体兴起,报纸电视等传统媒体的受众急剧下降,影响力日渐式微;②用户在自媒体上创造的内容已经成为品牌舆情构成的主体;③以微博为代表的自媒体创意空间更大,更灵活。

市场机遇:①得益于之前在品牌切换上的大力投入,加多宝品牌自身具有较强的号召力;②旷日持久的两家品牌纠葛,让媒体及消费者有了一定的认知;③绝大多数企业在处理类似问题的时候,均采取传统的公关方式,缺乏创意内容和营销方式。

基于以上分析,加多宝在第一时间,以"对不起"的关键词+一组哭泣的小孩形象,构成傲娇的表达方式,形成强烈的视觉记忆点,通过微博进行扩散,便于网友参与讨论和广泛分享。

三、执行过程

该案在执行过程中,抛弃了过去"内容+渠道"的传统传播策略,完全倚重创意内容本身的话题性及互动性,抛弃媒体代理渠道,通过官微内容发布时机和节奏的把控,激发消费者、意见领袖、媒体等不同主体的参与热情,进而将微博上的话题讨论,逆向的推送给传统媒体,吸引传统媒体的主动关注和报道。

除了在内容上的设计,发布时机也做了选择,即在加多宝面临诉中禁令、媒体讨论最热的时机,加上即将到来的春节假期最后几天,2月4日起在微博上开始投放。

在最初的规划中,总共从六个话题的角度设计了六张微广告,预计分两天发布完毕,以延长微博上相关话题的热度。但在第一天执行过程中,效果远超预期,最后两张海报最终没有发布。之前的"危机预案"即没有人关注该话题的时候采用一些微博上的营销大号做效果转发,也在执行过程中没有启用。

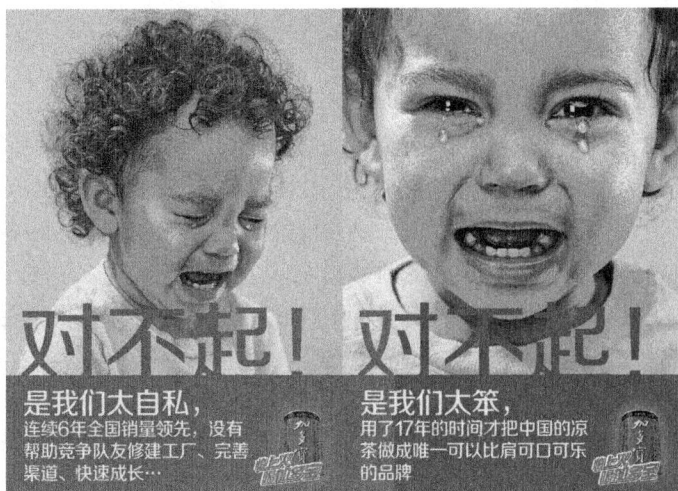

根据网友参与讨论的进程,实时调整与网友、意见领袖、媒体的互动,有节制的展现品牌的姿态。

发布节奏:

2013 - 2 - 4　14:18 发布第一张微广告　　微博链接:http://weibo.com/1687399850/zhCfh3aXY

2013 - 2 - 4　15:07 发布第二张微广告　　微博链接:http://weibo.com/1687399850/zhCzdDUJ

2013 - 2 - 4　15:32 发布第三张微广告　　微博链接:http://weibo.com/1687399850/zhCJog6F0

2013 - 2 - 4　15:56 发布第四张微广告　　微博链接:http://weibo.com/1687399850/zhCSZF9sW

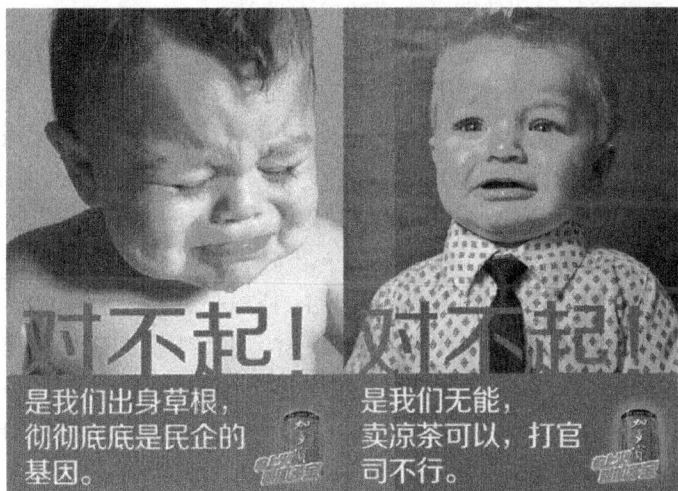

四、营销效果与市场反馈

基于此,2月4日,加多宝凉茶在官方微博发布"对不起体"系列微博,以一组哭泣的孩童为主画面的设计走红网络。"对不起,是我们无能,卖凉茶可以,打官司不行"等一系列文案广为流传,24小时微博相关讨论量新增529 849条,许小年、任志强、李开复、罗永浩等意见领袖参与转发,环球企业家、财经网、21世纪等媒体官微关注,JEEP、甲壳虫、宝马MINI、百度、梅花网等数百个品牌参与的微广告创作。加多宝"对不起体"由此形成,并为加多宝赢得"输了官司,赢了人心"的美誉。

梅花营销创新奖组委会将加多宝"对不起"营销实战评为"MAwards公关传播创新大奖",并认为案例在以下几个方面提供了创新价值点。

(1)"对不起体"帮助加多宝摆脱了市场竞争当中的消极品牌联想,并从营销的角度,让业内人士及普通消费者联想起了之前在汶川地震时捐的一个亿,提升了品牌的美誉度。根据拓尔思社会化媒体研究提供的数据报告,以2月4日为时间节点,分别截取前后一个月的微博数据做抽样分析,加多宝在微博上的品牌美誉度由29.62%(1月3日—2月3日期间)上升至50%(2月4日—3月4日期间),增长20%。此次传播中有87.73%的网友力挺加多宝,有76.56%网友认为加多宝的营销很出色。有评论认为加多宝是"输了官司,赢了人心"。

(2)加多宝最大的品牌困境在于很多消费者迄今仍分不清王老吉和加多宝两个品牌。"对不起体"让外界经由趣味化的创意表现方式,有兴趣深入地探究和关注加多宝与竞品之间的品牌纠葛,对于加多宝想要传递的事实信息有极大的推动作用,也由此加深了消费者对于王老吉和加多宝两个品牌之间的区隔。这对于加多宝整个品牌切换的营销活动至关重要。

(3)加多宝以极低的营销投入,实现了全国多家媒体对此事的报道、多位意见领袖的关注、众多品牌的模仿和参与,大大提升了品牌的领导力。加多宝4条官微总计引发超过4万次转发,平均单条评论3 597人次,转发层级最高达到18层,覆盖人数遍及28个省市自治区、总计超过1亿用户。在2月4日"对不起体"发布当天,超过10万微博用户参与讨论,2月15日近15万人参与,连续两天排名新浪微博热度第一。2月4日至2月5日24小时微博讨论量新增529 849条,微博用户搜索排名第四。许小年、任志强、李开复、罗永浩、宁财神等意见领袖参与转发相关微博,环球企业家、财经网、21世纪等媒体官微密切关注,JEEP、宝马MINI、百度、梅花网等品牌模仿跟进。在微博上搜索"对不起体",有超过38万条结果,百度搜索"对不起体"有超过70万条结果,单是百度百科"对不起体"词条浏览量就超过了8 000人次。此次传播被广告门、成功营销等专业媒体全面、深入报道，多篇稿件为该类网站月度热门文章。

——案例来源：友拓传播机构，《加多宝"对不起"体》，发布于金鼠标官网.
http://5th.goldenmouse.cn/html/case/anlilei/chuangyichuanbolei/2014/0107/590.html

"小"处着手、大有作为

——大众汽车的广告创意表现

一、背景介绍

20世纪60年代的美国汽车市场是大型车的天下，当时的美国消费者还沉迷于"求大"的理念，只想着要买强壮有力的汽车，大众的甲壳虫刚进入美国时根本就没有市场，Doyle Dane Bernbach广告公司却为大众汽车推出了"小处着手"的主张，运用广告的力量，改变了美国人的观念，使美国人认识到小型车的优点，并且通过激进的广告让人们看到，每个人都实现自己的美国梦。

二、大众甲壳虫的 Think Small

广告正文："我们的小车并不标新立异。许多从学院出来的家伙并不屑于屈身于它；加油站的小伙子也不会问它的油箱在哪里；没有人注意它，甚至没人看它一眼。其实，驾驶过它的人并不这样认为。因为它耗油低，不需防冻剂，能够用一套轮胎跑完40 000英里的路。这就是为什么你一旦用上我们的产品就对它爱不释手的原因。当你挤进一个狭小的停车场时、当你更换你那笔少量的保险金时、当你支付那一小笔修理账单时、或者当你用你的旧大众换得一辆新大众时，请想想小的好处。"

伯恩巴克创造的这句 Think Small（"想想小的好"）广告语，改

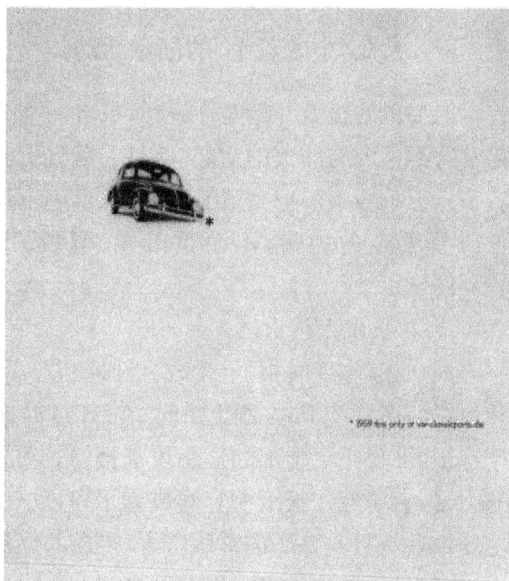

Think small.

变了当时人们对汽车的认识,使美国人意识到小型车的优点,从奢华到经济,开始理性对待个人空间与公共空间的关系。在大都市拥挤的交通中,think small 不失为一种解决之道。这也是甲壳虫汽车成功的地方。此后,大众甲壳虫轿车迅速占领美国汽车市场,并在很长一段时间内稳执美国汽车市场之牛耳。

三、大众"小处着手"的创意活动

如果你的报纸开始对你说话,或者一翻开报纸就会颤动,你会有什么样的感觉? 这不是因为昨夜的宿醉,而是大众吸引客户的方式。专家们认为,为了创造品牌意识和吸引眼球,营销活动应该远远不仅限于停留在电视上,为此大众穷尽了所有渠道的力量,不论是纸媒、电视、Facebook、Twitter、LinkedIn 还是 YouTube。

1. 在报纸上抠出汽车的形状

大众在《印度时报》上千方百计地刊登了各个车型的广告,包括甲壳虫、捷达和途锐。掀背型 Polo 刚上市时,在《印度时报》的一个 16 页的专题文章上,大众把这 16 页每一页上部的一小块都镂空,裁成 Polo 形状的一部分。这就是大众的力量,它居然让报纸上有洞成为了可能。每一个镂空都凸显了该车的一个特性。最后一页是该车的整版广告,传递的终极信息是"我们在它身上下了很多功夫,为的是你能从它身上得到更多。"

大众集团印度销售中心的营销和公关负责人 Lutz Kothe 是在机场想到这个创意的,当时 Kothe 和同事一起在等待登机,他问同事:"印度或者世界上有没有哪个报纸会有个洞,做成汽车的形状?"Kothe 拿起一份报纸,用手做了个汽车状的镂空,这就是《印度时报》那场活动的来历。

2. 让报纸说话和颤抖

大众在创意的艺术之路上越走越远，为了宣传入门级轿车 Vento，大众让报纸发声。这个活动彻彻底底地吸引了五个城市的 250 万读者的注意，因为他们的报纸居然会和他们说话，介绍的是 Vento。在家庭聚会的时候，Kothe 的侄女给了他一个信封，上面画了一张报纸的图案，上面写着"大众之声"和"喇叭"，这就是"会说话的报纸"的广告创意来源。为了抢占更广大的市场份额，大众更让报纸发出令人兴奋的颤抖。登有 Vento 和 Polo 广告的报纸翻开就会振动，让人们一个激灵醒过来，此举也在社交媒体上大受关注。有专家认为这是个了不起的创意，另一些却不太确定这个创新之举能达到什么样的效果，因为没有人想要在车里突然感到一阵颤动。虽然有批评之声，但"会说话的报纸"活动收到了巨大的反响，大众网站的点击率翻倍了都不止，并且该活动成为 Google 搜索的最热词，展厅的问询量也以 200% 的比例猛增。

3. 社交媒体创意频出

在数字媒体方面，大众的创新之举遍布 Twitter、YouTube 和 LinkedIn。印度大众在 Twitter 推出了"为捷达所做的一切"活动，用户可以通过在内容中加上"为捷达所做的一切"标签参与活动，发布任何稀奇古怪又有趣的内容。最吸引人的那条推特获得了最终大奖，那就是一辆捷达汽车。该活动是那时候 Twitter 上最火的话题。

大众还为捷达 TSI 打造了别开生面的在线营销活动，名为"YouTube 试驾"。活动邀请用户直接在 YouTube 上发布他们关于捷达 TSI 的任何疑问，然后他们会收到关于这些问题的视频回复。这个活动打破了描述汽车特性的传统方式，是数字媒体利用上最具互动性的案例之一。LinkedIn 的使用人群中专业人士增长很快，为此它也成为连结现有和潜在购车者的自然之选。LinkedIn 与印度大众接触，让其有机会成为首家在 LinkedIn 公司页面上出现的车企。印度大众也在官方页面上开了一页，让 LinkedIn 会员可以发布对印度现有的自己品牌汽车的评论和推荐，包括新甲壳虫、Vento 和 Polo。它还发布了一系列推荐广告，鼓励更多用户参与这种互动对话。在 30 天之内，就有超过 2 700 名大众粉丝起身推荐他们最爱的车，并把这些推荐在自己的专业网络中进行分享。

四、市场投放与反馈

广告媒介策略方面：以网络广告为主，这类消费者一般比较关注网络，而且，网络上投放广告比电视广告要便宜，取得的效益更加突出。

在广告媒体投放方面：在各大报纸《上海日报》《深圳日报》《北京日报》《广州日报》《浙江日报》等的汽车周刊中，刊登广告；在《汽车杂志》上刊登一整篇的关于甲壳虫性能、外观、价格以及甲壳虫的相对于其他车的优势的文章，采用 16 开的版面,杂志广告全部放在封二,采用 16 开整面广告;在娱乐杂志、精英杂志等高级白领可以看到的杂志上投放广告。

甲壳虫在 2007 年下半年投入大量网络广告,目的为加强美誉度,诉求对象为高收入职业女性,投入费用为 300 万,广告效果不错,达到了预定目标。

——案例改编:五月,网易汽车编译,《从"小"处着手　大众营销却有大作为》,2012 - 12 - 04　http://auto.163.com/12/1204/10/8HSF4OTO00084TV5.html

只溶在口,不溶在手
——M&M's 巧克力豆的 USP 策略

一、背景介绍

M&M'S 是属于玛氏公司的一个品牌。而玛氏公司是一家由私人家族(弗克·马斯创立于 1911 年)拥有的跨国公司,主要业务涉及零食类(糖果巧克力)、宠物类、主食和电子产品的制造和营销。目前公司年收入逾 300 亿美元,全球同事总数 65 000 名,分别在全球 68 个国家的 370 个分支工作,其中包括 135 家工厂,产品行销 100 多个国家。其中,糖果巧克力类产品和宠物类产品销量分别位居全球同类产品首位。

20 世纪 30 年代,玛氏(Mars)公司当时在美国仅为一个小有名气的私人企业,但是在巧克力生产上具有相当优势。公司在 1954 年开发了一种产品——巧克力豆,但在广告宣传比不太成功,销售效果不是太理想。弗瑞斯特·玛氏说服了米尔顿·赫尔希(Milton Hershey)的得力助手威廉·莫里(William Murrie),开发一种不会溶化的巧克力。他本人曾经在西班牙内战期间看到过这种巧克力,并且印象相当深刻。这项投资,玛氏公司出资 80%,而莫里则出资其余的 20%,加上巧克力的制作技术。莫里的儿子布鲁斯(Bruce)被派到玛氏公司来执行这项投资计划。1941 年所推出的产品就是 M&M's,这个名称所代表的意义就是 Mars 与 Murrie。

二、只溶在口,不溶在手

这个巧克力产品,首先针对的是美国军人,因为它们具有耐高温而不易溶化的特性。虽然这个主意很不错,但一开始的销售情况并不太好。它还是在赚钱,不过比起士力架就差多了。因此,1950 年弗瑞斯特·玛氏聘请广告公司就 M&M's 的销售进行一项相当仔细的研究。利用市场研究来作为营销工具,弗瑞斯特可说是鼻祖。他是第一个在糖果业如此做的人,而且事后证明相当成功。

研究发现，M&M's非常吸引小孩子，但小孩子却没什么钱。所以，公司转而向大人下手。在美国玛氏糖果公司开发生产的这种M&M's巧克力豆，是在当时唯一用糖衣包裹的巧克力豆。有了这一发现，即刻形成了广告构想：抓住M&M's巧克力豆这一与众不同的特点，打动了消费者。经过缜密思考，精心创意，瑞士夫创作了这样一部电视广告片：电视画面上有两只手，一只脏手，一只洁净手。画外音：哪只手里面有M&M's巧克力糖？不是这只脏手。因为，M&M's巧克力只溶在口，不溶在手。

M&M's的广告词："只溶在口，不溶在手。"（Melts in your mouth, not in your hands）这对于父母而言很有吸引力，因为这样一来，小孩就不会弄得到处脏兮兮的。当电视广告在收视率很高的节目，例如米老鼠俱乐部插播时，这项产品迅速成为1956年最受欢迎的糖果。广告片播出，M&M's巧克力豆顿时名声大震，人们争相购买，销量猛增。

多年后，玛氏公司的规模有了突飞猛进的发展，如今年销量已达四五十亿美元，成为美国私人企业中的佼佼者。而"只溶在口，不溶在手"的广告词，至今仍是玛氏公司M&M's巧克力豆的广告主题，被牢牢记忆在世界各国的消费者心中。

三、给巧克力豆穿上色彩缤纷的"外衣"

玛氏公司第一个里程碑是给巧克力豆穿上糖衣，延续48年的金句"只溶在口，不溶在手"至今萦绕于心，成为M&M's品牌不可舍弃的一部分。给巧克力豆穿上色彩缤纷的"外衣"是M&M's发展史上的第二个里程碑，也是M&M's正在推行的营销活动。紫色"冠军颜色"，这是在M&M's巧克力举办的"全球新色彩投票"中，来自全世界超过1 000万名巧克力爱好者热情参与在紫色、粉红色、水绿色三种颜色中胜出的颜色。今年的色彩评选是玛氏（Mars）公司有史以来首次让中国、印尼、澳洲、等二百个美国以外地区的M&M's拥护者参加的投票活动，有34%的中国投票者独具慧眼选中了紫色。

M&M's最初由包有红、黄、绿、棕、橙和深紫6种颜色糖衣的巧克力豆组成。1945年，茶色替代了深紫色，但是在1995年，1 000万美国人选择用蓝色替代茶色，这就是现在色彩缤纷的

M&M's 家族的全部成员。

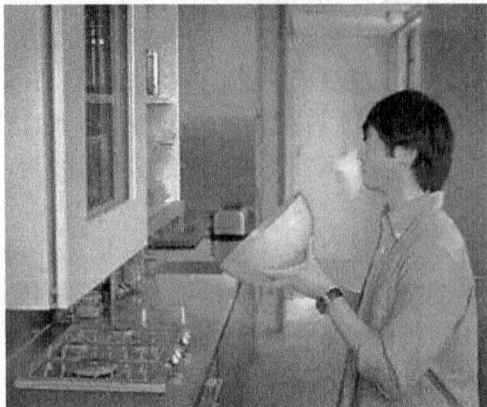

四、快到碗里来

"快到碗里来"是 M&M's 巧克力在 2011 年做的电视广告。同以往强调"只溶在口,不溶在手"不一样,这次 M&M's 巧克力广告定为妙趣挡不住。妙趣如何体现?那就是把巧克力豆"活化",让其变成调皮可爱的小人儿。这是背后创意的出发点。广告中通过 M 豆与男生的对话和行为,把 M&M's 巧克力的妙趣实体化,表现了性格鲜明的 M&M's 卡通形象,最后 M 豆还说了一句:"就不能换个大一点的碗吗!",表达了它的妙趣不是一个碗就装得下的,同时表现出品味巧克力时的一种乐趣,也迎合后面的广告语:M&M's 妙趣挡不住。使消费者看完这则广告,过目不忘,产生印象。香浓牛奶巧克力,五彩薄脆糖衣,向人们传递了色彩缤纷的巧克力乐趣,激发了人们的购买欲望。

五、创意解析

M&M's 巧克力豆的成功推广正是依据广告产品自身的特点合理运用了 USP 理论(unique selling proposition),即独特的销售主张。简单地说,UPS 理论核心,就在于发现和确认广告产品独一无二的好处和效用,并将广告产品这一独一无二的好处和效用,有效地转化成广告传播的独特利益承诺,独特购买理由,来诱导消费者,影响消费者的购买决策,实现产品的销售。必须遵循的 3 个要点是:

(1) 每则广告必须给顾客提供一个主题,特别是利益主题;

(2) 广告提出的必须独具一格,与众不同,是竞争对手没有提出的理念;

(3) 主题内容必须是具有感动顾客的力量,能够有效地引起顾客的注意,引起顾客的消费行为,具有强大的销售力。

发展和确立广告产品的"独特销售主题",必须建立在产品自身的基础之上,必须是由产品自身所具有的好处和功效发展出来的,而不是广告主或广告人的主观产物,主观制造物。

——案例根据网络资料整理改编:http://guide. ppsj. com. cn/art/7956/m&msqklddggcl/

问题探讨

　　广告的创意离不开对消费者行为模式的分析,在数字环境下,消费者的行为模式发生了很大的变化,广告的创意也随之发生了很大的改变。最初的AIDMA模式下,消费者由注意商品,产生兴趣,产生购买愿望,留下记忆,做出购买行动,广告创意所关注的事是:把产品成功的宣传出去,并引发消费者的兴趣,因此广告创意的核心是产品的特点,是较早时期以产品为核心时代的广告创意概念。而在现阶段消费者借助互联网,消费者从被动接受商品信息、营销宣传,开始逐步转变为主动获取、认知,以及产生购买行动之后的信息分享等,在数字环境下,这些行为模式的变化会给广告创意带来怎样的影响呢?

一、以创意整合营销,实现广告创意从小到大的转变

　　网络为整合营销传播(Integrated Marketing Communication)的实施提供了一个良好的平台。除了发布网络广告外,广告主还可以在网络上进行公关宣传、事件营销,建立在线商城等,使广告、公关宣传、直接营销等营销传播要素能够同时在网络平台上展开。学者张金海认为,以网络广告为代表的新媒体广告以平台化的方式进行整合营销,综合了多种营销手段。"广告创意正从广告作品的范畴向广告业运作模式的范畴转变。这一从小到大的转变关系到广告业的升级转型。"

　　在传统的广告运作流程中,创意环节一直处于流程的后段。但在新媒体时代,创意人要在第一时间参与到广告创作中,通过前期的市场调研,从消费者的需求出发,为广告主的新产品开发出谋划策。之后,参与整合营销策略的确定,广告创意案及媒体案的制定等。

　　在整合营销传播的背景下,广告人需要从消费者的需求出发,发展出一个与企业核心战略及品牌核心内涵一致的核心创意,用这个核心创意来统领广告、公共宣传、销售促进等所有的沟通方式。针对不同的传播类型,广告人要依据媒介形态和受众特点进行核心创意的延展,以一致的声音,传递一致的商品信息和品牌形象,实现与消费者的双向沟通。

二、创意要"以受众为主位",增强互动性与参与度

　　从某种意义上讲,数字技术意味着"受众中心"时代的真正来临,受众被赋予了高度的自主权。社会化媒体的勃兴使每个公众都有了发布信息的权力,每个人都可以利用数字技术参与商品/品牌的广告运动,与广告人一起完成对品牌的塑造。除了技术上的客观条件外,从AISAS模式也可看出,现代消费者会主动

搜索感兴趣的信息,并向他人传播,这是受众参与广告运动的主观条件。此外,草根文化的兴盛更使公众的话语权得到肯定,自我观点的表达欲望得以激发,为受众参与广告运动创造了积极的社会氛围。因此,广告人要尝试"品牌开放"的广告生产模式,即"将品牌资源向公众开放,让公众充分利用这些资源,从而参与到品牌的建设之中",这样做既能充分发掘消费者的创意能力,也能创造良好的品牌体验,增强消费者对品牌的忠诚度,并让消费者主动传播品牌信息。

三、创意要注重广告信息的可搜索性与可标签化

数字技术赋予了消费者几乎无所不能的搜寻信息的能力,因此广告人需格外注重信息的可搜索性。首先,品牌和商品名称是消费者最有可能使用的搜索关键词,必须对其进行创造性的设计,使其能在纷繁的信息中脱颖而出,深入消费者的内心。其次,数字技术促进了广告告知功能的回归,广告主可以发布全面的商品信息,且不用承担额外的媒介成本,这不仅有助于实现完全商品信息的告知,也会增加信息被消费者搜索到的可能性。此外,传统媒体广告的创意必须具有新意,能引起消费者的注意和兴趣,使品牌、商品名称和为营销活动构建的互动平台能被消费者搜索到。数字技术还赋予了消费者分享信息的权力。在新媒体时代,消费者是广告信息再传播的主体,消费者的主动传播能够形成病毒式的口碑营销,达到良好的传播效果。

为此,广告人必须使广告信息能用一两个符合商品属性及品牌内涵的词语来概括,即赋予广告信息一个标签。其他消费者可以依据标签反向搜索到商品和品牌的广告信息,以及为营销活动构建的互动平台等。可标签化就意味着消费者之间的交流与分享,在广告公信力不尽如人意的当下,充分发挥口碑营销的力量显得尤为重要。

四、从内容创意主导到技术创新主导的理念转型

互联网数字技术不仅改变了广告的商业模式,还改变了广告的生存状态。过去以内容创意为主导现在开始让位于技术创新为主导。可以说,未来引领广告发展的不是广告创意人,而是技术人员。通过媒介技术创新或广告投放技术的创新,广告将变得更加强而有力。而作为广告内容创意,可以预见新的发展趋势必然是与技术进一步融合。内容和技术的分界,广告作品和广告作品投放的载体(媒介)分界将越来越模糊,技术将开启一个新的引领风骚的广告创意时代!

参考文献:

[1] 赵立敏.论中国广告创意理念的当代转型[J].广告大观(理论版),2014(3):33-37.
[2] 王淑芹.SICAS模式下广告创意发展趋势[J].新闻大学,2012(3):93-99.

［3］宋佳.新媒体语境下广告创意理念的变革[J].科技资讯,2012,19:242.

问题思考

1. 收集广告作品特别是系列作品,分析找出它的策略、概念和执行点。
2. 加多宝的"对不起"体创意中,运用了哪些广告创意表现手法?
3. 全联福利中心的平面广告创意运用了哪些表现手法?
4. 试分析 M&M's 巧克力豆广告的 USP 策略?
5. 试解析大众甲壳虫的"Think Small"广告的创意?
6. 在数字环境下,你认为如何处理广告创意的艺术性与实效性?

附录　百事纯果乐创意简报

广告主:百事纯果乐

广告主题:纯果乐主题广告

公司简介:
　　纯果乐(Tropicana)是世界第一果汁品牌,纯果乐诞生于美国的水果盛产地佛罗里达,1946 年,开始正式进入饮料市场。1998 年,被百事公司收购,成为百事全球饮料战略中的重要组成部分。

公司理念:追求"最好的水果,最美的生活"的品牌理念

产品信息:
　　纯果乐(Tropicana)诞生于美国的水果盛产地佛罗里达,1946 年,正式进入饮料市场,意大利人 Anthony Ross 是纯果乐的创始人。1999 年百事公司以 $3.1 亿收购 Tropicana。2007 年,纯果乐在广州、福州试点上市针对中国消费者口味研发的果缤纷混合果汁饮料。
　　在世界各地,人们普遍认为纯果乐是最健康的饮料品牌。作为世界第一的果汁品牌,Tropicana 的品牌和工艺都已经沉淀为一种文化,这种文化倡导健康积极的人生态度,追求高品质生活。2008 年,纯果乐果缤纷在中国上市。2009 年,纯果乐鲜果粒在中国上市。

竞争对手:
　　果粒橙、芬达

产品形象定位:
　　最好的水果、最好的生活
　　独特的混合果汁带来的美味

（续表）

广告目标：
　　通过广告激发消费者的购买欲，使更多的人认识了解纯果乐。

目标消费群：
　　核心消费群：20～29 岁
　　广义消费群：13～39 岁
　　群体特征：女性偏多，主要是年轻人和青少年

承诺与支撑点：
　　世界领先的饮料和休闲食品公司：百事公司（PepsiCo）；
　　百事公司（Pepsico.，Inc.）是世界上最成功的消费品公司之一，在全球 200 多个国家和地区拥有 14 万雇员，2004 年销售收入 293 亿美元，为全球第四大食品和饮料公司。在 2004 年公布的《财富》杂志全球 500 强排名中，百事公司位列第 166 位，并于最近连续两年被评为《财富》"全球最受赞赏的饮料公司"第一名。在 2004 年《福布斯》杂志"全美最有价值公司品牌"中百事公司位列在前十名。2003 年 8 月《商业周刊》评选的全球最有价值品牌的排名中，百事公司旗下的百事可乐品牌排名在第二十三位。百事公司的前身百事可乐公司创建于 1898 年。百事可乐公司于 1965 年与世界休闲食品最大的制造与销售商菲多利（Frito-lay）公司合并，组成了百事公司。

格调与气氛：
　　广告应以情感向目标受众诉求，宣传企业文化，强调品牌定位，注重凸显企业的地位。同时，倡导和宣扬咖啡的健康作用，以理性诉求改变消费者的消费观念。做到情理交融，给消费者独特的文化氛围、潜移默化的影响和强大深刻的视觉及情感冲击力。

案例整理自网络资源：http://www.docin.com/p-991853108.html

第六章

品牌战略

理论阐述

一、品牌战略

品牌是目标消费者及公众对于某一特定事物心理的、生理的、综合性的肯定性感受和评价的结晶物。品牌战略的关键点是管理好消费者的大脑,在深入研究消费者内心世界、购买此类产品时的主要驱动力、行业特征、竞争品牌的品牌联想的基础上,定位好以核心价值为中心的品牌识别系统,然后以品牌识别系统统帅企业的一切价值活动。品牌战略,包括品牌化决策、品牌模式选择、品牌识别界定、品牌延伸规划、品牌管理规划等方面的内容。

● 品牌传播策略

品牌传播策略是企业以品牌的核心价值为原则,在品牌识别的整体框架下,选择多种传播方式,将特定品牌推广出去,以建立品牌形象、促进市场销售。常用的品牌传播策略包括广告、新闻报道、公共关系传播、事件传播、植入式传播、体验式传播、企业家传播、社交网络传播及感官品牌传播。

二、品牌资产

品牌资产是企业重要的无形资产,它能够为企业和顾客提供超越产品或服务本身利益之外的价值。这种附加的价值来源于品牌对消费者的吸引力和感召力。所以,品牌资产的实质是品牌与顾客之间的一种长期的、动态的关系。

品牌资产是由品牌形象所驱动的资产,具体包括:品牌知名度、品牌美誉度、品质认知、品牌联想、品牌忠诚和附着在品牌上的其他资产。品牌知名度是指某品牌被公众知晓、了解的程度;品牌美誉度是指某品牌获得公众信任、支持和赞许的程度;品质认知是指消费者对产品或服务的适应性和其他功能特性适合其使用目的的主观理解或整体反应;品牌联想是指消费者在看到某一品牌时所勾起的所有印象、联想和意义的总和;品牌忠诚是一种对偏爱的产品和服务的深深承诺,在未来都持续一致地重复购买和光顾,因此产生了反复购买同一个品牌或一个品牌系列的行为,无论情境和营销力量如何影响,都不会产生转换行为。按品牌忠诚的形成过程,品牌忠诚度可以划分为认知性忠诚、情感性忠诚、意向性忠诚和行为性忠诚四种类型。与品牌资产相关的还有一些附着在品牌上的其他资产,如专利、专有技术、分销系统等。品牌资产具有五大特征:无形性和附加性、构成与估价上的特殊性与复杂性、形成上的长期性与累积性、品牌资产价值的波动性等。

三、品牌理论

1. 品牌定位理论

品牌定位的理论来源于"定位之父"、全球顶级营销大师杰克·特劳特首创的战略定位。品牌定位是企业在市场定位和产品定位的基础上,对特定的品牌在文化取向及个性差异上的商业性决策,它是建立一个与目标市场有关的品牌形象的过程和结果。换言之,即指某个特定品牌确定一个适当的市场位置,使商品在消费者的心中占领一个特殊的位置,当某种需要突然产生时,比如在炎热的夏天突然口渴时,人们会立刻想到"可口可乐"红白相间的清凉爽口。品牌定位是市场定位的核心和集中表现。企业一旦选定了目标市场,就要设计并塑造自己相应的产品、品牌及企业形象,以争取目标消费者的认同。由于市场定位的最终目标是为了实现产品销售,而品牌是企业传播产品相关信息的基础,品牌还是消费者选购产品的主要依据,因而品牌成为产品与消费者连接的桥梁,品牌定位也就成为市场定位的核心和集中表现。

2. 品牌形象理论

品牌形象理论即"Brand Image",也称为"BI"理论,20世纪60年代由著名广告大师大卫·奥格威提出。主张形象化的品牌能给消费者带来品牌的心理利益,通过建立一个与消费者价值观相吻合的品牌风格来影响消费者行为。奥格威的"品牌形象论"超越了当时所盛行的"广告只是促销产品"的陈旧观念,指出企业宣传应以品牌为中心,广告只是品牌传播的一种手段。他的观点突破了以往"唯广告论"的观点,将"品牌形象"作为品牌传播的核心。品牌形象论依然是线性传播模式,不过传播者在单向传播中的作用及影响力得到肯定和强化。品牌形象理论的基本内容包括:第一,品牌形象即品牌个性;第二,每一则广告都是对品牌的长期投资;第三,品牌形象比产品功能更重要;第四,品牌形象能够满足消费者的精神需求;第五,影响品牌形象的因素。

3. 品牌个性理论

品牌个性理论的英文全称是"Brand Character",简称 BC 理论。在美国格雷广告公司提出的"品牌性格哲学论"和日本小林太三郎教授提出的"企业性格论"基础上,形成了"品牌个性论"。品牌个性理论是对品牌形象理论的延伸,BC 理论认为广告不仅仅是"说利益"、"说形象",更要"说个性"。随着市场竞争的日趋激烈和产品的高度同质化,品牌日渐成为商家重要的竞争手段。品牌是消费者商品识别的标志,而个性居于社会范畴,心理学家大多认为,个性是由各种属性整合而成的相对稳定的独特的心理模式。品牌个性是通过品牌传播赋予品牌的一种心理特征,是品牌形象的内核,它是特定品牌使用者个性的类化,是其关系利益人心中的情感附加值和特定的生活价值观。品牌个性具有独特性和整体性,它创造了品牌的形象识别,使我们可以把一种品牌当做人看待,使品牌人格化、活性化。品牌个性理论的基本观点包括:第一,品牌个性是特定品牌使用者个性的类化;第二,品牌个性是其关系利益人心中的情感附加值;第三,品牌个性是特定生活价值观的体现。

实例解析

必胜—必胜—必胜
——德国大众的多品牌策略

一、背景简介

大众汽车的德文为 Volkswagen,意为大众使用的汽车。大众汽车的图形商标是 Volkswagen 单词中的两个字母(V)olks(W)agen 的叠合,形似三个"V"字,被镶嵌在一个大圆圈内,像是用中指和食指作出的 V 形,表示大众公司及其产品"必胜—必胜—必胜"。大众汽车的图形商标镶嵌在发动机散热器前面格栅的中间,文字商标则标在车尾的行李箱盖上,以注明该车的名称。大众汽车商标简捷、鲜明,令人过目不忘。

德国大众集团目前是德国最大的企业,2010 年打败日本丰田、美国通用成为世界最大的汽车公司。大众汽车公司是一个在全世界许多国家都有生产厂的跨国汽车集团,公司总部曾迁往柏林,现设在沃尔夫斯堡,目前有雇员 35 万人。

二、品牌多元战略

大众集团主要竞争优势在于品牌多元战略,从微小型汽车到重卡,几乎各种车型均有覆盖。大众拥有颇具实力的世界性金融服务系统,这使得其影响渗入世界各主要地区。

现在大众汽车拥有 Audi(奥迪)、Porsche(保时捷)、Skoda(斯柯达)、Lamborghini(兰博基尼)、Bugatti(布加迪)、Bentley(宾利)、Seat(西亚特)、MAN 卡车以及斯堪尼亚等品牌,并拥有铃木 19.9% 的股份和 MAN 公司 75% 的股份。虽然大众旗下拥有十大品牌,但是每个品牌都有自己清晰准确的品牌个性(定位)和服务对象,如顶级奢华的宾利,豪华的奥迪,平民化的大众、甲壳虫、斯柯达和西亚特,豪华跑车兰博基尼,完美跑车布加迪,平民跑车保时捷以及商用汽车斯堪尼亚。大众依靠先入为主和多品牌战略成功地塑造了大众汽车的形象,获得了极高的市场占有率,令其同行难望其项背。

三、多品牌合作

大众从奔驰手上并购奥迪可谓史上最成功的并购。大众不仅复兴了奥迪品牌,而且大众与奥迪品牌之间的合作也一直是多品牌合作的典型案例。一方面,大众从丰田公司买来的半成品发动机不能直接使用在汽车上,奥迪运用它的核心技术,帮助大众把半成品发展成完美产品;另一方面。大众拥有最先进的"PQ35 平台",奥迪可以用最优惠的价格购买使用该平台,这对于进军中国市场的奥迪是十分有利的。大众和奥迪在技术上已经共享了很多,但是核心技术却没有相互给予。这显然是大众聪明的地方,既让品牌间实现了有效的合作,又保持了品牌拥有自己的独特性。

多品牌战略有着能够占领不同细分市场、提高企业市场占有率、增加企业抗风险能力的优点,同时又存在着运作成本高、资源消耗大、容易导致产品内部竞争等缺点。汽车企业要做的就是如何"扬"多品牌战略的长,"避"多品牌战略的短。

——黄静主编,《品牌营销 第 2 版》,北京大学出版社,2014 年 3 月,第164-165 页。

以营销创新提升品牌资产
——星巴克品牌营销战略

1992 年,星巴克在美国纳斯达克上市成功。这意味着星巴克在 1987 年由舒尔茨接手后迈入了又一个崭新的发展征程。同时,美国的咖啡零售市场的竞争也日趋激烈。据美国精品咖啡协会估计,1992 年全美约有 500 家浓缩咖啡馆,1999 年暴增至 10 000 家。

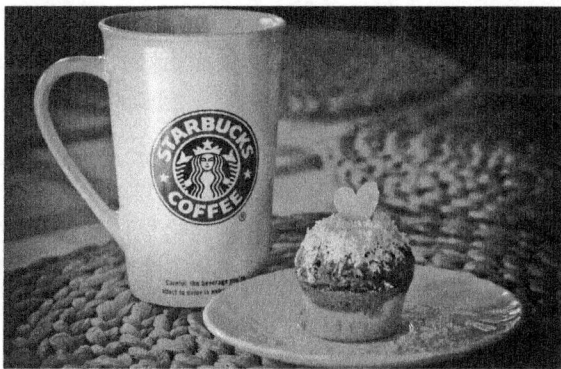

为保持和提升品牌资产,星巴克必须顺应时局,以新的企业精神不断开拓。

一、市场开发

20 世纪 80 年代末到 90 年代初,星巴克发展的战略重点是在美国西北部太平洋地区以及加利福尼亚州,芝加哥的连锁店是这一时期唯一不在西海岸地区的星巴克分店。1993 年,公司在连锁店选址方面作出了重大的突破,首次将星巴克的旗帜插到了东海岸的华盛顿特区。1994 年,公司收购了当地的咖啡连锁店"咖啡关系"(The Coffee Connection),把它在波士顿的咖啡店全部转换成为自己的旗号。同年,公司还进入东南部及南部大城市,如明尼阿波利斯、纽约、亚特兰大、达拉斯以及休斯敦等。1995 年,公司又拿下巴尔的摩、辛辛那提、费城、匹兹堡、拉斯维加斯、奥斯汀以及圣安东尼奥等城市。

二、产品开发

1995 年,星巴克推出由职员自主开发的、用碎冰打成的法布其诺(又称星冰乐,Frappuccino)。它成了夏天热咖啡的替代品,让向来喝热咖啡的美国人爱上了冰咖啡，也吸引了许多不太喝咖啡的客户群。这个将咖啡、牛奶和冰块按比例调和在一起的甘甜、清凉的低脂乳咖啡冰品，差点因与星巴克正宗形象抵触而被舒尔茨封杀。但在1996年会计年度，这款产品的营业额占星巴克总营业额的7％，被美国《商业周刊》评为该年度最佳产品之一。舒尔茨事后总结出"业主切莫打压下属进取和创新的精神"。

通过与百事可乐公司的联手合作，星巴克生产的瓶装法布其诺打进了美国的各大超级市场，1998年瓶装法布其诺成为美国市场最受欢迎的即饮咖啡。大获成功的星巴克公司仍然不敢有丝毫的懈怠。1998年，公司面向市场推出了几款淡咖啡饮品，这些贴有特殊标签的咖啡是针对某些特定的消费者量身定做的，而星巴克咖啡的传统口味则是比较浓郁的。与此同时，公司在产品多样化的道路上继续探索。同年，名为Tiazzl的果茶饮料出现在星巴克的连锁店中，这是一款混合有芒果和浆果香味的饮品，针对的消费对象是那些并不习惯咖啡口味但渴望在炎热的夏季得到一杯清凉饮料的顾客。

三、多元化发展

星巴克突破传统咖啡连锁店格局的转折点是在1994年，公司决定开发瓶装咖啡饮品、冰淇淋或其他有创意的产品，让消费者能以更多元的方式来享受咖啡，推出爵士乐CD是最有代表性的一例。

1994年，公司同西雅图著名的音乐家肯尼·G联袂进军CD市场。在圣诞节前后的6个星期内该CD销售量超过了50 000张。舒尔茨相信音乐对于星巴克咖啡的外观感受和内在灵魂来说都是一个重要的组成部分。在获取成功后，公司继续在自己的连锁店内销售限量的CD唱片，其中大多数是应消费者的强烈要求才组织的。每一张CD的问世都经过了公司的精挑细选，它们或迎合消费者的品位，或弘扬公司的品牌形象，或强调季节性旋律，备受消费者青睐。20世纪90年代中期，公司又推出了自己的系列产品，包括一种以布鲁斯乐曲命名的咖啡，这个举动引发了一场声势浩大的商业运动，其核心就是首都唱片（Capital Records）发行的爵士音乐CD和星巴克的布鲁斯音乐商标。星巴克进入音乐市场的意义，除了增加营业额外，更重要的是向消费者宣告："星巴克将继续推出意想不到的新产品，来满足或取悦广大客户"，让星巴克永远是个令人惊喜的名字。

四、战略联盟

星巴克提升品牌资产的另一大战略是采用品牌联盟迅速扩大品牌优势。它在发展的过程中一直寻找合适的合作商，拓展销售渠道，与强势伙伴结盟，扩充营销网络。品牌联盟使星巴克在顾客心中创造出了单个品牌无法实现的精彩效果,它寻找那些能够提升自己品牌资产的战略伙伴,为此要求合作伙伴能够清晰理解和掌握星巴克品牌的精髓和宗旨。仅在 1991 年至 1997 年间,星巴克就发展了与 12 个战略联盟的伙伴关系。星巴克相信,将来的成功依旧要靠培育与企业内部和外部的合作关系来实现。

Barnes&Noble 书店是同星巴克合作最成功的公司之一。Barnes&Noble 曾经发起一项活动,即把书店发展成人们社会生活的中心,这与星巴克"第三生活空间"的概念不谋而合。1993 年,Barnes&Noble 开始与星巴克合作,让星巴克在书店里开设自己的零售业务。

1994 年 8 月,星巴克和百事可乐发表联合声明,结盟为北美咖啡伙伴,致力于开发咖啡新饮料,行销各地。星巴克借用了百事可乐 100 多万个营销据点,而百事可乐则利用了星巴克在咖啡界的商誉,提高了产品形象,两者共同推出的罐装"法布其诺"引发了轰动。

1996 年,星巴克和全美最大的联合航空公司(United Air Line)合作,在飞机上供应星巴克咖啡,这次合作每年至少为星巴克增加了 2 000 万客人,大大提高了品牌的知名度,高空品啜星巴克,也增加了星巴克的浪漫品位。

五、渠道创新

1998 年,全美国通过超级市场和食品商店销售出去的咖啡占当年全美咖啡总销售额的一半,在超过 26 000 家的食品杂货店中蕴藏着比星巴克零售连锁店和特种销售渠道更加广阔的市场,充分利用这个渠道可以为公司带来几百万的消费者。除此之外,将产品打入超级市场还能够节省公司的运输费用,降低操作成本,公司的零售能力也将得到进一步的强化。舒尔茨等公司高层决策者认为,超级市场是继续拓展星巴克咖啡销售量的重要途径。尽管当初舒尔茨因不忍新鲜咖啡豆变质走味而立下"拒绝进军超市"的规矩。但环境变化不断要求公司修改行事原则。1997 年,舒尔茨和他的高级管理层下令进军超级市场,令舒尔茨担忧的情况并没有发生,相反,当初的决策却产生了良好的效果。

六、国际营销

星巴克在美国市场的地位巩固后,于 1996 年正式跨入国际市场,在东京银座开了第一家海外咖啡店,至 2002 年星巴克已在日本开设了 467 家分店。借鉴了开发日本东京市场的成功经验,星巴克于 20 世纪 90 年代末相继在欧洲和东亚地区开设了多家连锁店。到 2002 年,星巴克已经打入了全球 32 个市场,现在更以每天开张三四家店的速度成长。

星巴克采取的国际市场营销策略是在坚持品质等标准化的同时,又融入当地文化,寻找适合当地的市场开拓策略。融入当地文化一直是星巴克的追求之一,它对所在地的历史、地理和文化的尊重不只限于海外。即使在美国本土,一家开设在韩裔人居住区的星巴克,其风格也会特别关注与周围韩国古董店、茶叶店的协调,从而达到与整个社区总体上的一种融洽。在国际经营模式上,星巴克在全球普遍推行三种商业组织结构:合资公司、许可协议、独资自营,并根据各国、各地区的市场情况而采取相应的合作模式。

以美国星巴克总部在世界各地星巴克公司中所持股份的比例为依据,其采取的合作模式主要有四种情况:1. 星巴克占 100% 的股权,比如在英国、泰国和澳大利亚等地;2. 星巴克占 50% 的股权,比如在日本、韩国等地;3. 星巴克占股权较少,一般在 5% 左右,比如在美国的夏威夷、中国的台湾和香港以及增资之前的上海等地;4. 星巴克不占股份,只是纯粹授权经营,比如在菲律宾、新加坡、马来西亚和中国的北京等地。一般而言,星巴克在某一个地区所持的股权比例越大,就意味着这个地方的市场对它越重要。另外,星巴克制定了严格的选择合作者的标准,如合作者的声誉、质量控制能力和是否以星巴克的标准来培训员工等。

舒尔茨坦言,1987 年以前的星巴克还不知道建立品牌这回事,或者说不曾刻意建立品牌,但当时为稳定咖啡饮料的品质,以及塑造咖啡馆气氛所做的努力,却在无形中强化了星巴克的声誉。舒尔茨戏称,“这是我们无心插柳柳成荫的另类做法,教科书上绝对找不到”。

——案例来自:黄静主编,《品牌营销　第 2 版》,北京大学出版社,2014 年 3 月,第 228－230 页。

凉茶,还是饮料?
——红罐王老吉品牌定位战略

一、背景介绍

2002 年以前,从表面看,红色罐装王老吉(以下简称“红罐王老吉”)是一个活得很不错的品牌,在广东、浙南地区销量稳定,盈利状况良好,有比较固定的消费群,红罐王老吉饮料的销售业绩连续几年维持在 1 亿多元。发展到这个规模后,加多宝的管理层发现,要把企业做大,要走向全国,就必须克服一连串的问题,甚至原本的一些优势也成为困扰企业继续成长的障碍。而所有困扰中,最核心的问题是企业不得不面临一个现实难题——红罐王老吉当“凉茶”卖,还是当“饮料”卖?

现实难题表现一:广东、浙南消费者对红罐王老吉认知混乱。

在广东,传统凉茶(如颗粒冲剂、自家煲制、凉茶铺煲制等)因下火功效显著,消费者普遍当成"药"服用,无需也不能经常饮用。而"王老吉"这个具有上百年历史的品牌就是凉茶的代称,可谓说起凉茶想到王老吉,说起王老吉就想到凉茶。因此,红罐王老吉受品牌名所累,并不能很顺利地让广东人接受它作为一种可以经常饮用的饮料,销量大大受限。

另一个方面,加多宝生产的红罐王老吉配方源自香港王氏后人,是经国家审核批准的食字号产品,其气味、颜色、包装都与广东消费者观念中的传统凉茶有很大区别,而且口感偏甜,按中国"良药苦口"的传统观念,消费者自然感觉其"降火"药力不足,当产生"下火"需求时,不如到凉茶铺购买,或自家煎煮。所以对消费者来说,在最讲究"功效"的凉茶中,它也不是一个好的选择。

在广东区域,红罐王老吉拥有凉茶始祖王老吉的品牌,却长着一副饮料化的面孔,让消费者觉得"它好像是凉茶,又好像是饮料",陷入认知混乱之中。而在加多宝的另一个主要销售区域浙南,主要是温州、台州、丽水三地,消费者将"红罐王老吉"与康师傅茶、旺仔牛奶等饮料相提并论,没有不适合长期饮用的禁忌。加之当地在外华人众多,经他们的引导带动,红罐王老吉很快成为当地最畅销的产品。企业担心,红罐王老吉可能会成为来去匆匆的时尚,如同当年在浙南红极一时的椰树椰汁,很快又被新的时髦产品替代,一夜之间在大街小巷上消失得干干净净。

面对消费者这些混乱的认知,企业急需通过广告提供一个强势的引导,明确红罐王老吉的核心价值,并与竞争对手区别开来。

现实难题表现二:红罐王老吉无法走出广东、浙南。

在两广以外,人们并没有凉茶的概念,甚至在调查中频频出现"凉茶就是凉白开"、"我们不喝凉的茶水,泡热茶"这些看法。教育凉茶概念显然费用惊人。而且,内地的消费者"降火"的需求已经被填补,他们大多是通过服用牛黄解毒片之类的药物来解决。做凉茶困难重重,做饮料同样危机四伏。如果放眼整个饮料行业,以可口可乐、百事可乐为代表的碳酸饮料,以康师傅、统一为代表的茶饮料、果汁饮料更是处在难以撼动的市场领先地位。

而且,红罐王老吉以"金银花、甘草、菊花等"草本植物熬制,有淡淡的中药味,对口味至上的饮料而言,的确存在不小的障碍,加之红罐王老吉3.5元的零售价。如果加多宝不能使红罐王老吉和竞争对手区分开来,它就永远走不出饮料行业"列强"的阴影。这就使红罐王老吉面临一个极为尴尬的境地:既不能固守两地,也无法在全国范围推广。

现实难题表现三:推广概念模糊。

如果用"凉茶"概念来推广,加多宝公司担心其销量将受到限制,但作为"饮料"推广又没有找到合适的区隔,因此,在广告宣传上不得不模棱两可。很多人都见过这样一条广告:一个非常可爱的小男孩为了打开冰箱拿一罐王老吉,用屁股不断蹭冰箱门。广告语是"健康家庭,永远相伴"。显然这个广告并不能够体现红罐王老吉的独特价值。

在红罐王老吉前几年的推广中,消费者不知道为什么要买它,企业也不知道怎么去卖它。在这样的状态下红罐王老吉居然还平平安安地度过了好几年。出现这种现象,外在的原因是中国市场还不成熟,存在着许多市场空白;内在的原因是这个产品本身具有一种不可替代性,刚好能够填补这个位置。在中国,容许这样一批中小企业糊里糊涂地赚得盆满钵满。但在发展到一定规模之后,企业要想做大,就必须搞清楚一个问题:消费者为什么买我的产品?

二、重新定位

红罐王老吉虽然销售了 7 年,其品牌却从未经过系统、严谨的定位,企业都无法回答红罐王老吉究竟是什么,消费者就更不用说了,完全不清楚为什么要买它——这是红罐王老吉缺乏品牌定位所致。这个根本问题不解决,拍什么样"有创意"的广告片都无济于事。正如广告大师大卫·奥格威所说:一个广告运动的效果更多的是取决于你产品的定位,而不是你怎样写广告(创意)。经一轮深入沟通后,加多宝公司最后接受了建议,决定暂停拍广告片,委托成美先对红罐王老吉进行品牌定位。

首先,对于当时销售额仅 1 个多亿的加多宝公司而言,寻求发展的同时更要考虑生存,也就是说,在寻求扩大市场份额的同时,必须要先稳固住现有市场;其次,由于当时红罐王老吉的销量连续多年稳定在 1 个多亿,已形成了一批稳定的用户群。成美项目组认为,定位研究可以从这群现有用户中寻找突破:了解红罐王老吉满足了他们什么需求,在他们头脑中红罐王老吉和其他饮料或者凉茶之间到底存在什么差异,从而确定导致他们坚持选择红罐王老吉的原因。

在将这群稳固的用户群选择红罐王老吉的核心价值提炼出来之后,再研究该核心价值与潜在用户群对红罐王老吉的认知是否存在冲突,即现有顾客的购买理由能否延展到潜在用户身上,如果这个选择红罐王老吉的理由是潜在用户群体也能认同并接受的,同时该核心价值在产品力以及企业综合实力上能够确立,就可以确认找到了红罐王老吉开拓市场的最佳途径。

在研究中发现,广东的消费者饮用红罐王老吉主要在烧烤、登山等场合。其原因不外乎"吃烧烤容易上火,喝一罐先预防一下"、"可能会上火,但这时候没有必要吃牛黄解毒片"。

而在浙南,饮用场合主要集中在"外出就餐、聚会、家庭"。在对当地饮食文化的了解过程中,研究人员发现:该地区消费者对于"上火"的担忧比广东有过之而无不及。如消费者座谈会桌上的话梅蜜饯、可口可乐都被说成了"会上火"的危险品而无人问津。(后面的跟进研究也证实了这一点,发现可乐在温州等地销售始终低落,最后可乐几乎放弃了该市场,一般都不进行广告投放。)而他们对红罐王老吉的评价是"不会上火","健康,小孩老人都能喝,不会引起上火"。这些观念可能并没有科学依据,但这就是浙南消费者头脑中的观念,这是研究需要关注的"唯一的事实"。

消费者的这些认知和购买消费行为均表明,消费者对红罐王老吉并无"治疗"要求,而是作为一个功能饮料购买,购买红罐王老吉的真实动机是用于"预防上火",如希望在品尝烧烤时减少上火情况发生等。真正上火以后可能会采用药物,如牛黄解毒片、传统凉茶类治疗。

再进一步研究消费者对竞争对手的看法,则发现红罐王老吉的直接竞争对手,如菊花茶、清凉茶等由于缺乏品牌推广,仅仅是低价渗透市场,并未占据"预防上火的饮料"的定位。而可乐、茶饮料、果汁饮料、水等明显不具备"预防上火"的功能,仅仅是间接的竞争。

同时,任何一个品牌定位的成立,都必须是该品牌最有能力占据的,即有据可依。如可口可乐说"正宗的可乐",是因为它就是可乐的发明者。研究人员对于企业、产品自身在消费者心智中的认知进行了研究,结果表明,红罐王老吉的"凉茶始祖"身份、神秘中草药配方、175 年的历史等,显然是有能力占据"预防上火的饮料"这一定位。

由于"预防上火"是消费者购买红罐王老吉的真实动机,自然有利于巩固加强原有市场。而能否满足企业对于新定位"进军全国市场"的期望,则成为研究的下一步工作。通过二手资料、专家访谈等研究表明,中国几千年的中医概念"清热祛火"在全国广为普及,"上火"的概念也在各地深入人心,这就使红罐王老吉突破了凉茶概念的地域局限。研究人员认为:"做好了这个宣传概念的转移,只要有中国人的地方,红罐王老吉就能活下去。"并明确将红罐王老吉定位在"饮料"行业中竞争,竞争对手应是其他饮料;其品牌定位——"预防上火的饮料",独特的价值在于——喝红罐王老吉能预防上火,让消费者无忧地尽情享受生活:吃煎炸、香辣美食,烧烤,通宵达旦看足球……

三、品牌定位的推广

明确了品牌要在消费者心智中占据什么定位,接下来的重要工作,就是要推广品牌,让它真正地进入人心,让大家都知道品牌的定位,从而持久、有力地影响消费者的购买决策。

紧接着,成美为红罐王老吉确定了推广主题:"怕上火,喝王老吉",在传播上尽量凸显红罐王老吉作为饮料的性质。在第一阶段的广告宣传中,红罐王老吉都以轻松、欢快、健康的形象出现,避免出现对症下药式的负面诉求,从而把红罐王老吉和"传统凉茶"区分开来。

　　为更好地唤起消费者的需求,电视广告选用了消费者认为日常生活中最易上火的五个场景:吃火锅、通宵看球、吃油炸食品薯条、烧烤和夏日阳光浴,画面中人们在开心享受上述活动的同时,纷纷畅饮红罐王老吉。结合时尚、动感十足的广告歌反复吟唱"不用害怕什么,尽情享受生活,怕上火,喝王老吉",促使消费者在吃火锅、烧烤时,自然联想到红罐王老吉,从而促成购买。

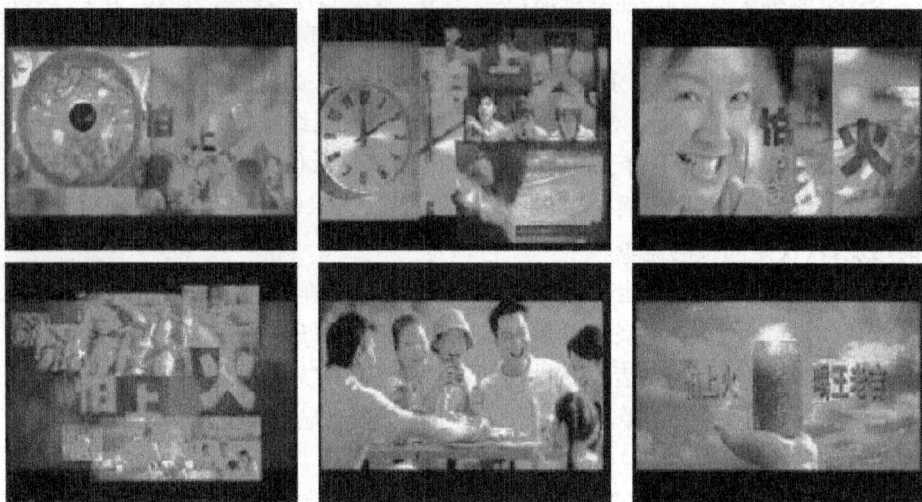

(影视广告)

(户外广告)

　　红罐王老吉的电视媒体选择主要锁定覆盖全国的中央电视台,并结合原有销售区域(广东、浙南)的强势地方媒体,在2003年短短几个月,一举投入4 000多万元广告费,销量立竿见影,得到迅速提升。同年11月,企业乘胜追击,再斥巨资购买了中央电视台2004年黄金广告时段。正是这种疾风暴雨式的投放方式保证了红罐王老吉在短期内迅速进入人们的头脑,给人们一个深刻的印象,并迅速红遍全国大江南北。

　　2003年初,企业用于红罐王老吉推广的总预算仅1 000万元,这是根据 2002 年的实际销量来划拨的。红罐王老吉当时的销售主要集中在深圳、东莞和浙南这三个区域,因此投放量相对充足。随着定位广告的第一轮投放,销量迅速上升,给企业极大的信心,于是不断追加推广费用,滚动发展。到 2003 年底,仅广告投放累计超过 4 000 万元(不包括购买 2004 年中央台广告时段的费用),年销量达到了 6 亿元——这种量力而行、滚动发展的模式非常适合国内许多志在全国市场,但力量暂时不足的企业。

在地面推广上,除了强调传统渠道的 POP 广告外,还配合餐饮新渠道的开拓,为餐饮渠道设计布置了大量终端物料,如设计制作了电子显示屏、灯笼等餐饮场所乐于接受的实用物品,免费赠送。在传播内容选择上,充分考虑终端广告应直接刺激消费者的购买欲望,将产品包装作为主要视觉元素,集中宣传一个信息:"怕上火,喝王老吉饮料。"餐饮场所的现场提示,最有效地配合了电视广告。正是这种针对性的推广,消费者对红罐王老吉"是什么"、"有什么用"有了更强、更直观的认知。目前餐饮渠道业已成为红罐王老吉的重要销售传播渠道之一。

在频频的消费者促销活动中,同样是围绕着"怕上火,喝王老吉"这一主题进行。如在一次促销活动中,加多宝公司举行了"炎夏消暑王老吉,绿水青山任我行"刮刮卡活动。消费者刮中"炎夏消暑王老吉"字样,可获得当地避暑胜地门票两张,并可在当地度假村免费住宿两天。这样的促销,既达到了即时促销的目的,又有力地支持巩固了红罐王老吉"预防上火的饮料"的品牌定位。

同时,在针对中间商的促销活动中,加多宝除了继续巩固传统渠道的"加多宝销售精英俱乐部"外,还充分考虑了如何加强餐饮渠道的开拓与控制,推行"火锅店铺市"与"合作酒店"的计划,选择主要的火锅店、酒楼作为"王老吉诚意合作店",投入资金与他们共同进行节假日的促销活动。由于给商家提供了实惠的利益,因此红罐王老吉迅速进入餐饮渠道,成为主要推荐饮品。

(广告物料)

这种大张旗鼓、诉求直观明确"怕上火，喝王老吉"的广告运动，直击消费者需求，及时迅速地拉动了销售；同时，随着品牌推广的进行，消费者的认知不断加强，逐渐为品牌建立起独特而长期的定位。

四、推广效果

红罐王老吉成功的品牌定位和传播，给这个有 175 年历史的、带有浓厚岭南特色的产品带来了巨大的效益：2003 年红罐王老吉的销售额比上年同期增长了近 4 倍，由 2002 年的 1 亿多元猛增至 6 亿元，并以迅雷不及掩耳之势冲出广东。2004 年，尽管企业不断扩大产能，但仍供不应求，订单如雪片般纷至沓来，全年销量突破 10 亿元。以后几年持续高速增长，2010 年销量突破 180 亿元大关。

诚然，重新定位是冒着很大的风险性。但是，王老吉通过市场的消费人群的调查，从实际出发，利用各种推广手段，获得了成功，其面对企业困难思考的方式及能从实际出发这一点是值得学习的。红罐王老吉能取得巨大成功，总结起来，以下几个方面是加多宝公司成功的关键所在：

（1）为红罐王老吉品牌准确定位。

（2）广告对品牌定位传播到位，这主要有两点：广告表达准确；投放量足够，确保品牌定位进入消费者心智。

（3）企业决策人准确的判断力和果敢的决策力。

（4）优秀的执行力，渠道控制力强。

（5）量力而行，滚动发展，在区域内确保市场推广力度处于相对优势地位。

——案例来自：《红罐王老吉品牌定位战略》，发布于成美营销顾问官网，本案例受邀《哈佛商业评论》整理，刊于其中文版 2004 年 11 月号：http://www.chengmei-trout.com/case_detail.aspx? id＝69

30 周年"逆生长"
——联想品牌形象转型策略

一、背景与目标

联想品牌已在中国市场蓬勃发展了 30 年。在其 30 周年来临之际，联想希望给其品牌做一次形象上的转型，从中国市场来看，联想过去的形象一直是"大叔"式的，相对其他 3C 品牌来说，显得比较沉闷和老态，并不是年轻人会注意和喜欢的潮流品牌。30 周岁的联想，希望能够将其品牌转化成为更加受年轻人青睐的品牌。在此背景下，广告代理商为联想定制了专属的 30 周年传播方案，即联想 30 周年"逆生长"Social 传播方案，以前所未有的形式—365 天，每天一个创意的形式，重塑联想在中国市场的形象。

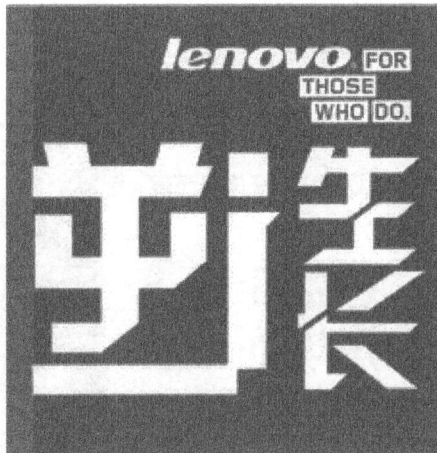

重塑联想的品牌形象，打造更加年轻化、"接地气"、受到年轻人青睐的联想品牌形象。

此次传播的目标受众定义为：主流媒体、商业合作伙伴、普通消费者在内的全阶层人群。重点的沟通对象设定为：赢取更多年轻人群（Social 网民）的认同。

二、策略与创意

广告代理商为联想定制了完全符合其形象转变要求的 Social 传播方案。

内容营销：

（1）网络语言与图形化沟通。

（2）连接消费者感情纽带。

（3）即时捕捉实时热点。

（4）Co-branding 合作。

（5）不同圈层及平台选择。

（6）应用新技术创意，提升互动。

365 天，持续关注，每天一个内容，不间断制造爆点，阶段性创新互动＋话题，不断创造新鲜、有趣的高关注点。

三、内容表达

1. 网络话题发动机，经典图片成爆款

代理商紧跟当下网络话题，用当时热门的"逆生长"、"逆龄"等话题引爆联想与消费者之间的沟通热潮，更是利用当时的复古热进行对联想高管形象的改变。对于消费者来说，在过去的印象中，联想的高层一直是神秘而又略带古板的，借助当下最热的复古话题，代理商邀请到了联想集团的多位高层参与到这次活动中，在社交平台发布联想高管复古运动装的造型后，消费者及联想内部反应极其热烈；成功地转变了联想高层在消费者心中的形象，借此加速联想"逆生长"社会化营销 Campaign 的进程。

2. 网络语言与图形化沟通

在这次社会化 Campaign 活动中,代理商摒弃先前联想在消费者心中固有的"古板"印象,利用网络化的语言,紧追网络时尚热点,发布创意海报活动如"时间去哪儿了"、"点个赞"、"说走就走的旅行"等,代理商利用这些当时网络热门的话题与联想自身特色做结合,增添消费者对于创意本身的兴趣点。

3. 连接消费者感情纽带

在内容上,力求连接消费者的感情纽带,并以此打动消费者。并希望内容上的创新可以打动消费者,使消费者建立与联想品牌的感情桥梁。

运用"旅行"、"第一条微博"、"爱情"、"理想"等等话题,与消费者进行情感沟通,与消费者分享生活中的酸甜苦辣,并在此之上,愿消费者与联想一道,不忘初心,勇敢向前。

4. 即时捕捉实时热点

在渴求与消费者建立情感链接的同时,此次活动也诉求捕捉实时热点新闻及社会事情,代理商建立了如"春节"、"舌尖上的中国"、"微软 XP 停止服务"、"马航失踪"等时下受到较多关注的社会事件,与联想产品相结合,营造新鲜的内容营销。

5. 不同圈层及多平台选择

此次"逆生长"Campaign当中,代理商不仅邀请到联想高层加入代理商的活动,同时也邀请到了联想的基层员工、社会大众、当红明星以及联想的合作伙伴等加入到活动中来;使得此次活动的涉及面更加广阔,目标群也更加扩大。

6. Co-branding 合作

这次活动不仅仅是联想自己在庆生,同时也是一次联想与其他国际大品牌的联动庆生活动,百度、Nestle、可口可乐、GE、红牛等多个品牌与联想一起"逆生长"!

7. 多元互动,应用新技术提升互动:如 GIF、H5、QRCode

在重视内容营销的同时,代理商也注重到技术对于营销的重要性,在此次 Campaign 中,添加了 GIF、H5、QRCode 等多种当下热门先进技术,与消费者的互动变得多种多样。

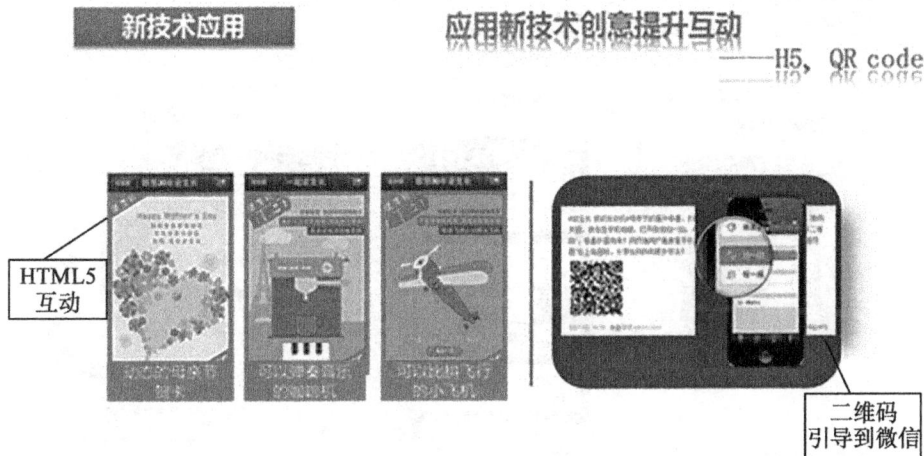

四、突破的互动形式

1. 移动轻应用

上传照片＋自主文案＝定制款"逆生长"海报。

代理商运用突破式的互动形式,使得"逆生长"变成一个全民参与的庆生活动,消费者利用应用软件,上传自己的照片和自定义文案即可得到一份属于自己的'逆生长'海报!

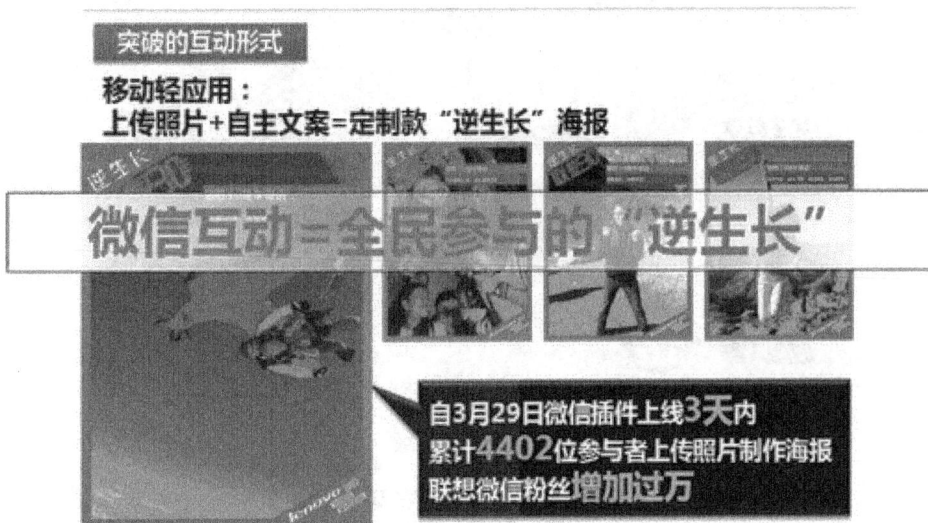

2. 多屏互动

微博＋官网＋无线端＝全网参与互动。

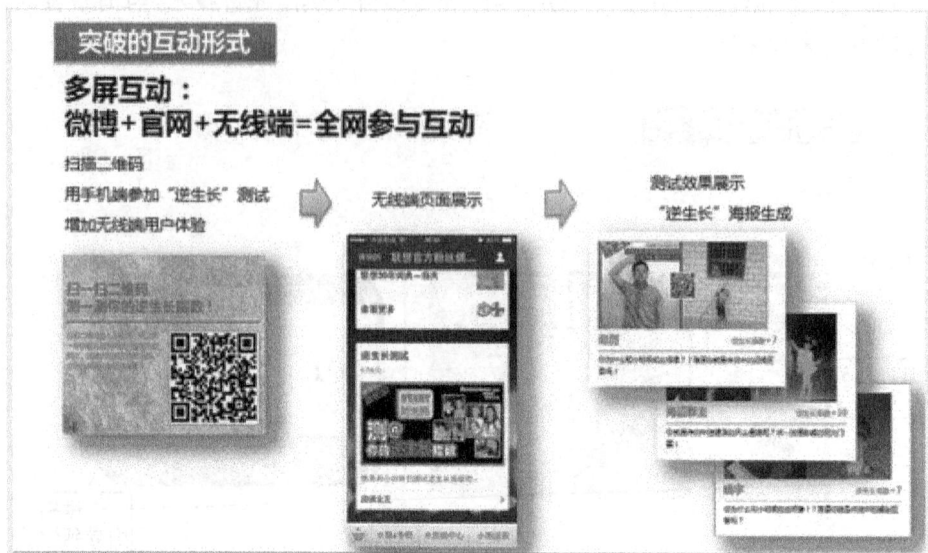

五、媒体表现

一线媒体：从主流媒体和精英圈层扩展到全民参与。

内容为王：形成全民自发话题传播效应。

六、营销效果与市场反馈

自年初 1 月 1 日至今,联想 30 周年纪念活动 365social 的 120＋个创意已取得 2.3 亿曝光;其中♯逆生长♯微博话题量达 1 559 万条,百度搜索"联想逆生长"量达 145 万;相信这些数字之后还会以几何数字进行发展。成效卓著的"逆生长"品牌营销案例引起了媒体的广泛关注。"逆生长"案例自项目上线便受到了媒体及社交网络的热烈关注,代理商利用网络语言与图形化沟通、链接消费者感情纽带、即时捕捉实时热点、不同圈层及多平台选择、品牌联动、新技术创意提升互动等多种手段使得"逆生长"成为千万级以上的话题量,并全年保持持续高温。

联想集团 CMO 魏江雷表示,联想 30 年的 campaign,不是给大家一个大叔的形象,而是一个更年轻、更有活力、更贴近消费者的形象,让他们有更多的方式去了解这个品牌。联想集团品牌沟通部数字营销高级总监蒋德坤同样也表示,联想 30 周年"逆生长",不管是传播概念和传播方式维度,都做到了"年轻化"的颠覆与创新。

在互联网时代,产品功能已经不再是品牌赖以生存的杀手锏,以 80、90 后为主的消费群体期待着价值层面的站队和精神层面的一拍即合,他们需要更强的群体认同感,而社交媒体介质则是他们实现这一需求的强大工具,也因此使他们的消费行为拥有比以往任何时代更易相互影响的力量。品牌传统口号式的鼓励和广告式的推广,必须转变为以这一代消费者精神诉求为中心的平等沟通,并从这个中心出发,完成整个品牌的受众传播与渗透。由此看来,联想 30 周年"逆生长"这场有别于传统的庆生活动,无疑已经在奋进的将品牌形象由"大叔"逆转为"青年",并实现对整个企业向互联网转型的强力助推。2014 年 6 月 10 日,联想集团授予电众数码"联想 30 周年逆生长"社会化品牌传播特别贡献奖。

——案例来源:《联想 30 周年"逆生长"Social 传播》,发布于金鼠标官网,http://www.goldenmouse.cn/html/case/anlilei/shehuihuayingxiaolei/2015/0227/2227.html

问题探讨

移动互联时代对品牌营销观念产生的变化,早在 2003 年美国战略管理专家普拉哈拉德等在《消费者王朝:与消费者共创价值》一书中就预见到,并提出以共创价值思想指导未来品牌营销传播。所谓共创价值的思想就是如何使企业品牌营销与消费者联系成为一个共同体去创造价值、获取价值和分享价值。而移动互联时代对品牌营销传播最大的影响可能是传播思维与理念的变化。在移动互联下形成了哪些互联网思维？品牌传播策略有哪些新的特点？

一、移动互联下互联网思维

（1）粉丝思维："粉丝"这个词恐怕是今天互联网上提及最高的词语之一。从有互联网开始，就没有离开过用户，用户的注册数、活跃率等都伴随着各个互联网产品。到了 SNS、微博、微信产品出现时，粉丝数量成为衡量一个平台影响力的重要指标之一。考究一个明星的人气，看微博有多少粉丝、贴吧有多少用户等等，粉丝的参与、体验，也成为产品最好的创新源泉，粉丝也是品牌的一部分，或者说唯有粉丝才有品牌，否则就只是 LOGO 而已。

（2）迭代思维：互联网的产品很多都具备迅速迭代的特性，快速试错、快速更新，传统企业做一个产品从调研到产品上市，是漫长的周期，且流程复杂。互联网时代需要的是快，具备迭代思维才能跟得上速度，新产品的调研在粉丝中进行，测试在粉丝中进行，这一切源于一个思维，粉丝会帮助我们的产品、营销实现快速迭代；比如 360 的产品、小米手机、还有一些 App 就更具代表性了。

（3）大数据思维：企业不论大小都可以在利用大数据思维。在大数据中，有不同的标签，当人们浏览一个网页、购买了产品、评论了产品、又看了其他产品等。一系列的行为都可以进行分析判断，以往分析产品的目标用户更多基于经验判断，或者抽样调查等，而现在标签用户属性时不能仅限于男女、地域、年龄、收入等基础信息，更多维度让数据更个性化、更有针对性，大数据的思维会让我们的产品更加有的放矢，营销触及更加精准，呈现的结果也是显著的。

（4）极致思维：极致这件事情会让人很兴奋，就像小米强调的让用户尖叫，不论从产品的极致，还是价格，总有一块要做到尖叫。很多产品在锻造时考虑的因素很多，希望突出的亮点很多，但是哪一个才是需要放大，需要做到极致的，这一点需要思考。当你的产品有极致的特点，才会脱颖而出，才会让人尖叫，才会令粉丝聚集乐意分享。像海底捞把服务做到极致，就是一个值得称道的例子。

（5）平台思维：平台思维的特点首先是开放，就如同众多平台提出的开放一样，这也是互联网的精神，还有就是共享、共赢。平台可以是从传统领域向互联网转变，建立共赢的生态圈，上下游加入进来。这个举例需要建立在你能有呼风唤雨的能力，假若没有这个实力，就可以学会利用现有的平台，BAT 已经构建了一个强大的生态圈，还有电商的开放平台，如京东，或者 360 等企业的平台，可以学会借势。

二、品牌传播环境的改变

近几年来随着网络发展，原来成功的许多营销传播方式的效果越来越不理想，表现在各种传播方式上均出现严重同质化的局面。造成这一现象的原因在于品牌传播环境发生了根本改变。具体有以下 3 个表现：

（1）营销信息过剩。消费者每天被众多时尚信息包围着，已经失去了分辨能力。品牌所制造出的时尚，很容易在同行嘈杂的传播合唱中迷失。

（2）传播内容与方式同质化。众多品牌定位雷同，采用相似的画面，相似的传播语，相似的明星代言，消费者已经产生审美疲劳。

（3）互联网改变了信息接收的特点。在消费者接受信息呈现碎片化、快餐化、互动性的时代，其往往几秒钟就把品牌煞费苦心制作的传播内容抛到九霄云外去了。

三、品牌传播策略的新特点

1. 与消费者的深度互动

品牌传播理论认为，只有与消费者心理层面的共鸣才是品牌传播的核心。要学会运用新媒体与消费者深度互动，共造品牌价值。互联网特别是移动互联的普及、微博的火热，使消费者接收信息呈现出三个特征：迅速、碎片化、互动性。传播的信息如果不能够吸引眼球，几秒钟就被抛到脑后；传播的信息过长，连看的耐心都没有；消费者自己没有发言权，很快就会没有兴趣。在这样的环境中，品牌的塑造再也无法由品牌精英一手操持，而需要让消费者参与到品牌的塑造过程中。

共同塑造品牌的过程，就是传播的过程，就是最佳的体验过程，从而造就了"我们的品牌"而非"××品牌"。在这样的思路下，利用新的媒体，会有"四两拨千斤"的效果，也会刷新以往传统媒体无法想象的纪录。深度互动的要点在于：让消费者对品牌的塑造有足够的发言权，让消费者群体自身组织起来，开发和维护好"意见领袖"，从而形成印象深刻的品牌体验。在这个过程中，品牌所要做的，仅仅是"轻轻一推"而已。

2. 整合品牌传播

整合品牌传播的本质属性或核心价值就是"一种声音，一种思想"。当品牌目标和价值被确立后，采取统一的传播策略，不仅可以增强品牌传播势头，也可以避免信息混乱。因此，品牌在传播过程中需要整合资源。正如舒尔茨认为，传播的终极目的是为了积累品牌资产而不仅仅限于短期的营销利益。营销只是一种市场工具，是可以被模仿、学习、复制的，而品牌才是企业最核心的竞争力，是不可复制且独一无二的。整合营销传播一方面可以使媒介资源得到更加有效地利用，另一方面也可以使传播效果达到最大化。在数字时代，只有进一步加大整合品牌传播的力度，才能为消费者提供更好的服务，从而在竞争中占据有利位置。

3. 社会化媒体的综合应用

社会化媒体的兴起，为品牌和消费者之间提供了一个对话的渠道。单一的媒介手段所达到的效果非常有限,企业要将自身所拥有的媒介资源进行整合,实现自有媒体、自创媒体和外部媒体的联合营销。同时,在人人都是自媒体的时代,品牌信息传播的互动性增强,消费者的卷入度高,体验成为品牌传播活动的重中之重。因此,企业需要充分利用社会化媒体进行品牌传播,与消费者进行有效沟通。

4. 注重关怀展现

作为品牌传播的本体——品牌,要体现人文关怀和企业使命,要富有创意免于流俗;品牌传播要引入一种新的、可以改变消费者生活的商业观点。如宜家家居"生产时尚适价的家具",采取的品牌传播策略是首创了折叠式家具和自助服务体验店,让消费者可以与家具零距离接触并感受到自助装修的快乐。这些带有人文关怀的产品和品牌传播策略,拉近了与消费者的距离,为人类美好生活作出了贡献。且消费者在购买产品使用功能的同时,会更加关注企业在盈利背后有没有承担相应的社会责任,以及品牌的创设有没有考虑到社会环境的可持续发展。因此,创造清晰的基于"情感"基础的品牌资产和价值体系并将普世价值观融入品牌,显得尤为重要。

5. 创新与互动的并行

移动互联网时代,广告主的营销门槛变得越来越高,这并不是说传统营销手段不能取得效果,而是不能取得更有效的效果。首先,进入消费者媒介触点的营销效果门槛提升:第一步,广告主要全面覆盖消费者的媒介触点,就需要借助大数据的挖掘,否则又将演变成物理整合。第二步,需要根据触点性质特点创新营销模式,这是最困难的,简单粗暴的信息暴露已经被消费者"屏蔽";其次,消费者营销传播卷入门槛提升:第一步,需要在品牌营销过程中设置消费者互动端口,线上和线下需要差异,但也需要保持统一的互动主题。第二步,创新互动内容和模式,"转发+中奖""在线抽奖"等等这一类互动营销已经让消费者产生麻痹,让消费者卷入类似的互动将越来越困难。最后,创新与互动应该不仅仅只有广告主的主导,应该从整个产业链的维度去思考创新与互动的设置,只有产业链上互动因子的全面爆发才能真正引发品牌营销传播的"革命",而这也是最难得。

参考文献:

[1]《探析本土二三线广告主的品牌传播与营销的转变》发布于梅花网,2014 年 5 月 20 日

[2] 丁家永,《动互联时代的品牌传播思维、理念的变化》发布于梅花网,2014 年 4 月 3 日

[3] 丁家永,《信息碎片化背景下品牌传播策略创新》发布于梅花网,2013 年 12 月 13 日

[4]《营销 3.0 视角下的品牌传播》发布于人民网,2012 年 8 月 30 日

问题思考

1. 收集、整理品牌发展故事,提炼总结出 1～2 个自己喜欢的品牌发展史及传播策略。

2. 简述王老吉的品牌定位策略。

3. 从大众的多品牌策略中,评析多品牌策略与单一品牌策略各自的优点和缺点。

4. 星巴克的品牌资产在案例中是如何体现出来的? 星巴克营销创新成功的关键因素?

5. 试分析联想品牌形象转型的原因及策略?

6. 广告与品牌塑造之间是什么关系? 你认为一个企业应如何塑造品牌?

第七章

整合营销传播

理论阐述

一、整合营销传播

整合营销传播(integrated marketing communication,简称 IMC),整合营销传播是以利益相关者为核心,重组企业行为和市场行为,综合协调地使用各种形式的传播方式,以统一的目标和统一的传播品牌形象,传递一致的产品信息,实现与利益相关者的双向沟通,迅速树立产品/品牌在利益相关者心目中的地位,建立、保持和发展产品/品牌与利益相关者长期的密切关系。其主要内容有以下5点:

(1)以消费者为核心。在整合营销传播中,消费者处于中心地位。一是指消费者是企业生存之根本,二是指消费者在处理企业所传递的信息上有较大的主动权。

(2)以数据资料库为基础。以消费者为核心,必然需要对消费者和潜在消费者有深刻而全面的了解,而这一了解有赖于企业在长期的营销过程中所建立的数据资料库。

(3)以建立消费者和品牌之间的关系为目的。整合营销传播的一个核心是培养真正的"消费者价值",而这一培养过程中需要与消费者保持长久的紧密联系,建立消费者与品牌之间的关系。

(4)以"一种声音"为内在支持点。企业在任何媒体上的信息要清晰,并具有一致性,不能自相矛盾。

(5)以各种传播媒介的整合运用为手段。整合营销传播应当做到使不同的传播手段在不同的阶段发挥最大的作用。

二、整合层次

从低到高,主要是三个层次:第一层次,涉及各种信息及其传播方式和渠道的协调一致;第二层次,整合营销传播不仅仅只是沟通,产品、渠道、价格都具有符号意义,是信息传播的载体,利益相关者概念的引入,使得营销范围从消费者扩到媒体、股票持有者等,从外部扩展到内部,比如公司的员工,并且使得沟通目的是建立;第三层次,品牌接触点概念的引入,从而进一步拓展了品牌沟通的含义,使得整合变得立体而多元,信息技术的引入,使得沟通的效果可以用客户投资回报(ROI)来衡量。

三、利益相关者

利益相关者是指在企业的生产活动中进行了一定的专用性投资,并承担了一定风险的个体和群体,其活动能够影响或者改变企业的目标,或者受到企业实现其目标过程的影响。Frederick(1988)从利益相关者对企业产生影响的方式来划分,将其分为直接的和间接的利益相关者。直接的利益相关者就是直接与企业发生市场交易关系的利益相关者,主要包括:股东、企业员工、债权人、供应商、零售商、消费商、竞争者等;间接的利益相关者是与企业发生非市场关系的利益相关者,如中央政府、地方政府、外国政府、社会活动团体、媒体、一般公众等。

判断和界定企业利益相关者的常用方法还有米切尔平分法,该方法是由美国学者 Mitchell 和 Wood 于 1997 年提出来的,它将利益相关者的界定与分类结合起来。认为企业所有的利益相关者必须具备以下三个属性中至少一种:合法性、权利性以及紧迫性。依据他们从这三个方面对利益相关者进行评分,根据分值来将企业的利益相关者分为 3 种类型:

(1) 确定型利益相关者,同时拥有合法性、权利性和紧迫性。他是企业首要关注和密切联系的对象,包括:股东、雇员和顾客。

(2) 预期型利益相关者,由于三种属性中任意两种。同时拥有合法性和权利性,如投资者、雇员和政府部门等;有合法性和紧急性的群体,如媒体、社会组织等;同时拥有紧急性和权利性的,却没有合法性的群体,比如,一些政治和宗教的极端主义者、激进的社会分子,他们往往会通过一些比较暴力的手段来达到目的。

(3) 潜在型利益相关者,他们只具备三种属性中的其中一种。

实例解析

整合传播，助品牌更新
——麦当劳的整合营销传播

一、背景介绍

麦当劳是世界上规模最大的快餐连锁集团之一，在全球的 120 多个国家有 2 万 9 千多家餐厅。1990 年，麦当劳来到中国，在深圳开设了中国的第一家麦当劳餐厅；1992 年 4 月在北京的王府井开设了当时世界上面积最大的麦当劳餐厅，当日的交易人次超过万人。从 1992 年以来，麦当劳在中国迅速发展。1993 年 2 月广州的第一家麦当劳餐厅在广东国际大厦开业；1994 年 6 月，天津麦当劳第一家餐厅在滨江道开业；1994 年 7 月，上海第一家麦当劳餐厅在淮海路开业。数年间，麦当劳已在北京、天津、上海、重庆四个直辖市，以及广东、广西、福建、江苏、浙江、湖北、湖南、河南、河北、山东、山西、安徽、辽宁、吉林、黑龙江、四川和陕西等 17 个省的 74 个大、中城市开设了 460 多家餐厅，在中国的餐饮业市场占有重要地位。

二、营销遇到挑战

作为世界首屈一指的快餐连锁集团，麦当劳近年来在全球各地市场受到了多方面的挑战：市场占有上，2002 年 11 月 8 日，麦当劳宣布从 3 个国家撤出，关闭 10 个国家的 175 家门店，迅速扩张战略受阻。在中国大陆，麦当劳的门店数仅为肯德基的 3/5。品牌定位上逐渐"品牌老化"。肯德基主打成年人市场，麦当劳 50 年坚持走小孩和家庭路线，"迎合妈妈和小孩"。但近年人们的婚姻和婚育观念的改变，晚婚和单身的现象日渐平常，消费核心群体由家庭群体向 24 岁到 35 岁的单身无子群体转变，麦当劳的定位以及品牌的概念恰与此偏离。投资策略上，麦当劳在中国一直坚持自己独资开设连锁店。截至 2003 年 7 月底，麦当劳都没有采取肯德基等快餐连锁的特许经营的扩张方式。公司管理上，迅速扩张的战略隐患逐渐暴露。麦当劳最引以为豪的就是其在全球的快速而成功的扩张，在 2002 年麦当劳缩减扩张计划之前，麦当劳在全球新建分店的速度一度达到每 8 小时一家，而这种快速扩张也使得麦当劳对门店的管理无法及时跟进，如一些地区正在恶化的劳资关系以及滞后的危机处理能力。在广州麦当劳消毒水事件中，店长反应迟缓，与消费者争执，都损坏了企业的品牌形象。民族和文化意识上的隔阂也给麦当劳带来了麻烦。与可口可乐、万宝路一样，麦当劳与

"美国"这一概念捆绑在一起,其效应就如一把双刃剑,既征服了市场,也引来了麻烦。从中东乃至穆斯林掀起的抵制美国货运动,到"9·11"事件后麦当劳餐厅的爆炸事件,都说明了"美国"品牌的负面效应。现代社会,快餐食品对健康的影响逐渐为越来越多的人重视,这成为麦当劳的又一难题。2003 年 3 月 5 日的"两会"上,全国政协委员张皎建议严格限制麦当劳、肯德基的发展;世界卫生组织(WHO)也正式宣布,麦当劳、肯德基的油煎、油炸食品中含有大量致癌毒素丙毒。

三、制定整合营销传播方案

来源:百度图片

在各种因素的综合作用下,2002 年 10 月麦当劳股价跌至 7 年以来的最低点,比 1998 年缩水了 70%,并在 2002 年第四季度第一次出现了亏损。为改变这种情况,2002 年初,麦当劳新的全球首席营销官拉里·莱特(LarryLight)上任,并策划了一系列整合营销传播方案,实施麦当劳品牌更新计划:

2003 年,麦当劳在台湾、新加坡等地推出了"和风饭食系列"、"韩式泡菜堡",在中国大陆推出了"板烧鸡腿汉堡",放松标准化模式,发挥本地化策略优势,推出新产品,顺应当地消费者的需求。2003 年 8 月,麦当劳宣布,来自天津的孙蒙蒙女士成为麦当劳在内地的首个特许加盟商,打破了中国内地独资开设连锁店的惯例。

2003 年 9 月 2 日,麦当劳正式启动"我就喜欢"品牌更新计划。麦当劳第一次同时在全球 100 多个国家联合起来用同一组广告、同一种信息进行品牌宣传,一改几十年不变的"迎合妈妈和小孩"的快乐形象,放弃坚持了近 50 年的"家庭"定位举措,将注意力对准 35 岁以下的年轻消费群体,围绕着"酷"、"自己做主"、"我行我素"等年轻人推崇的理念,把麦当劳打造成年轻化、时尚化的形象。同时,麦当劳连锁店的广告海报和员工服装的基本色都换成了时尚前卫的黑色。配合品牌广告宣传,麦当劳推出了一系列超"酷"的促销活动,比如只要对服务员大声说"我就喜欢"或"I'm Loving It",就能获赠圆筒冰激凌,这样的活动很受年轻人的欢迎。

2003 年 11 月 24 日,麦当劳与"动感地带"(M-Zone)宣布结成合作联盟,并在全国麦当劳店内同步推出了一系列"我的地盘,我就喜欢"的"通信＋快餐"的协同营销活动。麦当劳还将在中国餐厅内提供 WiFi 服务,让消费者可以在麦当劳餐厅内享受时尚的无线上网乐趣。

2004 年 2 月 12 日,麦当劳与姚明签约,姚明成为麦当劳全球形象代言人。姚明将在身体健康和活动性、奥林匹克计划以及"我就喜欢"营销活动和客户沟通方面发挥重要作用。

2004 年 2 月 23 日,麦当劳推出"365 天给你优质惊喜,超值惊喜"活动,推出一项"超值惊喜、不过 5 元"的促销活动。在 2004 年 2 月 23 日到 8 月 24 日期间,共有近 10 款食品价格降到了 5 元以内。

2004 年 2 月 27 日,麦当劳宣布,将其全球范围内的奥运会合作伙伴关系延长到 2012 年。此举一次性地将其赞助权延长连续四届奥运会。这一为期八年的续约延续了麦当劳在餐馆和食品服务领域向 2006 年意大利都灵冬季奥运会、2008 年中国北京奥运会、2010 年加拿大温哥华冬奥会以及 2012 年的奥运会的独家销售权利,还可以在全球营销活动中使用奥运会的五环标志,并获得对全球 201 个国家和地区的奥运会参赛队伍的独家赞助机会。

经过一系列的努力,麦当劳 2003 年 11 月份销售收入增长了 14.9%,亚太地区的销售收入增长了 16.2%。公司的股价逆市上涨,创下了 16 个月以来的新高。JP 摩根集团 2003 年 12 月称,麦当劳在全球经营已经有了很大的改变,并将麦当劳的股票评级从"一般市场表现"调升至"超出市场表现"。

——案例来自网络资源:《麦当劳的整合营销传播》http://course. shufe. edu. cn/course/marketing/allanli/mdlzhenghe. htm

以"模块"取胜
——雀巢的模块组合营销战略

一、案例背景

很多业内人士都熟悉雀巢公司的一个经典掌故,那就是在雀巢咖啡诞生之初,曾因为过分强调其工艺上的突破所带来的便利性(速溶),而一度使销售产生危机。原因在于许多家庭主妇不愿意接受这种让人觉得自己因为"偷懒"而使用的产品。这种尴尬现在已不复存在。如今,雀巢被美国《金融世界》杂志评选为全球第三大价值最高的品牌,其价值高达115.49亿美元,仅次于可口可乐和万宝路。雀巢公司也已被誉为当今世界在消费性包装食品和饮料行业最为成功的经营者之一。国内大众对"雀巢"的认识,也许大都是从雀巢咖啡那句家喻户晓的广告词"味道好极了"开始的。其实,雀巢公司的经营范围很广泛,按其营业额分配为,饮品(23.6%),麦片、牛奶和营养品(20%),巧克力和糖果(16%),烹饪制品(12.7%),冷冻食品和冰淇淋(10.1%),冷藏食品(8.9%),宠物食品(4.5%),药品和化妆品(3%),其他制品和事业(1.1%)。雀巢公司的300多种产品在遍及61个国家的421个工厂中生产。

二、雀巢的模块组合营销战略

公司设在瑞士日内瓦湖畔的小都市贝贝(VEVEY)总部对生产工艺、品牌、质量控制及主要原材料作出了严格的规定。而行政权基本属于各国公司的主管,他们有权根据各国的要求,决定每种产品的最终形成。这意味着公司既要保持全面分散经营的方针,又要追求更大的一致性,为了达到这样的双重目的,必然要求保持一种微妙的平衡。这是国际性经营和当地国家经营之间的平衡,也是国际传播和当地国家传播之间的平衡。如果没有按照统一基本方针、统一目标执行,没有考虑与之相关的所有因素,那么这种平衡将很容易受到破坏。

为了正确贯彻新的方针告知分公司如何实施,雀巢公司提出了3个重要的文件,内容涉及公司战略和品牌的营销战略及产品呈现的细节:

(1) 标签标准化(LABELLING STANDARDS),这只是一个指导性文件,它对标签设计组成的各种元素作出了明确的规定。如雀巢咖啡的标识、字体和所使用的颜色,以及各个细节相互间的比例关系。这个文件还列出了各种不同产品的标签图例,建议各分公司尽可能早的使用这些标签。

(2) 包装设计手册(PACKAGE DESIGNMANUAL),这是一个更为灵活使用的文件,它提出了使用标准的各种不同方式。例如,包装使用的材料及包装的形式。

(3) 最重要的文件是品牌化战略(BRANDING STRATEGY)。它包括了雀巢产品的营销原则、背景和战略品牌的主要特性的一些细节。这些主要特性包括:品牌个性;期望形象;与品牌联系的公司;其他两个文件涉及的视觉特征,以及品牌使用的开发等。

当前的经济形势,对企业提出了更高的要求,要想在激烈的市场竞争中立于不败之地,不仅要有适销对路的产品,更重要的是要有正确的经营思想指导。雀巢公司的领导层认识到,经济全球化已使企业营销活动和组织机制由过去的"大

雀巢商品 LOGO

来源：百度图片

块"结构变成了"模块"结构的事实，从而将其工作重点转向组合模块，实施模块组合营销。基于上述事实，我们把模块组合的战略定义为：将公司的营销部门划分成直接运作于市场的多个规模较小的经营业务部门，灵活运作于市场，及时做出应变决策，各经营业务部门虽具有独立性，但服从于企业的总战略。在雀巢公司的模块组合战略中，各分公司就是作为一个模块，独立运作于所在的市场，有权采取独特的策略，但又接受公司总部的协调。

三、模块组合营销带给雀巢的经营优势

1. 准确地把握并满足市场的需求

目前市场的变化主要体现在市场的划分越来越细和越来越个性化两个方面。从市场营销学的角度看，企业的盈利机会都是以消费需求为转移的，因此，消费需求的变化必然潜藏商机。雀巢公司在结构和组织上遵循"权限彻底分散"的原则。这也是雀巢公司里"市场大脑（Market Head）"所表达的就是想法要和市场实况连接在一起，采取的行动和手段都力求能合乎当地的需要和要求。正因为此，公司产品中仅雀巢咖啡就有 100 多个品种。各模块（分公司）基于自己的市场具有独立性，但又与其他模块相互联系，共同组成企业的"大块"结构。雀

巢公司将其总市场分成各模块市场,每一模块市场由相应模块来负责,从而可以更准确地把握市场动态,提高市场需求的准确把握和满足。

2. 反应灵活

不快则死,甚至可以说是新经济的黄金法则,是谁也不能违背的天条。在美国NASDAQ上市的200多家网络公司中,一份财经周刊调查说,其中的51家公司估计不久就要面临清盘。企业不快点往前冲,就会被快速淘汰出局。在激烈的市场竞争中,取得信息和利用信息的状况是企业能否完成营销任务的重要条件。市场营销组织的设计应既有利于搜集信息,又有利于针对信息做出快速反应,雀巢公司的模块组合营销恰恰适应了这一要求。各模块具有独立运作于市场的能力,根据其模块市场的变化,在不影响企业总战略的条件下,有权进行适当的调整,采取恰当的策略。

3. 较强抗风险能力

经济全球化条件下,企业将面临来自国内外的挑战,竞争日趋激烈,在激烈的市场竞争中,企业要生存发展下去,须具有较强的抗风险能力。现在企业多从竞争对手角度来考虑,进行企业联合、兼并,以加大企业实力和抗风险的能力。而雀巢的模块组合战略是从企业组织角度考虑抗风险能力的一条可选途径。模块组合强调各模块相对独立的运作于各自的市场,根据各自市场来自竞争者、顾客等方面的变化进行调整,而企业其他各部分可以无须调整,从而具有了灵活、应变、抗风险性。

4. 网络型组织结构

长期以来,企业都是按照职能设置部门,按照管理幅度划分管理层,形成了金字塔形的管理组织结构。这种组织结构已越来越不适应信息社会的要求。模块组合把企业的营销部门和经营业务部门划分为多个规模较小的经营业务部门并受总部统一管理,其结果是管理组织结构正在变"扁"变"瘦",综合性管理部门的地位和作用更加突出,网络性的组织结构形成。传统的层级制组织形式的基本单元是在一定指挥链条上的层级,而网络制组织形式的基本单元是独立的经营单位。雀巢公司的模块组合营销,造就了网络型组织结构,也使雀巢公司具有了网络化的特点:一是用特殊的市场手段代替行政手段来联络各个经营单位之间及其与公司总部之间的关系。网络制组织结构中的市场关系是一种以资本投放为基础的包含产权转移、人员流动和较为稳定的商品买卖关系在内的全方位的市场关系。二是在组织结构网络的基础上形成了强大的虚拟功能。处于网络制组织结构中的每一个独立的经营实体都能以各种方式借用外部的资源,对外部的资源优势进行重新组合,创造出巨大的竞争优势。

——案例来源:毕继东,《雀巢的模块组合营销》,刊登于《中国市场》2000年06期

蝉翼皮肤风衣，比你想象还要便携
——诺诗兰新品整合推广方案

一、营销背景

2012年，中国户外用品市场发展迅猛，年度零售总额为145.2亿元人民币，年增长率达到34.94%；（数据报告来源于：COCA）诺诗兰，是一个来自奥地利的户外运动服饰品牌，将目标消费群体定义在"泛户外爱好者"，为他们提供舒适的专业户外装备，2012年的销售额排名全国第5。2013年春季，诺诗兰将主推"蝉翼皮肤风衣"，当时面临的挑战是：品牌知名度低，主动提及率低，活动预算少，产品与同类相比并无独特卖点。

营销目标：诺诗兰希望通过本次营销拉开"蝉翼皮肤风衣"的产品认知差异化，让销量大大提升。同时，希望达成本次营销活动的关注度至少10万人以上，从而大幅增加品牌知名度；根据客户提供数据显示，2012年其皮肤风衣销量为1万件，2013年，诺诗兰希望销量比上年同期提升3~5倍。

二、策略与创意

诺诗兰的目标消费群是"泛户外爱好者"，他们没有那么专业，不喜欢携带太多的装备，追求的是一种舒适便捷的户外体验。尤其是春夏户外运动，泛户外人群更追求"小巧便携"的体验，不管是产品本身还是产品包装。要好拿，好带，还要好用，要多功能的，最好是户外运动能用，平时的生活也能用。

另外，消费者对衣服品类有体现时尚感、色彩感的要求，在满足基本功能、实用功能的前提下，他们更愿意去选择一款有时尚感的产品，也会对一个很酷的赠品产生兴趣而购买产品。所以，户外用品也可以卖时尚、便携。既然"蝉翼皮肤风衣"本身无明显差异，那就从营销上建立产品在消费者心中的差异化。

这次营销推广的创意亮点就是：把衣服放在七彩胶囊里卖，把胶囊放在自动售贩机里。

在传播方面,运用 O2O(online to offline),线上传播互动＋线下活动事件＋终端配合,全面渗透式地传播"胶囊蝉翼"这个创新有趣的想法,将传统活动与创新活动模式有效结合,通过创新载体"自动胶囊机"和网络新媒体互动的紧密配合,大力传播了"胶囊蝉翼"及诺诗兰品牌。

针对人流众多的地铁、商场使用自动贩售机送胶囊/胶囊蝉翼,线上微博分享互动、线下贩售机中领取胶囊、胶囊蝉翼。

即将开创国内第一个利用胶囊自动贩售机@话题进行 O2O 的服装互动营销。希望制造一波创意的、新颖的互动行销,来吸引当下被时尚、有趣吸引的泛户外人群,引发他们对"胶囊蝉翼"事件的主动传播,并以轻松的方式,传达诺诗兰"舒适、自在"的户外精神。

三、执行过程

1. 创造一个完美胶囊

对胶囊壳进行了一系列的设计,从形状、大小、颜色到附加功能,都经过了精心设计、执行,充分考虑到消费者的审美需求和使用习惯。缤纷的色彩满足了时尚感,小体积让携带更加方便,另外,胶囊壳还是一个更多功能的创意装置,可以根据想象来发挥各种不同的使用效果,对务实主义有相当吸引力。

胶囊壳是购买蝉翼皮肤风衣后免费获得的赠品。用七彩胶囊壳作为蝉翼的产品包装,塑造产品差异化,引得大量关注,又形成大量流动媒体,成为最好的活广告。

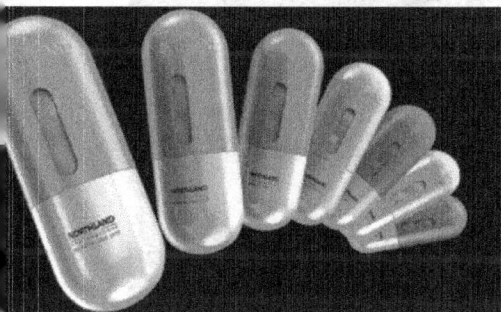

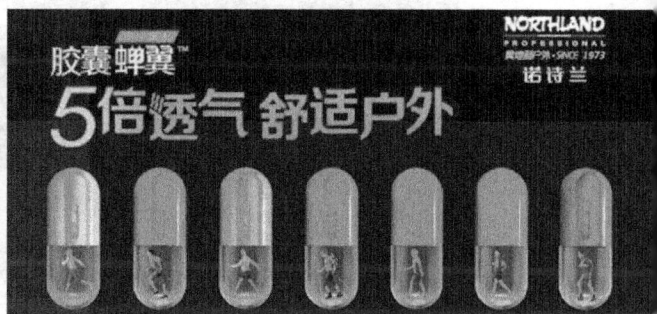

2. 终端门店、户外媒体七彩胶囊视觉展示

在终端门店设立七彩胶囊的醒目位置陈列,在地铁、车站、户外大牌等户外媒体上用七彩胶囊给消费者直观的视觉冲击力,让他们在逛街时就第一时间被"胶囊"吸引,并关注互动活动。

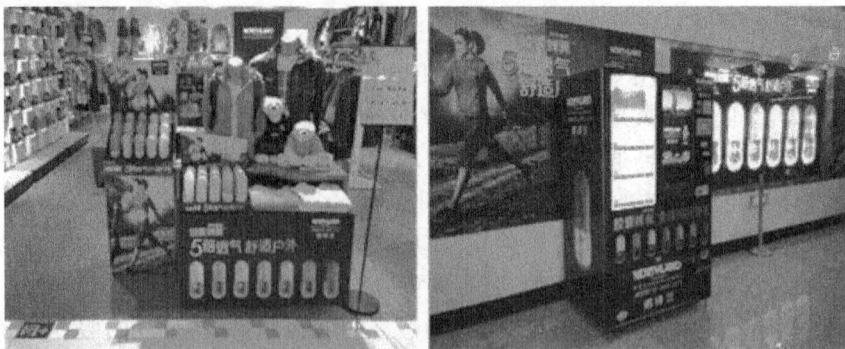

3. 建立活动 MINISITE 官微

4. 线上互动,线下参与,线上传播

用自动贩卖机来陈列七彩胶囊壳,用自有互联网媒体诺诗兰官方微博在线上操作,跨界跨媒体完美结合! 引发一场名为"胶囊蝉翼,全球绚丽首发——@奥地利 NORTHLAND,即可得七彩胶囊 1 枚,更有机会获得胶囊蝉翼"的实时互动活动。

把胶囊放在自动售饭机里,以 O2O 网络互动形式派送胶囊壳,它出现在沈阳、南京、成都等多个城市的地铁和商场。用户只需要通过简单的微博互动分享,就可获得 8 位数密码,输入密码即可免费获得一个任意颜色的户外多功能胶囊。每天有一个幸运者可以得到内装有价值 900 元真实皮肤风衣的胶囊。

迎合互联网全新时代,带来一场操作便捷、好玩、参与感强的绩效性互动体验,现场参与,实时互动,能够为"胶囊蝉翼"及品牌带来意想不到的广泛传播力。线上互动,线下参与,线上传播——这是国内首个利用胶囊自动贩售机,开创国内第一个利用胶囊自动贩售机@话题进行 O2O 的服装互动行销。微博的大量话题互动、转发,让更多的人也知晓乃至参与进来。期间,售贩机主要阵列区域的地铁站主干道多次全面瘫痪,导致主办方不得不将活动在下午 5 点地铁运营高峰时刻暂停。

四、营销效果与市场反馈

活动期间,通过 O2O 网络互动共派送 18 000 个胶囊,引发 30 多万的活动关注量。截至 5 月 7 日,胶囊蝉翼微话题 235 892 条结果。百变胶囊玩法转发 25 365 人。官网微博粉丝从原先的 1 万多,活动 1 个月的时间增长到 13 万多。活动期间,平均进店人数环比提升 5 倍。5 月 2 号南京"中央广场店"单店进店人数比活动前平均值提升 7 倍。客户提供销售数据证明,2013 年 3 月 1 日至 6 月 30 日活动期间,蝉翼皮肤风衣共卖出 131 890 件,是去年同期销量的 13 倍。

截至 6 月 30 日活动结束,客户定量调研结果显示,品牌知名度环比提升 47%,品牌美誉度环比提升 79%。

英扬传奇首席执行官吕曦认为,对于普通的年轻户外爱好者来说,他们从事户外运动,不想被笨重、丑陋的装备所束缚,而渴望便捷、时尚的体验。基于这样的洞察,在蝉翼皮肤风衣产品严重同质化的市场,必须找到一个产品之上的突破口。胶囊近几年很火,从日本的胶囊旅社到中国的胶囊公寓,胶囊变成了"便捷、小巧"的代名词。诺诗兰抓住这一联想,以七彩胶囊作为差异化的品牌符号劈开红海——将风衣塞在七彩胶囊里,放到自动售卖机里卖。胶囊代表便捷,七彩与新颖的售卖方式等于时尚,诺诗兰迎合了消费者对于便捷、时尚的追求。

在营销方式上,诺诗兰运用了 2 条线:传播线和销售线。无论是从线上的网络新媒体(或先从终端传统媒体到网络新媒体)到终端的创新载体,再到线上网络的二次传播的传播线;从线上网络新媒体获得密码,到终端创新载体的兑换或抽奖,再到终端的进店引流的销售线,两条线交互影响,结成参与感强的互动体验,斩获认知与销售的双丰收,可以视为一场成功的整合营销传播。

——案例来自:《胶囊蝉翼 2013 春夏整合营销》,发布于网赢天下,执行时间:2013 年 3 月 1 日—6 月 30 日 http://www. 17emarketing. com/html/anli/2014/0619/2508. html

赛车界最好的工作
——大众奥迪的整合营销传播方案

一、营销背景与目标

2014 年 10 月底至 11 月初,国际汽联 2014WEC(世界耐力锦标赛)上海站和奥迪全球范围内首个单一品牌赛事——奥迪 R8 LMS 杯在上海拉开帷幕。拥有百年赛道历史的奥迪品牌希望在推广两大赛事的同时,向奥迪粉丝和赛车运动爱好者沟通奥迪的悠久赛车历史,高效运动车型,提升品牌的动感形象。

赛车运动在中国受众较少,传播渠道较窄,赛车相关的内容比较枯燥,不容易引发大的传播声量。需要结合核心信息以及现状,构想出能够引发广泛讨论并能引起主动关注的传播创意,这也是能否达成理想传播效果的关键。其营销目标为:1. 提升受众对于两大赛事的关注度;2. 提升目标用户对于奥迪赛车运动历史以及文化的认知度;3. 提升奥迪品牌的动感形象。

二、策略与创意

"赛车界最好的工作"——让最普通的粉丝实现遥不可及的梦想! 通过一场全

民游戏,不仅让网民反复认知、记忆赛事,还深入了对奥迪品牌"运动文化"的理解。

通过发起"赛车界最好的工作"数字营销活动,将自平台和虎扑体育平台作为主要招募平台,在微博微信等社交平台发起话题讨论,并通过游戏互动、病毒视频、邀请好友投票等形式开展病毒式传播,激发全民讨论,激发赛车粉丝的渴望!

成功申请者可以在2014 WEC上海站期间(10月30日—11月2日)加入全球顶尖的奥迪赛车队Audi Sport Team Joest,与包括车队主管、奥迪赛车手、车队机械师等所有车队成员亲密接触,一起工作和生活,日薪1 000元,还额外为成功申请者配备了Google Glass和Jaw bone手环,用来记录和监测,这一切对于奥迪赛车粉丝,可以说是梦寐以求的机会。

加入车队后,两名申请者在微博、微信、论坛等平台,以第一视角,实时发布自己的所见所闻,并获得了赛车爱好者和粉丝们的追捧及关注。将普通的粉丝作为连接品牌和受众的纽带,将赛车话题变得充满乐趣。

三、执行过程

1. 话题引爆期:"赛车界最好的工作"正式开放申请

(1) Audi Sport联合虎扑体育上线招募专题:在中国最专业,用户活跃度最高的体育网站——虎扑体育上,聚集了大批赛车运动爱好者。Audi Sport与虎扑体育联合制作专题以及招募平台。

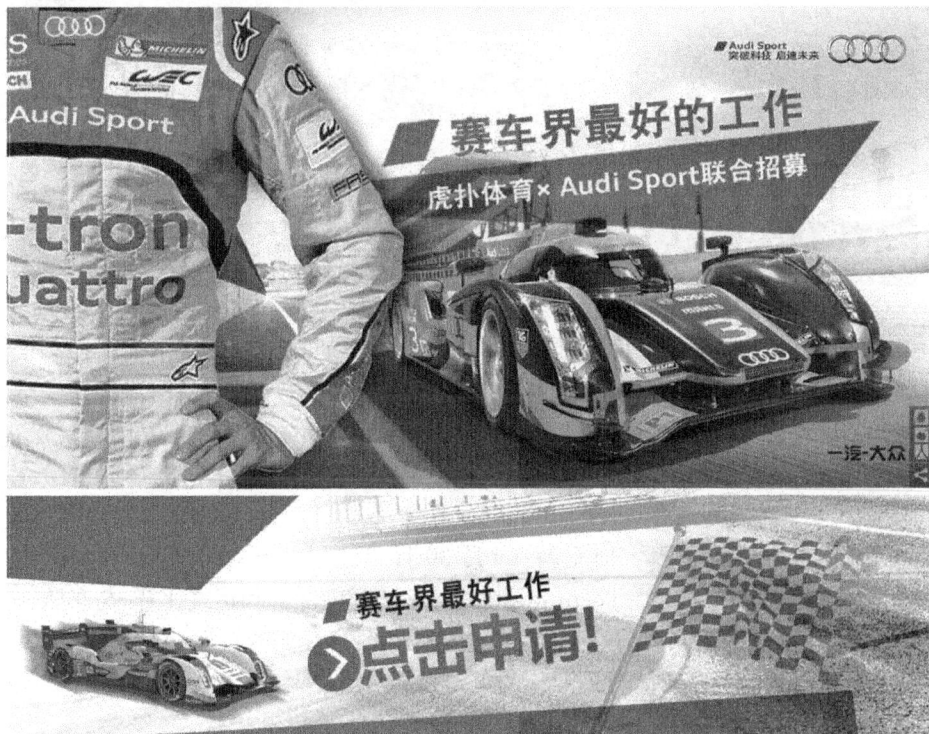

报名申请需要完成两项挑战,第一是奥迪赛车知识问答,第二是在招募贴中上传成绩截图,并用图文证明自己能够胜任赛车界最好的工作。参与申请的粉丝可以邀请好友"点亮"自己的申请帖,最终根据答题分数与申请帖的点亮数来决定车队机械师的最终人选。一份份详细而又丰富的应聘资料显示出粉丝们对于活动的热情和对最好工作的渴望,同时也成为最好的传播素材。同时,虎扑体育平台使用优质资源强势推广招募活动,全平台曝光活动信息。赛车界最好的工作招募视频配合活动同步传播,让受众对于活动有更加深入的理解,激发粉丝们的运动激情。

(2) Audi Sport 官方迷你网站上线:发起"测试你的运动基因"互动测试,观看创意病毒视频后扫描二维码即可参与测试,将测试分享到微博,转发数最高的粉丝即可获得随队记者的职位。测试运动基因,扫描二维码等互动手段,更像是由粉丝带动发酵的一场赛车界的盛大游戏!

三支创意病毒视频链接:奥迪神秘车手测试—反应力测试;奥迪神秘车手测试—专注力测试;奥迪神秘车手测试—记忆力测试:

(3) 社交平台病毒式传播:招募活动发起后,奥迪在官方微博微信等社交平台发布了系列创意海报,互动答题赢取比赛门票等活动,微博大号发起"什么是赛车界最好的工作","赛车界最好的工作 PK 世界上最好的工作"等话题讨论,将"赛车界最好的工作"这一话题进行了最大范围的传播。

2. 活动期:"赛车界最好的工作"第一视角全解密

第一视角随队日记,实时更新:10 月 30 日—11 月 2 日,车队记者和随队机械师正式加入 Audi Sport Team Joest,参与车队赛前准备和正式比赛,与车队一起工作生活,两名获选者将所见所闻整理成随队日记,实时更新,向粉丝们解密世界上最顶尖的赛车车队背后运作的奥秘。

官方社交平台同步更新：同步传播随队体验日记，跟进赛事赛况实时报道。体验全程视频记录：四天体验过程全程视频记录并剪辑制作成七分钟精华版视频，深度沟通赛车界最好工作体验经历。

3. 后续期：传播奥迪运动文化及历史，奥迪运动车型

使用创意长图文的形式，选取趣味赛车话题，将赛车知识可视化，生动化，用利于传播的形式传达给受众。例如：赛车界冷知识（那些从未想到但又很有意思的赛车知识），赛车界热知识（那些一定想到过但不知道为什么的赛车知识）等等。同时将奥迪赛车手和赛事相关的内容进行整理传播，在社交平台沟通奥迪悠久的运动历史和文化。

四、营销效果与市场反馈

在短短的的 4 周时间内,招募活动页面浏览量超过 50 多万人次,超过 2 000 人申请"赛车界最好的工作",并上传了优质的图文内容,表现出强烈的参与欲望与激情! 官方微博平台转发超过 1 万次,微信阅读量超过 20 万次,微博微信关注接近 1 亿人次,视频总播放量超过 20 万次。

由于普通人的介入,实际上是给这项赛事完成了一个"降维",从高高在上触不可及变得极为亲民。汽车厂商近年来赞助的小众但很有格调的活动正在成为一种风潮,像奥迪这样从用户体验的角度和以粉丝营销为切入点,传播赛车这个受众较少的项目,形成在大众中的话题讨论的做法,非常值得借鉴。"最好的工作"的话题之所以每每能打动广大普通人,关键点在于它反映了普世的情感价值,以及普通人渴望向上的美好想象,其原理与灰姑娘的故事类似,这个从公元 1 世纪就开始在欧洲大陆流传的古老故事,满足了所有阶层的美好想象。虎扑体育华北销售总监王向鹏表示,"赛车界最好的工作"是近年来赛车界和互联网结合最有意思的活动,能够让粉丝充分体验到这个活动以及奥迪带给他们的乐趣。

——案例来源:《一汽-大众奥迪"赛车界最好的工作"整合营销传播》,发布于金鼠标大赛官网,执行时间:2014. 10. 10—11. 10.

问题探讨

进入互联网时代,不仅传统的报纸、杂志、电视等传达信息进而影响受众的称为媒介,百度、有道等搜索引擎,新浪、腾讯、钛媒体等网站,博客、微博、微信等自媒体,墨迹天气、携程旅行等 App 同样能够传达信息进而影响受众。媒介的边界会变得模糊而宽泛,媒介的内容会变得特定而小众,媒介的形态会变得丰富而多元,这个发展进程就蕴含着各种媒介形态之间的相互融合。数字化背景中,媒介融合形式及媒介融合与数字化关系,以及对整合营销传播有何影响? 这都是本章必须探讨的问题。

一、媒介融合形式

在新技术,尤其是新媒体技术的推动下,媒介融合的趋向日益显现。媒介融合不仅在技术和形态层面影响着媒介发展,还在更深层次上改变着整个媒介生态环境,并由此影响人类的经济结构、社会生活和文化形态。媒介融合按照发展和聚合程度进行分类,其融合形式主要有内容融合、网络融合、终端融合。媒介融合的各种形态并不是各自分立的，而是紧密联系，不可分割的。

1. 内容融合

内容融合就是将不同媒介形态的生产，依托数字技术形成跨平台、跨媒体的使用，利用数字化终端，形成多层次、多类型的内容融合产品。内容融合根据融合内容来源可以划分为报纸、杂志、书籍、广播、电视、互联网等，即来自不同媒介的信息内容既可以被自身利用，也可以供其他媒介使用；以形态可以划分为：文本、图片、影像、声音，即同一种信息可以被制作成各种不同的媒介形式加以使用和传播，而这些都要以新的传播技术为前提，所以新兴的传播技术是内容融合实现的基础。

实际上，内容融合主要是传播手段的相互融合。不同媒介的内容资源在一个大平台上进行整合，实现这些媒介之间的内容相互推销和资源共享，报纸、广播电视、网络全部用一套班子，由"多媒体编辑"统筹策划，将采回的材料和新闻用于集团旗下的各个媒体。内容融合的"最高阶段"应该是大范围的"传播手段融合"。以美国佛罗尼达坦帕市的媒介综合集团(the Media General Company)为例，这个集团 30 多个媒体放在了同一个大平台里运作，尝试了一次多家媒体的融合：《TAMPA 先驱报》、WFLA 电视台和 TAMPA BAY 在线在同一写字楼同一平台上办公，这样他们的网站上有电子版报纸，这是网络和报纸的融合，电视台和报纸则会联合采访，共同工作。

2. 网络融合

网络融合主要是指媒介传输渠道的融合，具体主要是指三网融合，即电信网、广电网、互联网的融合。对于三网中的两网——电信网和互联网，早已在一定程度上融合。从网络的传输层来看，如果没有电信网，互联网不是一张真正意义上的全球性的网络；从技术层面上来说，电信技术的高速发展，成为互联网企业实现信息传输的必然选择；从电信运营层面来看，由于语音业务收入骤降，迫使运营商"转型"。所以，今天电信网和互联网的融合程度已经相当高，这也是两大阵营的互相需要，互联网阵营需要电信阵营强大的网络能力，电信阵营期待利用互联网阵营的丰富应用来弥补日益萎缩的话音收入。

然而电信网与广电网的融合则显得困难重重。由于两个网络分属于不同的管理部门，因此三网融合中的部门利益协调依然是一大难题，同时也阻碍着三网融合的深入发展。

3. 终端融合

终端融合也可以视作媒介形态的融合，主要指受众获取传媒产品的终端应用的融合。技术的发展日新月异，完全有可能在未来产生一种与今天媒介形态完全不同的新媒体，这种媒介有可能融合了几种甚至全部媒体的优点。目前来说,终端融合主要是指三屏融合,即电视屏、电脑屏、手机屏。当然在实际应用中,具体的终端产品类型不止这三种,主要有电脑、电视、手机、广播、移动终端设备等。

这三种媒介融合的主要形式之间是彼此关联、相互影响的。其中网络融合是媒介融合的核心,只有实现了网络融合,才能使内容融合导致的内容产业所生产的规模化的内容可以获得广泛的传播渠道,才能使广大受众可以自由地选择获取信息的方式。内容融合是媒介融合实现的物质基础;终端融合是广大受众感受媒介融合优越性的具体载体。

二、数字技术促进媒介发展

随着数字技术、卫星技术、互联网技术、多媒体技术的进步,这些技术在传媒领域的应用日益成熟,而以数字技术为代表的新技术的高度渗透性和无边界性使得相同技术可以应用于不同媒体终端,从而导致不同媒体之间的界限日益模糊,新的媒体形态不断出现。无论是早期传统媒体与新媒体之间的融合,还是不同新媒体之间的融合,媒介融合的过程都表现出明显的技术先导性,技术在媒介融合的兴起和发展中起到导向性的作用。

传媒发展是技术进步直接推动的结果,正因如此,媒介融合所产生的媒介新形态也必然建立在技术发展的前提之上。造纸术和印刷术的发明与改进直接促成纸质平面媒体的出现和发展,电子技术的出现和进步造就了广播电视媒体的兴起和繁荣,网络技术、移动通信技术、数字技术则不仅直接创造出网络媒体、手机媒体等新兴媒体形态,更进一步地将各种既有媒介连接贯通,从而造就具备融合特性的新媒体。网络报纸、网络杂志、网络广播电视、手机报纸、手机广播电视等新兴媒介形态,无一不是在新技术的支持下诞生和发展的。技术对媒介融合的推动作用突出地表现在新媒体上。以数字技术为例,数字技术是新媒体的基础技术,也是推动新媒体与其他媒体融合最关键的技术形式。尼葛洛庞帝在《数字化生存》一书中这样解释数字技术的作用:数字化生存是生存和活动于现实社会的人进行信息传播和交流的平台,不过,这个平台是借助于“数字化”构造的,虽是虚拟的,但却是真实的而非想象的,是一种“真实”的虚拟空间。数字技术本身就具有融合特质,0和1的排列组合让数字技术能够突破不同媒介的形态壁垒,消融媒介边界,为媒介融合提供了基础条件和纵深动力。正是由于数字技术的这种虚拟性和建构性,才使得采用数字技术的各种新媒体形态能够相互交融、互相贯通。

三、媒介内容的多媒体化

所谓媒介内容的多媒体化,是指在媒介融合的背景下,媒介制作、生产的内容资源能够且必须适应多种不同媒体的传播特点或发布要求。媒介内容的多媒体化，既是媒介融合的基本特征，也是媒介融合对媒介内容的基本要求。

媒介融合过程中的技术创新为媒介内容的多媒体化提供了技术支撑和硬件支持。在媒介融合的大背景下，以数字技术为核心的新媒体技术不断创新，催生出新的数字媒体平台，从而能够将所有内容资源都集纳到这一平台之上，进行统一整合、加工，为媒介融合提供内容资源基础。数字技术、网络技术的融合创新催生出的网络报纸制作与发布平台，让传统的报纸内容有了网络媒体发布渠道；移动通信技术和数字技术等的融汇则催生出手机报纸制作与发布平台，由此也使得传统报纸内容可以通过手机媒体得到广泛传播；此外，随着数字技术、显示屏技术等新技术的发展进步，形态更加多样化的电子报纸不断涌现，这又给传统报纸内容提供了新的传播平台。

媒介内容的多媒体化，除了由于技术融合所提供的拉动作用之外，在很大程度上还在于媒介融合给媒体带来的市场竞争压力。随着媒介融合的不断深入，各种新的媒介形态和媒介实体不断出现并迅速发展。"内容"作为传媒业的稀缺资源，在媒介融合的时代背景下更具稀缺性。在媒介融合的过程中，内容资源的稀缺性与其说是多个（种）媒介瓜分有限数量的内容资源，不如说是同一内容资源需要被发布到不同的媒介平台。如此一来，内容资源的制作主体就需要在对信息进行编码时就考虑不同媒介平台的传播特点，使内容产品能够适应多媒体传播的要求。以报纸为例，在媒介融合的推动之下，报纸媒体的数字化浪潮日趋高涨，传统报纸媒体在延续传统新闻采编等内容生产的同时，也已经开始针对网络媒体、手机媒体、电子阅读器等新兴媒体进行内容资源整合，推出网络报纸、手机报纸、电子报纸等数字化报纸内容版本，报纸内容的发布与传播正在逐渐实现多媒体化。

媒介融合所带来的媒介内容的多媒体化，造成内容生产分工的精细化；而内容融合所带来的各内容生产环节之间的高度关联性，又增加了每一个生产主体在产业链中所扮演的角色。可以说，在媒介融合背景下的媒介生产活动就是一个不断平衡细分化的角色分工与高度关联的生产环节两者关系的过程。在这一背景下，媒介内容的生产者必须具备较高的职业素养，才能适应媒介融合所催生的精细、复杂的媒介生产流程。

四、全媒体带来了品牌的全体验

数字技术在广告生态系统中触动的第一块多米诺骨牌就是媒体，不断涌现的媒体新形态，使得整个广告媒体的系统较之大众媒体时代极其繁杂：从新媒体到传统媒体，从软件媒体到终端媒体，从产品设计到生产、流通和销售，就品牌的"接触点"而言，都具有媒体性质。因此广告媒体策划不再局限于我们通常意上的媒体,比如电视、广播、报纸、杂志、网络等,而是要具有全媒体概念。在《提高品牌回想率的经验总结:计算自有媒体、免费媒体和付费媒体的接触点》一文,介绍了实力传播的接触点投资回报率跟踪系统。这一研究通过"自由媒体"、"免费媒体"和"付费媒体"这三个概念的运用,定义了一个新的媒体系统,从而通过"接触点",整体性地探讨品牌在这个系统中的传播效果。在《通过消费者线上搜索行为看多渠道营销的效果:多点接触的威力》一文,品牌接触点的系统构成,除了我们平常定义的媒体,还包括流通渠道、销售。这个系统究其实质是一个全媒体的系统,品牌的传播效果并非一个个接触点的相加,而是整体性的体验。

从国外研究文献中考察发现,"全渠道"(omni-channel)、"多渠道"(multi-channel)、"跨媒体"(cross-Media)"多媒体"(multi-Media)、"跨平台"(cross-platform)等词汇和"整合"(Intergrate)、"协同作用"(synergy)、"同步"(sync)、"叠合"(congruence)和"混合"(Mixes)等词汇越来越频繁地同时出现,从中可以看出,无论是全渠道还是跨平台,所涉及到的接触点不仅仅是传统媒体和网络、社交、移动媒体等新媒体,还有体育赛事等各种活动和销售渠道,整合涉及的"不仅仅是各种信息的输出终端,比如电视、广播、个人电脑等,还涉及在各种媒体上信息呈现方式,比如视频、音频和网站等,根据研究,在广告运作中,后者整合更重要,对营销沟通的效果影响更直接。"从广告效果看,整合并不是一个个接触点的相加,而是品牌的全体验。从消费者搜索信息、接触点的各种媒体,到下单、购买,以及购后的分享,每一个接触点,是整个品牌体验链的一个结点,因此数字化带来的"全媒体"使得整合营销传播变成了品牌的全体验接触。

参考文献:

[1] 贾国飚.媒介营销——整合传播的观点[M].长沙:湖南人民出版社,2003.
[2] 许正林,薛敏芝.数字图景:2013—2014年西方广告研究概观[J].广告大观(理论版),2015(2):49-59.
[3] 宫承波.媒介融合概论[M].北京:中国广播电视出版社,2011.

问题思考

1. 关系营销与整合营销的联系与区别?
2. 你认为整合营销的核心是整合什么?试举例说明。
3. 整合营销传播的含义是什么?麦当劳是通过哪些具体措施来实施其整合营销传播计划的?

4. 大众奥迪的"赛车是最好的工作"中,整合运用了哪些媒介?
5. 你在广告宣传、营业推广和公共关系方面,对雀巢有什么建议?
6. 试分析诺诗兰的"胶囊蝉翼皮肤风衣"推广中的不足?

第八章

B2B 营销传播

理论阐述

一、B2B 营销

B2B 营销又被称为工业品营销,根据客户的性质定义为:以盈利为目的或受预算控制的组织(公司、机构或政府)通过对产品和服务的购买,寻求帮助以实现组织的目的。虽然营销战略和分析的基本要素对所有产品和服务来说都是相同的,但工业品营销的特殊性在于更加关注与客户的长期战略关系、采购过程的复杂性以及由此产生的相互依存关系。一般来说,日新月异的技术发展将处于买卖关系的核心地位[①]。工业品营销的特征高度概括为两个复杂性和两个相互依赖性:

购买过程的复杂性:消费品的购买一般是个人决策,即便是家庭决策,其购买行为也远不如工业品复杂。而工业品的购买决策无一不是组织决策,它是买方组织中许多成员参与的一系列复杂的活动。组织购买一般经常涉及大额资金,其重要程度一般较高。重要程度越高,复杂程度越高,涉及的人员也越多,决策过程所需要的时间也越长。因此,工业品购买行为不是单一的购买行为,而是复杂的组织决策过程。

产品的复杂性:由于工业品的开发与设计都是以满足客户为宗旨的,在制定市场营销战略时,必须将产品的形态看作一个变量,而不是常量。产品对工业品客户的功能就是客户购买产品后获得的产品的性能、技术支持、可靠的供应、产品服务、供应商的信誉以及买卖双方组织之间一系列的技术、人事关系等一揽子利益。换言之,在工业品营销中,产品本质上不是一个物质实体,而是买卖双方

---

① [美]小弗雷德里克·E.韦伯斯特. BTOB 营销战略[M].北京:中央编译出版社,2008.

之间的经济关系、技术关系和人事关系的组合。

买卖双方的相互依赖性：在消费品营销中，销售的完成往往意味着买卖双方的关系结束，而在工业品营销中，"销售"只是营销过程中的一个时点，是双方建立相互依赖关系的标志。卖方需要买方持续不断的订单来摊销自己的相关的投入，买方则需要有保障的、持续不断的原材料、部件或组件的供应以及订单处理、送货、赊账、技术支持等方面的服务。买卖关系的终止对任何一方都会带来高昂的、甚至难以承受的转换成本。

职能部门的相互依赖性：尽管在消费品营销中营销的效果也依赖于职能部门整体作用的发挥，但直接联系客户的一般都是以营销部门为主。而工业品营销要求公司更加全面地树立营销观念，所有的业务单位都要以客户为导向。由于工业品公司的研发、制造、工程和库存管理等部门都可能与客户直接打交道。营销的效果高度依赖于非营销业务部门作用的发挥。

二、客户导向

客户导向又称顾客导向，是指企业以满足客户需求、增加客户价值为企业经营出发点，在经营过程中，特别注意客户的消费能力、消费偏好以及消费行为的调查分析，重视新产品开发和营销手段的创新，以动态地适应客户需求。它强调的是要避免脱离客户实际需求的产品生产或对市场的主观臆断。

从杜邦、通用电器、GTE、惠普、IBM、孟山都、摩托罗拉以及 3M 这些领军公司中可以看出，工业品公司重新开始重视营销，甚至每家公司都承诺要强化公司的客户导向和市场导向，提升组织的营销能力。实现这种承诺不仅需要培养一批得力的营销经理，更为重要的是，要采取有力措施保证全体员工理解他们在满足客户需求时所扮演的角色和承担的责任。培训和教育是树立市场导向的关键，实施不断跟踪客户满意程度和服务水平的计划是树立这种导向的有效方法。强调客户中心的公司都会对质量有明确的核心承诺，但这里所说的质量是由客户定义的质量。从这个意义上看，客户导向和对质量做出承诺实际上是一回事[①]。

三、B2B 电子商务平台

B2B 电子商务平台是电子商务的一种模式，是英文 Business-to-Business 的缩写，即商业对商业，或者说是企业间的电子商务，即企业与企业之间通过互联网进行产品、服务及信息的交换平台。B2B 是电子商务中发展最快的一种形式，已经有了多年的历史，特别是通过增值网络（Value Added Network，VAN）上运

---

① ［美］小弗雷德里克·E.韦伯斯特.BTOB营销战略［M］.北京：中央编译出版社，2008.1.

行的电子数据交换,使企业对企业的电子商务得到了迅速扩大和推广。公司之间可能使用网络进行订货和接受订货、合同和付款。它还包括企业与其供应商之间采购事务的协调;物料计划人员与仓储、运输公司之间的业务协调;销售机构与其产品批发商、零售商之间的协调:为合作伙伴及大宗客户提供的服务等等。B2B 电子商务平台是随着网络的发展而逐步形成并完善的。常见的 B2B 电子商务运营模式有四种:模式一为企业 B2B 网站;模式二为综合型 B2B 市场;模式三为垂直型 B2B 市场;模式四为交易型 B2B 市场。

实例解析

<h1 style="text-align:center">只有偏执狂才能生存</h1>

——英特尔 B2B 品牌化战略

一、背景介绍

《时代》周刊 1997 年 12 月撰文称:"正如当年的蒸汽机、电力和装配线一样,微芯片已经成为推进新经济的先驱……英特尔公司则是数字时代的核心企业。"如果说在电脑的广泛普及和运用的信息时代中,什么公司对世界的巨变做出了

杰出贡献的话,英特尔毫无疑问是其中一员。这家成立仅 40 年的企业,作为一家高科技企业,长期以来占据着芯片行业老大的地位。它与另外一个 IT 巨头——微软公司所构建的"WINTEL 联盟",凭借二者领先的产品技术和市场力量,持续统治世界 IT 行业长达 20 年之久。

英特尔是一家 B2B 企业,以偏执著称,它有一句著名的言论:"只有偏执狂才能生存。"无论是在产品研发、生产、营销,还是在管理、创新上面,英特尔都以其无与伦比的偏执,时刻力求冲破陋习陈规,标新立异,争做行业领导者,从而对 IT 产业,乃至整个企业界都产生了深远的影响。英特尔的成功不是偶然,概括地看,以下几方面是其取得成功的关键。

二、快速的产品研发——摩尔定律

产品的研发是决定产品能否迅速占领市场和产品竞争力的重要因素,尤其是在市场变化迅速的 IT 业,企业能否及时保持与外界变化的适应和协调,产品能否及时满足日新月异的市场需求,是保证企业在竞争中处于主动地位的关键因素之一。基于产业的这样一条基本特征,英特尔一直以来所坚持的一个重要策略就是:研制速度要快于模仿速度。

最能说明英特尔的快速产品更新战略的便是著名的"摩尔定律"。1965 年,英特尔的三个创始人之一,擅长分析和谋略的摩尔观察到一个奇怪的现象:集成电路上可容纳的电子零件数量每隔一年左右就增长一倍,性能提高一倍,成本下降一半。因此,他大胆预测这种增长在未来还将一直延续下去,并将这条规律运用到英特尔的产品开发中来。

此后的 30 多年实际情况证明了芯片的进步正是循着这条轨迹进行的,也正是在"摩尔定律"的指引下,英特尔一直坚持着这样一条产品战略:首先,凭借技术优势,率先推出新产品,推动产业链升级;其次,对新产品采取高价撇脂定价策略,获取超额利润;然后,当竞争对手模仿跟随推出类似产品时,英特尔将会利用学习曲线形成的成本优势,主动降价打压竞争对手;最后,在对手还没有缓过气之前,又推出更新的产品,启动新一轮的竞争。这样一套紧密联系的组合拳,环环相扣构成了英特尔的产品战略逻辑,英特尔的全部团队就像一台精密的机器沿着这样一个技术更新的圆环周而复始地向前滚动。

这种率先推出新产品的策略,还有助于英特尔成为行业中的技术领跑者,并最终将英特尔扶上了产业标准制定者这一宝座。英特尔以其"超前决策"和"领先开发"的策略,引导和促进产业标准的发展和更新,"摩尔定律"不但成为英特尔的金科玉律,并且成为一堵牢不可破的"摩尔墙",英特尔这种将竞争对手远远甩在身后的策略不但给自身带来巨大的先行优势,而且让英特尔建立起了"产业标准制造者和推动者"的形象。在产业内和市场上,将"Intel"的标识等同于"芯片"的生产者和消费者大有人在。

三、积极的品牌建设——Intel Inside

简单地看,英特尔的品牌战略管理由如下几方面构成:

(1)以 Pentium、Celeron、Xeon 等产品品牌相互合作以支撑整体从而实现协同效应——1995 年 11 月,Pentium Pro 问世,把 Intel 的产品线扩展到高端桌面、工作站和服务器;1998 年 6 月,Pentium II Xeon 芯片问世,用于高端工作站和服务器;在 Pentium II 后面加上代表神秘和力量的 Xeon,Intel 公司把用于服务器的产品和其他产品明确的区分开来。

（2）通过引进 MMX 等副品牌不断给产品增加活力——1997 年 1 月，Pentium MMX 问世，MMX 给 Intel 的产品线带来更好的多媒体表现；通过 Mobile Pentium 等系列创造新的产品类别，产品线扩展到台式机、笔记本和服务器等多种硬件设备；1997 年 9 月，Mobile Pentium 问世，宣告英特尔把笔记本芯片市场从整个个人电脑市场中细分出来，从此，英特尔把市场细分为桌面、服务器，以及笔记本三部分。

（3）引进 Centrino（迅驰）等技术品牌使自身从芯片生产走向解决方案提供者——2003 年，英特尔正式宣布推出无线移动计算技术的品牌：Centrino 移动计算技术。Centrino 基于全新的移动处理器微架结构和无线连接功能，并在电池寿命、轻薄外形和移动性能方面具有增强特性，代表了英特尔为笔记本电脑提供的最佳解决方案。

（4）通过 Intel Inside 计划全面增强产品清晰度——1991 年启动"Intel Inside"计划，总共投入超过 70 亿美元，创造了将近 390 亿美元的品牌价值。该项计划于 1991 年启动，旨在树立英特尔高科技品牌。根据该计划，任何一位电脑生产商，只要在其广告上加入英特尔公司认可的"Intel Inside"图像或者标志，英特尔就会为其支付 40％的广告费用（在中国这一比例是 30％）。

这项计划在推出的初期曾受到了 IT 界和广告界专业人士的质疑，因为对于传统观念来说，英特尔生产的产品是不与消费者产生直接接触的芯片，除非是能熟练打开电脑外壳更换元件的用户，一般消费者对于芯片基本是处于"看不见、摸不着"的概念。英特尔如此大规模宣传其品牌，似乎会费力不讨好。

但是,英特尔这项广告攻势并非是简单的广告宣传,而完全是一种品牌打造,它等同于一次对消费者的全面教育。在这项计划中,英特尔公司启用了一个简单的标志形象代表"Intel Inside"的品牌,这个标志的新颖创意与优秀的图案设计在当时市场上树立了一个具有真正吸引力和特色的形象。这个设计鲜明的"Intel Inside"的商标被用在所有营销与传播活动中,所有广告、直销、包装、公关,以及内外部传播都被设计得具有相同的外观和感觉,并享有同样鲜明的图形要素,"Intel Inside"在策略层面上完全被整合起来了,简单的由"一种形象、一种声音"展现。这种整合可以分为以下几方面内容:

其一,英特尔的整合最先是从组织"内部"做起。这是指把工程、生产、营运、物流、财务等结合起来,然后将其集中在一个所有要素必须支持的重要因素上,也就是"Intel Inside"计划。这就需要培训与发展,而且最重要的是,管理高层对于这个计划要有坚定的执行决心。

其二,虽然在整个计划中,消费者是最后接触计划的一个环节,但是他们却是最重要的一群人。如果英特尔无法说服消费者掏出钱来购买带有"Intel Inside"标志的计算机,那么整个计划就将注定无法成功。"Intel Inside"之所以能成功,是因为计划在各个阶段都是以最终消费者为中心。这个计划把所有的参与者都纳入了同一价值链中,为最后的消费者带来了价值。

其三,英特尔必须协调中间厂商。中间厂商包括计算机制造商,也包括渠道伙伴,如计算机零售商、分销商、增值零售业者、目录销售者以及所有那些可以让消费者、客户与潜在客户取得使用英特尔处理器计算机的形式与方法,所有参与这个计划的厂商,都能从中获利。

其四,英特尔整合了外部传播计划,包括广告、促销、采购点、公关、商品装饰、包装以及其他所有可以让"Intel Inside"计划接近最终客户的传播渠道。

强大的宣传攻势造成了这样一个效果:当很多买计算机的人不知道该怎么选择产品时,英特尔公司通过"Intel Inside"的标志向客户暗示产品的质量保证,驱动客户与消费者购买带有 Intel 标志的产品。久而久之,消费者便习惯于以"Intel Inside"来识别电脑是否有保证,英特尔也一跃成为"名牌"、"创新"、"高性能"、"高品质"、"有保障"等多个褒义词的代名词。

经过 10 多年的积累,现在"Intel Inside"计划已经得到全球 2 700 多家计算机制造商的支持,在全球平均每五分钟就响起一次"Intel Inside"的广告曲,仅2000 年一年,粘贴在各种产品上的"Intel Inside"标签如果连成一条直线,长度达 2 650 公里。

从"Intel Inside"计划最初开始发展到今天,英特尔品牌的范围已经被大大的延伸。在垂直方向上,"Intel Inside"的品牌,最初仅仅被限制在桌面系统上,随着整个 CPU 市场份额不断扩大,英特尔品牌和英特尔产品线一起,不断向高低两端延伸。到今天，英特尔的品牌已经从最初的桌面系统，延伸到低端的"廉价PC"，延伸到移动领域内Pentium Mobile系列芯片，延伸到高端服务器和工作站的Pentium Xeon系列芯片。

另外一个方面，英特尔公司在IA构架芯片取得巨大成功以后，又逐渐把品牌水平延伸到其他领域。这些扩展领域中既有其他类型的芯片生产，也有完全和芯片分离的其他产品市场。例如今天英特尔的产品组合、产品线已经达到13大类69种产品。英特尔的产品已经从最初的台式机、笔记本、服务器与工作站的主处理器远远地扩展出去，不仅包括在台式机、笔记本、服务器与工作站市场上使用到的主板、网卡、芯片组，还扩展到网络连接、存储与I/O设备、掌上与手持设备、网络与通信处理器、嵌入式产品与闪存、以太网、电信计算、软件应用开发、光设备、有线接入等等方面。在"Intel Inside"计划的帮助下，英特尔成为先进技术、品质承诺的代表。

四、英特尔的战略总结——偏执者生存

英特尔前任CEO安迪·格鲁夫有句名言，"只有偏执狂才能生存"。正是在这种偏执狂的精神引领下，英特尔从一家生产存储器的濒临倒闭的平庸企业变为一家引领IT行业发展的伟大公司。在他的管理学著作《只有偏执狂才能生存》中，他提出了一个新的管理理念：偏执狂管理：偏执地发明，偏执地经营，偏执地成功。

安迪·格鲁夫的偏执狂管理是一种居安思危的危机管理精神，他认为，"只要涉及企业管理，我就相信偏执万岁。企业繁荣之中孕育着毁灭自身的种子，你越是成功，垂涎三尺的人就越多。因此英特尔的管理者，最重要的职责就是常常提防他人的袭击，并把这种防范意识传播给手下的工作人员。"

20世纪80年代，原本顺风顺水的英特尔遇到了日本存储器产品的巨大竞争，经营每况愈下，是转向新领域还是继续守卫日渐被蚕食的存储器市场，英特尔面临一个历史性选择。在这种情况下，英特尔的偏执狂精神体现到了极致——1985年，英特尔决定放弃存储器的生意，将全部精力放在一个前景未明、没有任何把握的微处理器市场。

其实，在外界看来，英特尔如果能加紧研发投入，在经营上采取有效策略的话，坚守存储器领域依旧是一个比较合适的选择，大可不必如"惊弓之鸟"般掉头转向另一块完全未知的领域。然而，正是偏执狂的精神，让英特尔很快意识到未来日本存储产品的强大攻势，以及存储器市场即将成为"红海"的必然趋势，从而毅然地"壮士断腕"，也正是这次转型让英特尔成为日后的微处理器芯片之王。

1991年，英特尔启动了"Intel Inside"宣传计划，该计划在旁人看来根本就是不合逻辑——当时英特尔在芯片市场上是"技术独此一家"的地位，根本就没有打广告的必要。该计划的实施，让英特尔的标识深入人心，成为消费者购买硬件产品时

一个重要的参考标准。英特尔该项计划的成功,也让其他许多如甲骨文、惠普和思科等高科技公司纷纷效仿,开始花费数百万美元以建立品牌忠诚度。

从表面上看,"Intel Inside"让其他企业看到了强势的品牌战略所带来的巨大利润,但是从英特尔自身而言,这只不过是其偏执狂精神的再一次体现。任何企业在发展过程中,将会出现一个或多个战略转折点,这时候,如果能恰当把握,企业将有机会上升到新的高度,反之则预示着没落的开始。在这一过程中,偏执狂式的管理能使公司保持足够的谨慎,时常提防他人的袭击、窃取你的生意。因此,"Intel Inside"计划本质上其实是英特尔公司为了对抗未来潜在竞争者所采取的一种居安思危的战略,是为了让企业有机会上升到新高度,从而能有足够力量对付未来可能出现的强大的"敌人"。

——案例改编自:李方毅,张海燕. 英特尔迅驰品牌推广全程案例解析[J]. 现代企业教育,2009,13:28－32.

十华为 3G 就在你身边

——华为 B2B 品牌向 B2C 品牌转化策略

一、营销背景与传播目标

华为是一个并不为普通消费者了解的品牌。然而在 2008 年兴起的 3G 大潮中,华为其实跟几亿国民的 3G 生活关系紧密。国内采购招标中,华为占据中国电信超过 50%、联通 44% 的 3G 上网卡市场份额,成为名副其实的"双料冠军",而在全球 3G 上网卡的市场占有率高达 55%。

传播目标:作为中国最成功的 B2B 品牌之一的华为,希望借助本轮推广完成 B2B 品牌到 B2C 品牌的转化,初步建立消费者认知,并逐渐成为一个消费者熟悉、信赖、购物时优先选择的品牌;增强华为的品牌认知度及美誉度。

二、传播挑战

(1) 华为虽是 3G 终端 B2B 市场的王者,但却是 3G 终端 B2C 市场的新兵。此次推广的华为上网卡产品是隐身在运营商身后,缺少与消费者直接沟通的机会。人们说到 3G 往往会想到运营商,而忽略了其背后支持的产品。而在电信日之前,中国移动、中国电信、中国联通的广告已经铺天盖地,3G 的噪音充斥在广告市场的每个角落。

(2) 华为的投入费用远不及各大运营商,产品特点也不被人熟知,因此如何最大化让华为在这样纷乱的环境中凸显出来,让消费者深刻理解华为 3G 上网卡产品,是我们的又一大挑战。

三、执行过程

执行策略为运用悬念营销的方式获得极大的关注,以引发更多大规模瞩目。

第一阶段为悬念及揭晓,华为先通过各大网站大规模投放悬念广告,以引发业界关注和思考,并于三天后公布谜底,可谓吊足了胃口,并将"华为3G就在你身边"的概念深入人心。第二阶段,3G星球展示了全球华为3G应用场景,体现华为在全球的影响力和高覆盖率。第三阶段,邀请网络名人进行中国3G体验,并实现在线视频直播,使中国广大消费者第一次有机会如此近距离地感受3G。

首先,我们提出"+华为3G就在你身边"的概念,以展示华为与3G的巨大联系,拉近与消费者的距离。采用非常规的手法,即抛开传统"狂轰乱炸"的曝光模式,反之采用悬念示众,设计了一场"没有广告商的广告"——只展示给用户一串神秘的计数器,数字随着时间的流逝不断增加,引发无限猜想。而强调的数字也是核心策略的另一重要组成部分,华为在全球终端市场占据约40%的市场份额,但国内的消费者却几乎不了解,悬念阶段的庞大数字给了消费者强大的视觉冲击力和深刻的印象,具象的数字也让更多人意识到华为的实力所在。

从4月13日开始,神秘计数器同时在新浪、网易等知名网站的显著位置出现,点击进入的后台页面为世界各地的3G应用场景,没有任何广告商信息的流露,只有一句"世界就在你身边 4月16日敬请期待……",可谓吊足了胃口。在国内网络广告市场中,在各大主流网站首页如此大规模地同时出现无品牌logo的广告还是第一次,众多网民及业内人士果真按捺不住内心的好奇,通过代码追踪、3G行业分析或利用自己的人脉四处打听这到底是谁家的广告。

4月16日,之前的悬念在同一时刻揭晓,数字定格在150 000 000,并告诉电脑前的受众:"此刻,全球约有150 000 000人正在通过华为感触3G"。同时,之前的活动网站出现了名副其实的3G星球,主要呈现全球各地使用华为3G上网的情景,并为第三阶段"中国3G体验行动"做预热和铺垫。

"中国3G体验行动"也获得网民热情拥抱。3G星球将虚无缥缈的3G从空中拉回地面,让用户亲身感受到3G也可以"看得见摸得着"。这是国内首次大规模的3G体验行动——让中国广大消费者第一次有机会如此近距离地体验3G,在线视频互动的营销方式也属国内首次,在网络营销时代具有划时代的历史意义。

活动每周邀请 5 位网络名人抢先体验华为 3G,用笔记本电脑和华为 3G 上网卡畅游自由的 3G 生活。互动期间体验者可以通过活动平台利用 3G 功能和网民保持实时互动,例如视频直播、视频对话等,让消费者真切地感受到此次华为的传播口号"＋华为 3G 就在你身边"。视频直播作为活动的一大亮点,在媒介推广上也做了突破和创新。每天选取一位体验者进行两个小时的视频直播。由于直播预告及时到位,加上前期悬念营销的成功铺垫,直播页面多次接近瘫痪,许多网友反应抢不到麦,造成了一定范围内的轰动效应。

同时,活动还邀请了 20 位行业名人撰写与 3G 相关的文章,同步在他们各自的博客发表,并实现连通,以名博的力量带动华为 3G 向更广的范围传播。在广泛传播的另一重要渠道内容营销上,我们通过在各大网站论坛发帖制造话题,引发用户讨论和关注。

四、执行效果

三天的悬念广告共获得近 130 万次点击,点击成本不到 1 元,华为的第一次亮相不仅赚足了曝光和点击,还收获了不错的口碑。活动期间,6 篇帖子共在 207 个网站出现,总点击超过 20 万次,网友回复近 8 000 条。而此次 3G 星球概念也引发了业界的大讨论,Google 关于"3G 星球"的搜索结果超过 35 万条。网站互动环节不仅利用视频直播吸引网友的广泛参与,让他们了解并关注华为的 3G 产品;同时也通过与各大博主的强强联手,在舆论上制造出最响亮的声音。

——案例来源:《华为 3G 星球悬念营销》,发布于腾讯网 http://tech. qq. com/a/20091030/000278. htm

方案选型锦囊
——思科网络媒体营销策略

一、背景介绍

思科公司(NASDAQ: CSCO),是全球最成功的公司之一,是全球领先的致力于改进人们联络、沟通和协作方式的网络解决方案提供商。1984 年创立,1986 年生产第一台路由器,让不同类型的网络可以可靠地互相联接,掀起了一场通信革命,思科公司在其进入的每一个领域都成为市场的领导者。作为一家高科技 B2B 公司,思科营销传播的内容具有很强的专业性,通过大众化的社会化媒体形成有效传播具有较高的难度。社会化媒体上容易被传播的内容一般都是大众化、通俗易懂的内容;像思科这种高科技 B2B 公司,如何让专业的内容变得人性化、有趣又能激发网络传播是一项不小的挑战。而中国的社会化媒体,之前并未有过 B2B 公司成功案例。相较 B2C 产品凭借冲动即可消费,B2B 营销更讲究理性与逻辑,在整合营销中,如何贴合客户的购买决策曲线也是一项挑战。

思科"方案选型锦囊"活动在没有借助外部 KOL 推广扩散的情况下,完全凭借贴合粉丝兴趣的创意、长期积累的专业且活跃的粉丝人群,为思科打造了第一个专用于移动端的信息搜索平台,并引导了价值 USD295 222 的销售线索转化。在移动领域,为思科的客户服务提供有力的协助,并最终达到转化收益的目的。

困境及挑战:

(1) 继续保持行业领导者的地位,同时持续创新。

(2) 经济环境差,保持销售额的持续增长难度较大:全球经济下滑,企业的IT 采购经费大幅缩减,购买决策需要更长时间;同时,面临中国网络安全管制,政府采购更多偏向于国有化品牌。因此,中小企业成为思科的重点目标客户。

(3) B2B 客户购买决策特殊:客户在决定购买前会花费很长的时间进行产品的搜索和了解,但是在目前移动化迅猛发展的趋势下,思科并没有一个针对移动端客户的搜索资料库。

相比于 B2C,B2B 客户需要花费更长的时间去决定是否购买。这期间,需要对客户进行引导、培育等,这就需要了解客户的购买行为、习惯以及关注内容等。

二、营销目标

思科社会化媒体营销的最终目标是实现与客户、合作伙伴等的更好的互动与沟通,通过客户、合作伙伴等的参与,更好地驱动企业业务发展。本次活动的具体目标包括:

(1) 向客户传达"通过微博和微信也可以进行售前咨询"的信息。

(2) 在移动端也能够为客户提供便捷、快速的资料查询服务。

(3) 能够将资料查询的客户信息转化成为销售线索。

(4) 了解客户的购买行为、习惯和关注内容。

三、策略与创意

为开辟在移动端为客户提供专业信息帮助的渠道,在社交媒体推广中,以"方案男神"系列漫画及其遭遇作为话题讨论,将流量导入微信的"方案选型锦囊"页面,将其打造成为"方案男神"快速选型的不二之选,最终实现销售线索的转化。"方案选型锦囊"也成为思科第一个适用于移动端的方案和产品资料库,方便客户在购买前期进行资料检索。

四、执行过程

1. "方案选型锦囊"

基于 B2B 客户购买和决策流程的特殊性,为了能让客户"随时随地"方便地查询思科的相关产品和解决方案,决定在移动端构建一个产品和解决方案库,并将其命名为"方案选型锦囊",意为能够帮助客户快速解决问题的锦囊妙计集。渠道上,则借助微信账号积累的粉丝力量,进行"方案选型锦囊"的上线和发布。话题讨论通过 IT 商务人士的漫画形象设计,配之以不同行业和使用场景的故事,形成完整的"发现问题到解决问题"闭环,引导粉丝能够主动搜索思科的"方案选型锦囊",形成导流。

2. 流量导入

除去话题讨论，通过微博 banner、微信自定义菜单、官方网站等多个渠道引导粉丝关注"思科方案选型锦囊"，进行资料搜索查询。

焦点区

3. 微信转化

曝光展示：当用户被导流进入微信账号后，会在新关注自动回复、自定义菜单、微信文章中看到关于"方案选型锦囊"的提示和使用说明，实现其全方位的展示；

内容设置：根据长期的运营经验，在筛选"方案选型锦囊"内容时，能够将思科的发展战略和市场的期望结合，展示更受市场关注的产品系列，提高转化的效率；

一对一互动：在"方案选型锦囊"的推广中，根据客户的反馈和询问，运营团队都花费了很大的心思进行与用户的一对一互动，了解和帮助用户梳理需求，助力销售线索的转化。

五、效果反馈

"思科方案选型锦囊"页面访问量：在此期间达到 3 882，平均每天有 161 个人(B2B)访问页面查询资料；注册信息收集：活动期间，共收集到 252 个客户注册信息，其中有 11 个客户达成购买意向；销售线索转化：11 个购买意向的总销售额近 30 万美金，其中已转入购买流程的金额超过 15 000 美金。

六、其他策略

首先，思科在社交平台上打造立体化多平台整合营销模式，整合思科五大社交网络平台：思科互动网络（Customer Interaction Network-CIN），思科中文技术社区(Community)、新浪微博、优酷频道、思科官方网站,使他们相互配合、紧密连接,使企业的营销效果达到最大化。从多种角度传播思科的声音。并且积极地与网友进行互动,聆听网友的声音,当网友遇到技术或产品问题私信、@或在官方账号下评论,第一时间与内部专家或思科网络大使联系,帮助网友解决问题,拉近与网友的距离,同时树立思科专业形象。同时,把握销售线索,及时与思科市场、销售团队沟通,并成功直接实现多例销售案例。

其次,在微博的运营上,主要将日常维护、专题制作、推广活动多种内容,以文字、视频、信息图多种表现形式呈现出来;配合思科产品、思科推广活动,官方微博第一时间发布相关图片、视频、信息图等内容;内容呈现方式丰富:内容包括日常维护、专题制作、推广活动;同步思科全球活动,使微博内容、微博呈现方式更具中国本土化,做到真正地落地中国。并独创了思科下午茶、思科网络在线研讨会、微博签到等互动活动。

再者,最为核心的部分在于思科社交大使的创意,在思科企业内部招募大使,实现人人参与企业宣传和营销,每周一期的"大使周报"收集来自于思科中文技术社区、思科官方微博的粉丝技术问题或产品疑问,发给思科社交网络大使后,由大使们直接与粉丝对话,回答相关技术难题,或及时消除技术疑问。思科大使配合思科云计算巡展,Cisco Plus,2012 年共进行了 3 次"思科下午茶"微访谈。与新浪微访谈相比,"思科下午茶"基于自己官方账号,无需借助新浪微访谈平台,也无需向新浪付费,即可开展。"思科下午茶"开始前,收集粉丝的技术难题;结束后,也将以回顾问题的方式,进行发布,还会做出合集放入微盘供粉丝下载。

而后,整合线上线下活动,增强互动,进行产品推广、品牌推广活动。Cisco Plus首次落地中国,思科以新浪专题页面、微访谈、微博投票、网络在线研讨会(利用思科产品 WebEx)等方式,进行了全面的预热,让网友全面了解、熟悉Cisco Plus 这一行业峰会。在 Cisco Plus 活动当日,进行了微直播、微博墙,其中在微直播中,整合思科 8 个官方账号,同时征集了 4 位"思科社交网络大使",全方位的在微博平台上传播思科的声音。配合思科新产品 Cisco BE 6000产品发布,协助内部及全国范围的营销活动,社会化营销平台进行了联合宣传。通过开展微活动、投票、微博内容发布、产品资料微盘下载等方式,提高了该产品的市场认知度。这也是首次 BTOB 公司通过微博这个社会化媒体平台进行的产品征名活动。共征集到超过 1 000 个中文名,动员了超过 2 600 人参与。

2012 年,思科 CMO Blaire Christie 被福布斯评为全球最社会化的 CMO 之一。目前,在思科大中华区已经有 355 位思科员工加入了大使项目,通过微博、社区、在线研讨会等多个社交平台传递思科的声音,大使们的微博粉丝已经超过

10万人。

——案例来自:《思科 B2B Digital Marketing Campaign -"方案选型锦囊"》,发布于金鼠标大赛官网,http://www. goldenmouse. cn/html/case/anlilei/shehuihuayingxiaolei/2015/0129/1925. html

开启优化新思路
——B2B 电子商务平台固安捷的搜索营销策略

一、背景与目标

固安捷隶属于固安捷(中国)工业品销售有限责任公司,固安捷中国是固安捷全球在中国的独资子公司,是全球领先的设备维护、修理和运作(MRO)工业分销商。其在全球拥有 600 多家门店,每天向全球 150 多个国家的 200 万客户提供超过 90 万种工业产品,以帮助工厂设备正常运作并降低客户的间接生产物料的采购成本。

固安捷作为一家 B2B 电子商务平台,其电商站点在 SEM 上投入的必然性是众所周知的,身为全球工业品分销行业的风向标,如何利用搜索引擎快速在国内打开市场同样是固安捷中国需要关注的命题。在 SEO 方面,这一命题的解决是与文军信息的合作开始的。此次合作对固安捷中国和文军信息都是一次很好的行业挑战。

其目标主要为:增加品牌在中国地区的曝光量,提升新用户的访问数量;提升固安捷品牌在中国地区的品牌认知度;改善网站质量,提高关键词的排名,带来更多的流量,从而更好的为固安捷带来更多的订单量。

二、解决方案及实践

结合客户网站的现有状况,根据客户需求,制定适合的独特的站内优化方案。通过优化核心关键词排名,最大化搜索引擎上固安捷的品牌曝光量;优化品牌词首页搜索结果,组建关键词库,提升用户对固安捷的品牌好感度,从而解决客户的网站思路,更好的提高网站的流量。

(1)页面内容优化:根据网站 URL 的现有状况分析,坚持网站 URL 的唯一性,调整其入口地址,最终实现完美的 URL 地址。

(2)组建关键词库:根据关键词的批量生成,满足用户的需求页面,从而提高排名、增加流量。

(3)发布相关外链:通过发布相关符合要求的外链,来提高网站的排名,从而带来更多的流量。

(4)分析并提供 SEO 策略建议:通过对网站搜索的实际情况进行分析,找出产生问题的原因,针对 SEO 方面的问题给予相应的策略建议。

(5)SEO 监测工具:公司自主研发的优词网,通过其中的 SEO 检测工具对客户网站进行实时监测,从而更快捷的发现问题并及时修改调整。

通过页面内容优化、组建关键词库、发布相关外链、分析并提供 SEO 策略建议和 SEO 监测工具实时监测,从而使网站建设更加完善化,使得品牌关键词的排名达到搜索引擎首页,更好地带来了流量,最终导入更多的访客数和订单量,实现网络营销的最终目的。

三、效果与反馈

固安捷公司发布财报称,第一季度净盈利增长 13%,好于市场预期,得益于产品价格的提升,以及三个主要区域部门营收的普遍增长。5 月份日均销售额同比增长 5%。

本案例荣获 Mawards 2014 最佳搜索营销创新奖提名奖,主要创新价值点在以及两个方面:

(1)深入分析用户需求,创造新的页面,从而找出新的流量增长点。根据客户的具体需求以及网站的实际情况,创建新的页面。在站内优化的过程中,制定特别的优化方案,通过反复的尝试,找出新的流量的增长点,从而使流量一直处在不断的上升阶段。

(2)经过持续近一年的 SEO 优化,最终取得了比预期效果翻倍的现象,主要表现在:品牌关键词的排名以及网站的流量方面,都是很值得关注的创新价值点。

——案例来自:《北美电商携手文军信息开启优化新思路》,发布于梅花网,2014 年 12 月 03 日 http://www.meihua.info/a/62268

问题探讨

B2B 是 Business-to-Business 的缩写,是指企业对企业之间的营销关系,B2B 市场一直都是营销人员不可忽视的一大市场,B2B 跟 B2C 企业一样,开始通过赞助活动,建立品牌知名度。并且随着互联网的发展,数字化使得 B2B 营销产生变化,企业对企业的电子商务得到了迅速扩大和推广,并呈现 B2B 电子商务模式特征。这里重点探讨 B2B 企业营销的品牌化以及 B2B 电子商务的四大模式。

一、B2B 市场营销潜力可观

所谓 B2B 市场,包括所有购买商品和服务,并将它们用于生产其他商品或服务,以供销售、出租或供应给他人的组织。目前,在我国,组成 B2B 市场的主要行业有:农业、林业和渔业;矿业;制造业;运输业;通信业;公用事业;银行、金融和保险业等等。作为具有广泛发展潜力的制造业强国,显然 B2B 市场空间巨大。面对这样的市场,营销研究者包括营销策划公司却很少涉足这一领域。面对 B2B 市场时,有些企业营销者过分强调产品,而忽略了营销系统模式。也有很多 B2B 市场的产品是面对终端消费市场的,这就给这样的企业供应商提出了较高的要求,并要求企业供应商能够透彻地了解终端消费者市场。比如为快速消费食品企业提供添加剂和配料的企业,比如为汽车、电脑、家电等企业提供零配件的企业,等等。一旦这些企业的供应商与其客户所面对的终端消费市场脱节,根本就不会得到这些企业客户的青睐。英特尔公司是这类企业的佼佼者,目前已经成为电脑芯片全球第一大供应商,通过其近 30 年的整合营销努力,英特尔让世界上 80％以上的电脑都装有英特尔芯。为什么英特尔会有如此成就,就缘于英特尔不但有一套系统的整合营销理论,使得英特尔能够成功地进行品牌化,而且还能够把握电脑消费市场的适时动态,始终站在电脑生产企业的角度思考芯片的技术和研发,来实现品牌承诺。又如近些年"莱卡"通过大型娱乐选秀类活动的冠名权,已经让很多年轻人熟悉了这一面料名词。莱卡是美国杜邦公司推出的新型纤维,与传统弹性纤维不同的是它的伸展度可达 500％,且能回复原样。通过近些年的品牌化营销,现在只要是采用了莱卡的服装都会挂有一个三角形吊牌,而这个吊牌也成为高质量的象征。

二、B2B 企业营销的品牌化

品牌化与 B2B 公司相关吗? 微软、IBM、通用、英特尔、思科系统、戴尔、甲骨文、SAP、西门子、联邦快递、波音——这些生动的例子共同展示了一个事实:

B2B 品牌也能成为世界上最强有力的品牌。尽管这些企业也涉及 B2C 细分市场，但其主要业务都集中在 B2B 领域。那么，为什么还有那么多 B2B 企业仍然拒绝这一自己原本可以拥有的宝贵财富呢？

以波音公司（Boeing）为例。几年前，在西雅图的波音总部曾经发生过一起非常有趣的事件。经验丰富的营销老手朱迪·A. 米尔贝格（Judith A Muehlberg）从福特加盟波音，开始掌管市场营销和公共关系部。之后不久，她大胆地在高级经理人员会议上发表"品牌"说。立刻就有一位高级经理阻止她说："朱迪，你清楚自己现在身处什么行业和什么公司吗？我们不是一个消费品公司，而且我们也不想要一个品牌。"打那以后，美国航空业巨人波音走过了漫长的道路。现在，品牌化和品牌管理对该公司而言意义非凡。2000 年，波音公司正式确定了前所未有的品牌战略，并被纳入包括商用飞机和其他业务在内的总体战略中。今天，品牌基本上覆盖了从标识到公司总部建筑的所有事物。甚至公司总部从西雅图迁往芝加哥的计划也出于对波音品牌的考虑。2005 年，波音导入新的旗舰飞机，与美国在线（AOL）合作在世界范围内开展推广运动，征求恰当的名字，最终确定为"梦航"（Dreamliner）。波音商用飞机市场营销部（Boeing Commercial Airplanes Marketing）品牌化副主席罗伯·布拉克（Rob Pollack）为之揭幕。

品牌和品牌管理远远超越了消费品市场营销者的传统认识。对几乎所有行业的公司而言，品牌变得越来越重要。如今几乎所有领域都出现了过量的选择性。从特种钢到软件，几乎所有产品的顾客都面临着太多的供应者，多到没有办法一一认识他们，也很难彻底地审查他们。而因特网的发展进一步加剧了信息爆炸。在因特网中，所有的购买者或决策制定者，仅仅凭借一个小小的鼠标，就能够随时随地面对大量选择。倘若没有值得信赖的品牌作为标准，即使在不去主动搜寻的情况下，过量的信息也会使购买者感到筋疲力尽。然而品牌提供了导向，为顾客和拥有品牌的公司带来多种利益和优势。品牌在全球经济中扮演着产品、服务或企业的使者，促进新市场的开发。B2B 品牌倡导者认为，品牌真正的重要性在 B2B 领域中还没有得到充分的认识。麦肯锡公司（McKinsey & Company）与一家德国市场营销研究机 McM（Marketing Cemrum Muenster）合作，考察和分析德国 B2B 市场中品牌的重要性和相关性。研究结果发现，在 B2B 市场中，品牌最重要的功能包括：增加信息效率；降低风险；增加价值／创造形象利益。这些功能基本上决定了品牌能够带给企业的价值，故而对判断特定市场中的品牌关联性十分关键。

B2B 品牌化的另一个重要方面是，品牌不仅仅影响顾客，而且影响着所有的利益相关者——投资者、员工、伙伴、供应商、竞争者、管制者或者当地社区的成员。例如，通过妥善管理的品牌，企业就能够获得渠道商充分的支持。

当然品牌不能仅仅依靠创造奇妙的广告来建立。品牌实质上是对顾客的一种承诺,唯有持续一致地按所承诺的递送价值,品牌才能够有生命力。我们需要清晰地界定品牌承诺,使之具有关联性和意义,而不是用夸大的市场营销承诺来造成顾客的误解。关于品牌化的另一个更深的误解是,将品牌化视为市场营销管理中很不起眼的一小部分。品牌化应体现在公司所做的每一件事中,全方位的品牌化方法要求战略性视角。这就意味着,品牌化永远应该从企业高层开始。要想使品牌化努力取得成功,仅仅任命一位品牌经理,采用公司内部典型的短期工作标准是不够的。

建立、推广、支持和保护强势品牌,是从首席执行官开始的自上而下的全员的工作。领导者的积极参与不可缺少,因为他们是驱动品牌化努力的最终支持力量。品牌和品牌资产应该被视为企业的战略性资产,是竞争优势和长期盈利性的基础,事实上它们也的确如此。将品牌和企业战略相匹配非常关键,只有在组织高层管理者的严格监管和推动下,品牌战略才可能得以实现。任命一位品牌副总裁、一位专门负责品牌管理的人是一项重要举措。不论其实际头衔是什么,这个人应该是为保持品牌活力而采取必要行动的人。

三、BTOB营销的数字化

电子商务B2B是互联网爆炸式发展的直接产物,是网络技术应用的全新发展方向。互联网本身所具有的开放性、全球性、低成本、高效率的特点,也成为电子商务B2B的内在特征,并使得电子商务大大超越了作为一种新的贸易形式所具有的价值,它不仅会改变企业本身的生产、经营和管理活动,而且将影响到整个社会的经济运行结构。常见的B2B电子商务运营模式有如下四种。

模式一:企业B2B网站

企业B2B网站在本质上是实体企业在Internet上的延伸,企业希望通过建立属于自己的B2B网站来获得更多的交易机会并借此来降低相关的成本。这是一种比较初级的B2B电子商务模式,在B2B电子市场发展的初期,很多企业都尝试采用这种方式进入市场,企图在这一蓝海占得先机。但是这种方式存在一些重要的漏洞,例如企业对电子商务的认识还比较肤浅,网站功能比较单一,而且企业相关信息非常分散,这些都不利于B2B电子商务活动的进行。随着电子商务理念以及技术的进一步发展,大量的企业B2B网站逐渐被其他几种类型的B2B交易模式所取代。

尽管具有局限性,但企业B2B网站作为一种B2B电子商务比较基本的形式,仍然是B2B电子商务的一种重要的运行模式。随着互联网技术的进一步发展,有部分企业采取外包的形式建设自身的企业B2B网站,从而既克服了技术上的缺陷,又降低了成本,而与此同时,也有一些企业将自身的B2B网站作为一种产品推向客户并为它们提供相关的增值服务,企业 B2B 网站也因此而具有了新的含义。在这之中具有代表性的企业 B2B 网站就是惠普公司提出的企业价值协同网(VCN),这一类型的网站的出现使企业 B2B 网站的发展进入到一个新的阶段。

模式二:综合型 B2B 市场

这是一种在目前的 B2B 电子商务中占据主要市场份额的运行模式,在很多专著中也将这种模式称为水平型 B2B 电子市场。综合型 B2B 市场将各个行业中相近的交易过程集中到一个场所,为企业采购方与供应方提供交易场所。其最大的特点就是参与企业的数量庞大,而且包含很多中小型企业。综合型 B2B 市场一般是由第三方网站建立的,它的出现使数量众多的中小型企业实现电子商务成为可能。在综合型 B2B 市场中汇集了大量的交易信息,这些信息通常能够满足参与交易的客户的一般需求,但可能无法顾及一些比较特殊的客户需求。此外,由于信息数量过于庞大,所造成的可信度降低以及客户信息安全问题也是这类网站需要特别注意的问题。

目前在国内的综合型 B2B 市场之中,占有最大市场份额并且最引人注目的无疑是阿里巴巴公司,除此之外,像慧聪网、环球资源等网站也具有一定的实力。这些网站不仅占据着国内 B2B 市场的主要份额,也占领了整个电子商务市场的大部分空间。从这个角度可以说,综合型 B2B 市场是整个电子商务行业中的一种最为主要的运行模式。

模式三:垂直型 B2B 市场

垂直型 B2B 市场是另外一类主流的 B2B 电子市场运行模式。它的经营理念与综合类 B2B 市场正好相反,前者提供大量的交易信息,使客户能够从中找到适合自身的交易,而后者则旨在为客户提供专业的、个性化的服务,使客户能够更加方便地进行交易。垂直型 B2B 市场专注于某一行业,对该行业内的供应链业务流程有较为深刻的研究,并且掌握本行业全面可靠的信息。这一类 B2B 通常是由该行业内拥有较强实力的厂商或厂商联盟发起的,针对本行业内的电子商务市场,目的是使本行业中的企业与供应链上下游的其他企业建立有效的合作关系。

根据 2005 年的不完全统计,国内已经有超过 1 000 家垂直型 B2B 网站,涉及 20 多个行业,这些数据说明垂直型 B2B 市场在国内有着非常广阔的市场前景。在现有的市场状态下,尽管综合型 B2B 市场仍然占据主要市场份额,但垂直型 B2B 市场在立足点上的不同形成了差异化竞争,使得垂直型 B2B 市场也有了自己的发展空间。根据 2005 年的不完全统计,以医药为经营范围的海虹医药网占据了 B2B 电子市场约 5% 的市场份额,而以化工产品为主营项目的中国化工网则占据了约 3% 的市场份额,这些都说明垂直型 B2B 市场仍然非常有发展前景。

模式四：交易型 B2B 市场

交易型 B2B 市场与综合型 B2B 市场有一定的类似之处，两者都为供应方与需求方提供中介平台，但交易型 B2B 市场更多的是联系供求双方，为双方的信息交流提供便利。在功能上，交易型 B2B 市场和 EDI 相似，用来交换订单、库存清单和其他的电子信息。但是它在合作企业之间的文件、制图、电子数据表格和产品设计的标准和实施的共享方面比 EDI 更为改善，因此相互之间的合作加强。专有交易场结合了基于 Internet 平台功能和 EDI 系统的安全性。专有交易场能够做到开放式交易场所不能及的地方：提供安全的一对一交流，能进一步共享供应链流程，比如库存管理、生产计划和订单执行。一些企业正在利用通过参加这样的交易场而改善企业的业务流程，另外一些则直接建立自己的交易场。

在交易型 B2B 市场之中，专有交易型 B2B 市场是一个比较重要的发展趋势，这种交易型 B2B 市场与开放式的交易型 B2B 市场不同的是，交易一方是所有者，一般是一个公司，交易的另外一方为公司的客户、供应商等。因此，专有交易型 B2B 市场是一种连接公司及其客户、供应商或这两者的特邀会员客户的网络平台。比如美国道化工公司(Dow Chemical)在 1999 年就建立了自己的专有交易型 B2B 市场 MyAccount@Dow。这个交易型 B2B 市场是与 BP、壳牌、科诺特、西方石油等共 14 家跨国石油石化公司联合成立的，每年物资采购总额达 1 250 亿美元，同时还可节省采购成本 5%～30%。它将公司的交易成本由每笔业务 50 美元～100 美元降到大约 1 美元左右。而这些结果是不可能通过伸展性差的 EDI 网络或者自己很难控制的开放式的交易型 B2B 市场取得的。

而在 B2B 电子商务的各种运行模式中，综合型 B2B 市场无疑是目前的绝对主力。在市场份额上牢牢占据着绝大部分的空间。同样是来自易观国际《B2B 市场综合年度报告》的数据显示，就包含在线业务和其强相关的线下业务的市场规模而言，阿里巴巴 B2B 业务交付价值为 5.2 亿元，市场份额为 41%；环球资源 B2B 业务交付价值为 3.74 亿元，市场份额为 30%；慧聪的 B2B 业务交付价值为 1.62 亿元，市场份额为 13%；海虹医药网的 B2B 业务交付价值为 0.64 亿元，市场份额为 5%；中国化工网的 B2B 业务交付价值为 0.28 亿元，市场份额为 2%；其他厂商收入为 1.12 亿元，市场份额为 9%。就单纯的在线 B2B 业务而言，2005 年的市场规模为 9.82 亿元，其中业务交付价值方面，阿里巴巴为 5.2 亿元，市场份额为 53%；环球资源为 2.1 亿元，市场份额为 21%；慧聪为 0.78 亿元，市场份额为 8%；其他厂商业务交付价值为 1.74 亿元，市场份额为 18%。仅阿里巴巴、慧聪与环球资源这三家最有代表性的综合型 B2B 市场网站就占据了全部市场份额的将近九成。但与此同时，不能忽视的是，垂直型 B2B 市场如中国化工网、海虹医药网等也有相对较高的市场份额。这说明各种模式的 B2B 电子市场在现阶段都还有着一定的发展空间。而在未来究竟是由综合型 B2B 市场一统天下还是各种模式共同发展,也只有市场才能最终给出一个答案。

参考文献:

[1] 马宏丽,于群行. B2B 网络营销研究综述[J]. 商业时代,2008(13):81-82.

[2] Steven Kaplan, Mohanbir Sawhney. B2B E-Commerce Hubs: Towards a Taxonomy of Business Models, 1999.

[3] 荆林波. 关于 BTOB 商业模式的比较研究[J]. 中国军转民,2000(10).

[4] 阿瑟·斯加利,威廉·伍兹. B2B 交易场—电子商务第三次浪潮[M]. 北京:现代出版社,2001.

[5] 郑适著. 中国 B2B 电子商务的发展与障碍[M]. 北京:中国经济出版社,2010(1):78-90.

[6] [美]菲利普·科特勒,[德]弗沃德. B2B 品牌管理[M]. 上海:格致出版社,2008(1):4-7.

问题思考

1. 你如何看待 B2B 市场及其现状,试举例说明?

2. B2B 营销传播应考虑的因素有哪些,试举例说明?

3. 世界著名的服装纤维品牌"莱卡"的成功几乎就是"Intel Inside"方式在另一行业的翻版。请收集资料,分析"莱卡"与"Intel Inside"的异同。

4. 假设你现在是思考的决策者,请用 SWOT 分析工具对目前的思科做一个简单的分析。并设想一下未来思科可能的战略方向。

5. 简述华为 B2B 品牌转化 B2C 品牌的策略。

6. 试简评固安捷作为 B2B 平台的搜索营销策略。

第九章

植入式广告策略

理论阐述

一、植入式广告

植入式广告是指将产品或品牌信息在各种娱乐项目及非商业沟通领域中的策略性展示。植入式广告英文表述一般有三个词汇：Product Placement，Branded Entertainment，Branded Content。Product Placement 最早使用，直译是产品植入，即将产品作为背景、道具或情景在电影、电视等娱乐项目或节目之中，又翻译为植入性广告或隐性广告。Branded Entertainment 和 Branded Content 是近年使用频繁的词汇，直译分别是"品牌娱乐化"和"品牌内容化"。Branded Entertainment 和 Branded Content 语汇首先体现了企业品牌化运作的现实，在植入的内容上更多的是品牌信息的植入而不再停留在产品层面；其次揭示了植入介质的突破，不再局限于电影、电视，各种新兴的娱乐项目和娱乐方式，比如视频游戏、娱乐活动，以及一切信息内容呈现形式都可以成为品牌信息植入的对象，比如博客。

二、植入类型

植入广告可以按照"植入手法"和"植入程度"两个方向来划分，按照这两个方向划分，可以包括植入广告的大部分分类方式，统括不同形式的表现类型。植入手法主要包括：道具植入、台词植入、剧情植入、场景植入、音效植入、题材植入、文化植入等。按照植入程度划分可以分为以下几类：

（1）浅层次植入。包括前景植入和后景植入，产品放置画面前景或背景中较显著位置，产品包装和品牌商标可识别，但产品或品牌标识孤立呈现，曝光时间短暂。浅层次植入重点是产品的摆放和招贴画的张贴，与剧情发展没有联系，不推动剧情的发展,不是镜头视觉的焦点,对观众的吸引力不强,记忆度不高。

(2)中层次植入。主要是演员使用,在剧情表演中,将产品或产品包装作为剧中人物使用的道具来吸引注意力,产品的独特卖点材料及品牌/企业的广告牌处于画面中央并聚焦体现。为剧中人物安排、设计情节,演示产品的用途,或在剧中人物的对白中,提及品牌/产品/服务的名称,通过台词、行动暗示与烘托产品特点。其特征是品牌或商品位于镜头焦点位置,画面停留时间较长,但与情节、人物性格、剧情发展没有关联。

(3)深层次植入。主要指的是剧情置入和人物性格置入:产品与剧情及剧中主要角色特征(性格、身份、日常事务……)的巧妙结合,为产品或品牌设计的剧情桥段成为故事发展的重要环节,或者产品是影片发展中的重要道具或线索,让受众深刻感知到产品的使用特点以及品牌的精神内涵。其特征是是上述植入方式的综合体,品牌或产品的充足曝光,产品演示及台词的烘托。同时,最重要的是品牌已经融入全部剧情。受众随着剧情的发展,人物命运的起伏,不断对品牌或商品加深印象。

三、植入流程

植入式广告在实际的操作流程中一般有 5 个步骤:

第一步剧本分析。主要从以下几个方面来着手:①分析该剧本的目标受众,如《皇家赌场》和《玩具总动员》的目标受众完全不同;②对于导演、制片人及起用的主要演员进行了解,估计该剧本是否可以顺利完成、发行日期、范围及受众规模;③明确该剧本所涉及的内容是否合法;④明确制片方是否具有广告植入的资格,是否有契约。

第二步阐述植入的创意关注点。通过剧本的分析和解读,理出剧本中关键植入点并进行初步的植入创意。

第三步开发客户。根据影片的内容和目标受众,客户也要分首席赞助、主要赞助、一般赞助等几个层次,最后确定潜在客户的名单,并与之联系。客户开发要坚持在同一行业中独家植入原则和客户控制原则,即产品或品牌植入不宜过度。

第四步宣传推广的考量。主要从两个方面考虑,一方面是制片方,即影片、电视节目或游戏等的推广宣传;另一方面是植入方,即企业,如何运用植入影片及其人物来更好地宣传推广其产品和品牌。策划一些宣传项目将影片宣传与企业的产品或品牌宣传推广结合在一起,由企业来承担费用,制片方则让演员参加。

第五步植入执行中的协调。植入式广告运作是一个繁复的过程,代理公司要做好制片、导演等内容制作方与产品、品牌植入方的协调工作。在保证影片质量的前提下,充分满足企业方的要求。

　　除了以上5个步骤,植入式广告跟其他的项目运作一样,必须签订合同,尤其对于内容版权和商标的使用要进行约定。比如欧米茄作为007电影的赞助商,除了对于欧米茄在电影中暴露的时间、情景要在合同中有所规定外,对于电影中的邦德形象等影片的片断运用于商业宣传中,以及制片在宣传影片时或品牌植入电影过程中,双方对于电影版权的使用和商标权的使用都要有所约定。

实例分析

360度整合,定制植入
——湖南卫视自制剧《丑女无敌》的整合植入模式

一、自制剧的营销策略

　　电视剧的拍摄、制作需要大量的经济支持,如果没有一定的收益,电视剧的再生产将受到阻碍。一般情况下,电视媒体产品的消费者购买的是产品的使用权,不是所有权。所以,随着消费者的增加,电视媒体产品的边际成本迅速下降,利润上升。因此,电视剧的消费者越多,电视剧的利润也就越大。湖南卫视自制剧的营销策略便是争取到更多的自制剧消费者,实现自制剧的盈利。

　　自制剧针对的消费者有两个层面:一是面向广告客户;二是面向普通观众。自制剧对于广告客户而言,更像是一个搭载广告的平台,支付一定的费用,通过该平台实现对普通观众的广告效果。在湖南卫视《丑女无敌》等一系列自制剧与观众见面之时,其营销策略主要是针对广告客户的植入式广告策略以及相应的整合营销。

二、360度整合式植入式广告方案

《丑女无敌》植入广告和湖南卫视传播资源的黄金组合,这是一次植入式广告在中国的全方位实践。不仅是战术上的传播工具,而且这是360度"整合传播"模式的又一次创新和突破。《丑女无敌》是一个品牌传播的核心事件,其核心要点如下:

(1)事件:超长篇电视剧。卖点:由"丑"变"美"。特点:时尚明快、亲和互动。

(2)对象:全人群。精英(白领):看"自己";青少年:看未来;大众:看热闹。

(3)操作:资源整合,主题传播。线上:本身及社会传播资源+客户资源;线下:拍摄进程+客户公关活动。

为客户量身订做了整合营销式的植入式广告方案,使得《丑女无敌》成为企业推广品牌理念和产品的专用平台,这种解决方案的核心就是围绕植入式广告,密切结合剧情设计线下活动,甚至把线上、线下完全打通。实际上,植入式广告赞助效果的充分实现也确实离不开企业结合剧情而设计的公关活动,离不开企业围绕这种赞助形式,通过精心策划的具有鲜明主题,能够引起轰动效应的,具有强烈新闻价值的一个单一的或是系列性组合的营销活动,达到更有效的品牌传播和促进销售的目的;它不但是集广告、促销、公关、推广等于一体的营销手段,更是一项高强度、高密度的综合性整合营销行为。

其次,这种独特的赞助形式由于融合了湖南卫视超强的360度传播,构成了《丑女无敌》品牌成功的重要保障,成为2008年国内电视界、娱乐界的热门事件,从而引发广泛关注。360度传播是湖南卫视对重点项目进行全方位营销的一个工具,通过最大化地运用湖南卫视的影响力,来加强与湖南卫视核心受众群的情感沟通。

1.《丑女无敌》主题传播策略

(1)核心资源:"丑女无敌"事件。

(2)传播资源:《丑女无敌》植入广告;湖南卫视频道冠名、特约宣传片、硬广、其他品牌栏目、活动打通,全线操作;由湖南卫视外宣整合发动的"2次传播";客户配套的传播资源+双方的公关活动。

(3)话题资源:由《丑》剧引发的直接话题;原始话题衍生的社会性话题。

2.植入方式

(1)理念植入:以电视剧的主题、内涵主张客户品牌理念。

(2)故事植入:以故事情节为诉求,表达客户品牌主张、产品功能。

（3）明星植入：以演员气质、态度、生活方式代言客户品牌地位、产品品质。

（4）道具植入：以剧中道具展示客户品牌 LOGO、产品性能。

（5）互动植入：《丑》剧有个重要前提：电视剧栏目化——边拍边播、边播边拍，这给企业的公关活动留下灵活的操作空间。"互动植入"这里是指随着企业在拍摄、推广过程中的动态，可以即时地将传播需求植入剧本或公关活动之中。譬如：①企业当前正在设计、制作 CF，剧组可以实时、实地拍摄"真实现场"，经艺术处理后播出；②《丑》剧大结局为长达 3 小时的直播晚会版，企业可用来作为公关、促销资源；③拍摄期间，演员可亲临企业组织的公关活动；④其他。

3. 植入表现

（1）拍摄背景：产品作为背景体现，产品 LOGO 在或不在镜头焦点。

（2）拍摄前景：产品放置显著位置，产品的包装和商标可识别。

（3）道具：在表演中，剧中人物利用产品或产品包装等来吸引注意力。例如：演员拿着手机打电话，并能清晰看到手机 LOGO 或品牌聚焦体现。

（4）明显标示：产品/品牌/公司的广告牌或独特卖点材料体现在镜头中或聚焦体现。

（5）产品演示：镜头里演员演示产品真正的用途。例如：使用一个 MP3 电话或使用手机拍照。

（6）口头提示：剧中角色提及产品/服务/公司的名称。例如："这是 LG 新款手机吗？"

（7）口头赞美：在剧中角色提到产品/服务/公司的名称，并用行动及语言暗示烘托。例如："真幸运我有 MP3 手机！"

（8）情节植入：剧情涉及产品，产品是一段情节的中心。例如：剧中人物选购手机，要在母亲节送给妈妈。

（9）故事植入：集中体现产品/商店/公司/服务或以其为故事线的主要元素。例如：情人节，男主角买了一部新手机送给他的未婚妻，但却阴差阳错送到了别的女孩手中，由此引发的一段故事。

（10）人物性格植入：产品/商店/公司/服务连接角色特征、性格、日常事物。例如：根据男主角的个性专门为其配备一台手机，巧妙地使其成为该款手机在剧中的"代言人"。

4. 取费方式

理念植入：以贴合程度而定。

故事植入：综合结合程度、曝光频次而定。

明星植入：以演员级别（主、次、配）而定。

道具植入：根据曝光长度、频次而定。

互动植入：具体讨论，个案细化。

5. 评估/运作

（1）给客户量化的定价规则和业绩考核。采用国际先进的 ESP Radiuss 评估方法，计算媒体价值和植入式广告定价；定价保证基准回报率为 120%，相对于硬广告折扣率可达 60% 或更高；采用同样方法进行业绩考核，确保客户利益；合同中规定以收视率为基准的"回报率"，不达到则按比例退还客户费用。

（2）透明化运作，让客户放心。只接受品牌定位契合的客户，绝不"忽悠"；建议客户成立专项小组与执行团队对接；专人进驻拍摄现场和后期现场，保证客户产品植入的实现；从剧本阶段就保证客户参与，一直到宣传和播出，全程向客户开放。

6. 资源捆绑

（1）冠名/特约（频道宣传片、《丑》剧宣传片、开关板、标版）。

（2）时段广告、插播广告（硬广告）。

（3）常规节目：含品牌栏目、活动、特别节目等。

（4）辅助资源：所辖之网站、报章、新媒体、互动工具。

（5）线下资源：剧组发布会、探班、大结局晚会、明星促销。

7. 项目招商

（1）招商方向：

主要：汽车/手机/电脑/服装/奢侈品/日化用品（约 6 行业）。

其他：用于道具的家具、办公用品等。

（2）招商项目：

顶级赞助：最优级 1 家；

特约赞助：优先级 5 家；

一般赞助：多家。

三、广告植入表现

1. 场景植入

将商品或服务的品牌识别符号以及商品本身设置在剧集情景和场景当中。以《丑女无敌》为例，出现在该电视剧中的场景植入广告主要是联合利华旗下三大品牌——立顿奶茶、清扬洗发水、多芬沐浴露。这些品牌标识在剧中随处可见，包括公司大门、前台以及走廊和房间内的墙壁上，甚至是户外活动的广告牌。三大品牌的 logo、产品、包装，几乎是每隔几分钟，就拥有一次完美、显著的呈现。剧中广告公司的员工每天上班第一件事情就是拿着立顿黄色的茶杯去冲立顿奶茶；每当公司有客人拜访，公司秘书也必将给客户倒立顿奶茶；在拍摄家中场景的时候，剧中的裴娜和安茜都会穿上印有 Dove 字样的睡衣，时不时在镜头面前晃动。

2. 对白植入

在剧情发展中通过人物的对话，巧妙地将产品品牌植入其中。《丑女无敌》制作初期，就已经从拍摄创意方面考虑到了植入广告的需求，编剧将故事的发生发展设定在一家广告公司，而不是其他类型的公司。在剧情发展的过程中，身为广告公司就必然"因业务需要"而进行各种广告制作活动。此

时，植入式广告趁机进入，既合情合理，又容易被观众接受。在《丑女无敌》中，对白植入随处可见，多芬、清扬、立顿等主要赞助商的品牌名称经常能从主人公口中说出。每当有洗头画面的时候，演员就会拿出一瓶清扬洗发水说"我要用这个"。

3. 情节植入

某一品牌或者其商品和服务融入故事情节，使之成为推动故事情节向前发展的一个有机组成部分。《丑女无敌》的植入式广告最大的特点是深度的情节植入，不同于以往简单地将商品与主人公联系起来进行宣传。例如电影《手机》中出现的摩托罗拉手机，虽然增加了品牌形象的镜头，但是并未提升品牌价值，只是形象的再现。而《丑女无敌》是进一步将商品融入故事情节发展中。在剧中，

联合利华的植入式广告营销首先就设计了故事线整合,从剧情的安排来凸显品牌的理念。剧中的主要品牌多芬的品牌理念一直在于对女性美丽内涵的探寻,而《丑女无敌》的主题在于宣扬美丽来自于内心而并非外表,剧中林无敌虽然外表丑陋却心灵美好,她不虚伪,不慕虚荣,追求真实的自我,与多芬品牌的内涵相得益彰,由此立体化地表达了多芬的品牌理念。

4. 形象植入

指镜头对于产品形象和 LOGO 在画面中的清晰呈现。剧中人物每逢喝饮料必是立顿红茶或奶茶,带有立顿品牌 Logo 的水杯、包装盒频繁出现,并且每次出现镜头均会停留 2 秒左右,就是要让观众充分看清楚品牌;卫生间所有卫生用品均是多芬系列;凡是电脑,均是宏基品牌,包括主人公的笔记本电脑和所有的办公台式机;清扬洗发水的 LOGO 和代言人小 S 的形象处处可见;主人公林无敌频繁需要的滴眼液博士伦等等。凡是主人公或者剧中人物平时经常需要用到什么,广告就会出现在什么上,或者物品本身就是该广告宣传的产品。

四、广告植入效果反馈

CTR 利用自主开发的植入式广告评估模型 PVI 对《丑女无敌》前 5 集的植入式广告进行测算,得出了剧中植入式广告的曝光次数和折合的广告投入。与剧中的插播广告进行对比后,可以发现植入式广告不仅利用外部的收视优势,在资本投入上更具性价比。

首先,根据 CTR 市场研究媒介智讯部对《丑女无敌》的监测,前 5 集中 300 次的插播广告共投入 882 万元,平均每次的插播需要 2.94 万元。而 CTR 媒介智讯 PVI 模型计算得出植入式广告共有 204 次,折合广告投入为 61 万,平均每次 2 990 元。也就是说,同样的广告花费,植入式广告的曝光次数是插播广告的十倍。

其次,从投入与次数的吻合度来看,《丑女无敌》前 5 集植入式广告的曝光次数趋势与折合的广告投入趋势基本一致。而插播广告的吻合趋势表明,高投入不一定有同样的高频次曝光。例如,第 5 集的插播投入最高,但该集的插播次数却仅是第二位。总之,植入式广告是"有一说一",不会浪费任何的广告投入。

再次,植入式广告是超值的标版广告。CTR 市场研究媒介智讯部对《丑女无敌》1—5 集中多芬和立顿的植入式广告计算发现,多芬和立顿的曝光总时长分别为 184 秒和 165 秒,也就是说相当于 37 次和 33 次的 5 秒标版广告。而通常情况下,每集电视剧的仅有 4 次 5 秒标版广告。

　　——案例整合改编自:喻国明等著的《植入式广告　操作路线图——理论、实务、规制与效果测定》人民日报出版社,2012 年 4 月及《360 度品牌植入〈丑女无敌〉植入式广告整合营销全案》,刊登于《广告人》,2009 年 11 期

与内容本身天然融合
——佳能植入式广告运营模式

一、佳能植入原则

佳能(中国)在植入式广告运作时,主要委托第三方公关公司——北京电通作为植入式广告代理方,在植入形式上较为多元,如植入到影视剧内容中,植入到影视剧的片头或片尾,植入到 MV 中等;植入的基本原则是必须和内容有机结合,和内容本身天然融合;在对植入式广告的定价方面主要采取传统硬性广告中所能到达人群的数量多寡进行定价,即植入式广告在不同播出平台(院线、DVD 发售、电视台播出等)能够覆盖的人群数量。

二、《让子弹飞》的植入过程

硬性广告是没话题性的,植入广告是有话题性的。佳能公司认为植入式广告最大的优势是可以让大家自然地在剧情中接受品牌,盲目的植入会是一种反面的宣传,这和硬性广告是完全不一样的。

佳能在《让子弹飞》中对其 DV 产品的进行了植入,选择《让子弹飞》主要考虑姜文是大导演并且其口碑一直不错,本身的话题度很高,因此决定与姜文导演进行洽谈合作事情,讨论如何将佳能的产品非常自然地体现在影片之中,但因为是古代片,不可能强制植入,因此选择了片花的植入,因为姜文对摄影的要求很高,可以通过他使用佳能的 DV 来制造口碑,植入有很多方式,但佳能认为必须选择植入最为自然的方式。

北京电通和《让子弹飞》剧组一起签了相关合同,当然不可能完全按照合同100％执行,电通在中间随时进行沟通,第一时间将双方的意见反馈给对方,佳能公司和剧组在其中都是有所让步的,均是通过双方沟通来彼此达到合意的。

佳能和剧组一旦签订协议,双方就成了一个利益共同体,大家的目标也就一致了,都希望这个电影的票房火起来。虽然每一年、每半年或者每个季度,佳能都会投入一些硬性广告,但电视的硬性广告不见得就具有话题性,佳能希望就其产品产生一些话题性,他们觉得一般民众更容易接受的话题性就是娱乐或艺人的信息,一开始佳能就想和娱乐要素进行嫁接,但只是娱乐元素,无法很好地体现高画质、专业性,所以必须选定这么一个对画质要求极高的导演,姜文无疑是理想的人选。当时如果《让子弹飞》虽然是一个画面绚丽的影片,但导演不是姜文而是一般导演的话,佳能也许就不会考虑与剧组合作,因此佳能比较看中名人和影片本身共同可能产生的话题性。

北京电通在为客户考虑植入前一定会给客户一个合理的 KPI,KPI 有的是能够确确实实提供数据的,有些是经过推测和估算的数值,比如说,在合作之前,北京电通会根据导演的影响力以及他启用了哪些大腕明星,对于票房有一个基本预估值,从票房再折算出有多少人可能在影院看片子,这就相当于这部电影的影响人数总和,还有一个就是好的电影在上映之后,很快就会有 DVD 出来,DVD 的受众广度也会算做一个指标,好的电影在 CCTV6 也会播出,这个我们也会计算出相应的收视预估人数提供给客户。佳能当初在和片方合作时还进行了一个立体的、多方位的合作,在网络上也做了好多的合作,像片花是导演方全部用佳能的专业摄影机拍的,并且剪辑了好多版的影片花絮作为前期的预热,这里面都有佳能的信息和 Logo 在里面,对这些片花和花絮的点击量北京电通也会有一个推算,上线之后,北京电通也会定期给客户一个实际数据的报告。在后期,即使取得超过预期的效果,佳能也无需再向北京电通支付更多的费用,因为之前双方都是协商好的,费用后期是不会再有所浮动的。

三、植入式广告的价格问题

北京电通目前正在考虑建立植入式广告价格指标体系,非常希望做出来一个标准。但不确定因素实在太多,北京电通会和客户在拍摄之前在合同里面有详细的说明,如在脚本里面,是男主人公还是女主人公使用这个产品,在什么情况下怎么使用产品,露出的时长是多少等,会详细到这个程度。

一般行业里面会有一个大致的价格,比如说《非诚勿扰》中植入了斯巴鲁的车,与斯巴鲁的合作上百万,拍摄《非 2》的时候也基于这个标准,再根据不同的客户定价。很少有哪个影片是因为没有植入式广告的收入而拍不下去的,从这个意义上讲,植入式广告相对原本的制作成本只是额外的收入。至于北京电通收取的植入式广告代理和服务费是通过合同来体现的,暂时没有统一标准。

在佳能的广告投放计划中,硬广告的比重是确定的,有一部分预算是比较灵活的,用于安排植入式广告等多种营销手段,整体预算比重比较灵活。

四、张靓颖的 MV 植入案例:打包植入模式

张靓颖的 MV 中植入了佳能的产品,当初做 MV 的时候,佳能给北京电通要求之一就是植入得一定要自然,不要生硬地加进去。这个 MV 的导演是一位台湾导演,他设置的是一个人在纽约、另一个人在北京的异地恋场景,他们把自

己身边每一天发生的事情用 DV 拍摄下来,互相传递,这样的话,虽然 hgo 的直接露出会少一些,但可以把品牌记住,相当于深度植入。拍 MV 和拍电视广告是有很大的不同,拍电视广告的话,每一帧、每一个电视镜头都要手绘,然后有什么样的旁白、音乐,都是要给客户确认的,MV 最重要的还是音乐,要考虑怎样把视觉的东西传达出去,但是脚本一定要有,MV 要演绎什么样的故事,要考虑故事和客户打算宣传的主题之间是不是吻合。

在拍摄过程中,佳能十分相信导演,认为他是专业人士,在拍摄之前只是给他们一个方向,让他们想着如何去植入,编辑完之后让佳能看,佳能觉得是多了还是少了,再和他们提相应的意见。比如在这个 MV 中,张靓颖在按 DV 的时候,就会出现红心这样一个可爱的标志,这就是佳能的一个要求,这个细节不单单是植入,而是想在植入的过程中体现产品的性能,只要一个镜头,因为这个功能是佳能独有的,所以有这样的要求。做这样的植入的话,大家可能会对 DV 感兴趣,觉得现在的 DV 可以加一个心形的图标,可以引起话题,并且可以直接促进销售,这是很必要的。整个 MV 中的画面是按照 DV 拍摄的画面,所以上面加的心型实际上就是用 DV 拍摄的时候,呈现的秒数、录像的标志、电池的长度,这些也都是佳能的要求。

在推这个 MV 之前,北京电通是有一套完整的宣传策略的,在这之前北京电通会和艺人方进行很多次协商,确定一个共同的宣传方案,在这段期间,由谁来主推哪些媒体才能产生最大的效果,也属于协商的范围,甚至包括很多具体的细节,比如张靓颖生日那天在微博上宣布会制作这首 MV,张靓颖刚好在 10 月过生日,在过生日的时候,她开了一个新闻发布会,在发布会宣布在 11 月 26 日开个人演唱会并提及和佳能合作。

整个 MV 的植入价格是打包的,包括植入广告本身、赠送给佳能产品购买者演唱会入场券等一系列的费用,没有具体进行划分。

佳能对欲植入的影视剧会要求提前了解,对打算植入很多品牌的影视剧一般不会考虑,因为如果一个剧里面有很多植入的话,观众会反感的。

——案例来自:喻国明,丁汉青,李彪等著,《植入式广告　操作路线图——理论、实务、规制与效果测定》,人民日报出版社,2012 年 4 月,第 176－179 页

回家是最好的礼物

——"京东"植入式公益营销

一、背景及目标

2014 年,许多企业对经济转型期中的第三次品牌提升压力更加敏感。如何迅速找到突破口,打造独特的竞争优势? 如何打造既适应于社会又促进自身良性发展的强大品牌力? 如何处理好企业的社会公共关系? 一系列问题一直困扰着深处转型期的中国企业。

2014 年春节,中视金桥公益品牌运营中心为电商京东打造的第一支走上央视的公益广告《回家是最好礼物之孝道篇》,让人们眼前一亮,也让人们重新认识到企业与公益相融合的新商业传播模式。

营销目标:这一次中视金桥公益品牌运营中心带给大家的公益广告旨在用公益传播的力量,将企业对品牌增值的诉求与社会对公众福祉的关注相结合,全方位锻造企业品牌的公益内涵。

二、策略与创意

《回家是最好礼物之孝道篇》公益短片是京东春节品牌传播档期的一环,春节回家团圆是中国人亘古不变的文化传统。中视金桥公益品牌中心抓住中国观众这一特有的心理情结,选择"回家"作为该片的故事主线。

短片中,三次清脆的门铃声与老人急切的开门画面结合,于是这家人对儿女回家团圆的期盼。消费者在春节期间收看短片时,自然而然地与亲身经历相关联。"回家"的故事主线引起了消费者的情感共鸣。

从春天到冬天,一次次门铃响过,老人一次次期盼落空,但都是京东快递员阳光贴心的形象陪伴左右。情节之一不断暗示消费者,当在外忙碌的人们无暇回家探望父母时,京东无论寒暑都时刻准备着将儿女对父母的爱"快递"到家。此时消费者因"回家"话题引发的情感共鸣在潜移默化中移情到京东的品牌中。消费者对京东品牌的认可也随之增长。

无论是商业化的公益广告还是公益化的商业广告,公益主题始终是传播的核心。其传播性来源于社会普遍存在的趋善心理。当品牌植入与公益主题升华至同一层次时,植入式的公益营销才能避免品牌在消费者心中留下说教与违和的印象,真正做到将"话说到消费者的心坎儿上"。

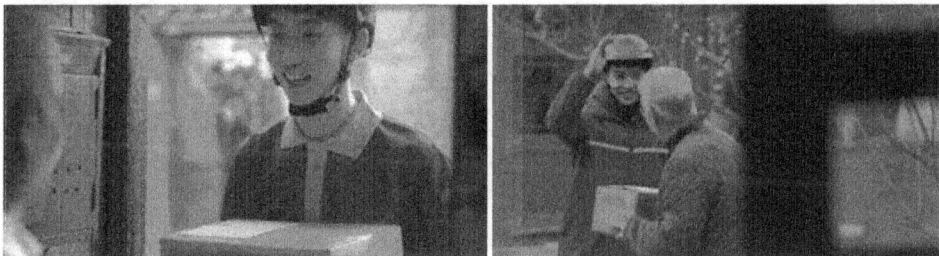

短片中,口播台词"爸爸电话里常说他身体很好,不用惦记他"与"我也以为多寄东西,他就会很高兴"暗示现代都市生活中,人们在平衡家庭与工作时所处的两难境地:父母既期盼儿女回家,又担心影响儿女的工作生活;忙于工作的儿女无法在精神层面付出爱的回应,往往选择物质回报的方式弥补自身在家庭生活中的角色缺失感。中视金桥公益品牌运营中心在短片制作过程中的这一设计,充分发掘京东主要消费群体的都市心理特征,在细微处令消费者共同身受。

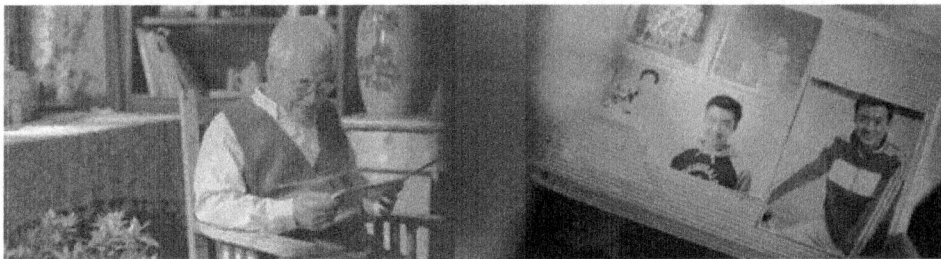

当第三次门铃响起后,随着一声对父亲的呼唤,老人在新年的风雪中见到了期盼已久的儿子,此时口播台词"看到老人开心的笑容,我才知道回家才是给父母最好的礼物"使得京东的品牌理念与公益精神一同得到了

升华。京东商城所传播的公益精神理念——关爱不仅是物质层面的给予,更是儿女和父母的陪伴,道出了无数都市人心中的渴望。

从一种无奈到一种渴望,短片通过细腻的情感分层,将京东的商业理念与家庭关爱的公益主题融为一体。这使得京东从"传递爱的礼物"到"将儿女带回家"、从物质到精神的升华,即超出消费者对京东电商品牌的期待,又从未远离消费者的切身体验。

三、执行过程

通过传统媒体以及视频平台推广京东公益广告片"回家才是给父母最好的礼物之快递篇",在春节期间造成了很大的影响力,提升京东的品牌形象。京东的回家才是给父母最好的礼物之快递篇公益广告片在优酷、腾讯视频、土豆、乐视、56 等主流视频网站总点击量为 700 万次。在央视 13 个频道播放频次达到2 180万次,并且还在持续播放。

四、营销效果与市场反馈

《回家最好礼物之孝道快递篇》以父亲对儿子深沉的爱为主线感动了无数受众。有观众认为,令该故事鲜活、生动、朴实、真挚,非常接地气。这个公益广告从 2014 年春节一直到今天还在央视播放,由此可见它的影响力是多么的非同凡响。

时效性是品牌植入公益的关键。具有时效性的公益广告跟随社会舆论的焦点,在消费者最关心的时事中传播公益思想,将消费者对公益时事的关注移向对品牌内涵的关注。《回家是最好礼物之孝道篇》公益短片是京东春节品牌传播档期中的一环。春节回家团圆是中国人亘古不变的文化传统。中视金桥公益品牌运营中心抓住中国观众这一特有的心理情结,选择"回家"作为该片的故事主线。短片中,三次清脆的门铃声与老人急切的开门画面相结合,喻示着家人对儿女回家团圆的期盼。消费者在春节期间收看短片时,自然而然地与亲身经历相关联。"回家"的故事主线引起了消费者的情感共鸣。

从春天到冬天,一次次门铃响过,老人一次次期盼落空,但都有京东快递员阳光贴心的形象陪伴左右。这一情节不断暗示消费者,当在外忙碌的人们无暇回家探望父母时,京东无论寒暑都时刻准备着将儿女对父母的爱"快递"到家。此时消费者因"回家"话题引发的情感共鸣在潜移默化中移情到京东的品牌中。消费者对京东品牌的认可也随之增长。

——案例来自:《"京东"植入式公益营销》,发布于金鼠标大赛官方网站,执行时间:2014.01.15—2014.03.15　http://www.goldenmouse.cn/html/case/anlilei/shipinyingxiaolei/shipinguanggao/2015/0209/2186.html

所见即能所买

——《何以笙箫默》边看边买植入营销新变革

一、背景及目标

当下,饰品、服装、家居、化妆品等行业竞争异常激烈,想要从众多品牌中脱颖而出并不容易。所以必须要依托好的、新颖的、传播面广的大平台。从 2014 年中旬出现 T2O 概念,到 2015 年初的逐渐升温,东方卫视的开年大剧《何以笙箫默》中,实现了 T2O 模式首次被应用在电视剧中。佐卡伊、草木之心、富安娜等品牌根据《何以笙箫默》的主角形象,借助火热电视剧的趋势,在淘宝平台上推出了"剧中同款边看边买"等活动进行销售。

营销目标:通过与《何以笙箫默》为内容基础,以边看边买的新型营销模式,展开一系列的品牌营销,从而实现销量的增长。

二、策略与创意

在《何以笙箫默》热播剧中进行品牌内容植入的基础上,在合润的授权下,品牌推出了《何以笙箫默》"边买边看"活动。帮助品牌借助优质内容拉动粉丝经济,客户通过娱乐营销方式促进销量的增长。同时,借助品牌合作及文化内涵,提升电视剧作品的传播力度和观众认知度。电商平台实现了自己的销售话题的提升和销量的增长。联合东方卫视、淘宝两大平台,实现了平台渠道的互联。通过三方的合作实现 T2O 新的营销模式。

三、媒体表现

(1) 结合电视剧的播出,围绕"《何以笙箫默》边看边买"话题,通过各大网站、互动媒体发布大量宣传软文,在观众中引起广泛关注。传统模式中从"看"到"买"的过程较为复杂,部分潜在消费者从中间环节流失,但在最新 T2O 的商业模式之下,观众在观看的过程中只要通过扫取二维码或点击视频平台引流连接,即可通向品牌电商销售平台,以最快捷的方式完成了从"看"到"点"到"买"的消费行为。

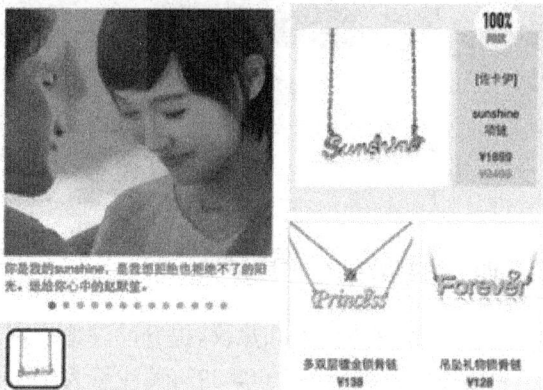

通过手机 App 扫取东方卫视台标,可以参与抽奖互动并直接进入同款产品的电商购买页面。

(2) 天猫首页焦点图,引发销售话题热议。

(3) 展开相关微博话题讨论,何以相关话题微博达 15 627 169,何以电视剧官方微博粉丝数 851 144,引发网友热议。

四、营销效果与市场反馈

(1) 引发网络搜索和热议,提升品牌形象,升华品牌内涵。百度搜索量 1 亿个;百度贴吧发帖数为 1 683 699;关注量为 124 082。《何以笙箫默》截至 1 月 22 日网络播放量为 32 562 万次。佐卡伊官方微博发起的话题微博♯sunshine 爱情七约♯实现了 8 087 万的阅读。大大地增加了品牌与粉丝之间的粘合度。富安娜官方微博发起的话题微博♯何以夫妇买床单♯实现了5 000的阅读量,提升品牌知名度。

(2)精选天猫首页优质入口,为品牌优化配置组合式推广资源,形成颇具视觉冲击力的效果,保障引流效果,提升品牌在天猫上的月销量。佐卡伊同款产品月销量858笔;富安娜同款产品月销量91笔;草木之心月同款产品销量11 838笔。

东方卫视和天猫达成了一项合作,在开年大剧《何以笙箫默》中,观众如果看上了剧中人物的饰品、衣服等商品,只需用天猫客户端扫一下东方卫视台标就能边看边买。这一模式被业内称作T2O模式(TV to Online),其实这并不是T2O模式首次出现在电视节目中,但的确是首次被应用在了电视剧中。

T2O模式之所以能够逐渐被电视媒体和电商平台所重视,归根结底是有助于弥补双方的不足之处,能够各取所需。对于电视台来说,近年来面临互联网的竞争,开机率下滑等不争的事实,广告份额和广告收入会受到一定程度的影响,而借助T2O模式,电视台可以将注意力直接转化为经济效益,在过去,电视台是一个宣传渠道,对与广告主而言,电视台和报纸、杂志、互联网一样都是渠道的一种,而现在不同的是,借助这种模式,电视台自己就可以生产广告内容,同时与广告主的角色位置也发生了一些变化,开始化被动为主动,变得更加强势,能够更好地实现商业价值的落地,这显然是电视台所希望看到的。而在未来,拥有优质节目资源的强势的电视台甚至可以打造自己的电商平台,在T2O模式的两端都实现自身垄断,为以后电视台进军电商领域做好了铺垫。

对于电商平台来说,电台无疑是一个强大的展示平台,同时通过节目形式的变化可以实现对不同产品的推广。除了服饰和美食这些比较典型的产品之外,旅游是一个新兴的热点。相对于"衣"和"食"这种生活必需品而言,单单在电商平台上,"行"是最不好展示给潜在客户的,而通过与电视台的合作,推出旅行节目或是明星真人秀节目,不仅有着强大影响力,并且通过电视台直观的展示能够最大程度的吸引观众的注意力,这无疑是推广旅游产品的最佳方式。

对于更多的广告主而言,T2O将广告和销售环节彻底打通,能够直接见到经济效益,并且借助电视节目的影响力实现自身产品关注度指数级的增长。

五、案例点评

派瑞威行副总裁王楠点评,认为该案例值得肯定,首先服饰品牌在如今的互联网的推广就是个普遍难题,此次佐卡伊、草木之心、富安娜将品牌植入年度大剧何以笙箫默,而互联网如何表现必将给到广告代理一个难题,在常规话题炒作、舆论引导、引发关注的常规手段下如何进一步发挥互联网作用,此次T2O将有哪些新颖的方式,此案例给出了一个大胆的方式,利用淘宝平台实现边看边卖,虽然此概念已经不是什么新鲜的玩意,但作为唯一一个将概念结合实际并执行到底,宣传品牌的同时促进了天猫店面销售,是值得肯定效仿的。

　　——案例来自:《〈何以笙箫默〉边看边买 T2O 新营销模式》,发布于网赢天下网,执行时间:2015. 01. 10—2015. 1. 27　http://www. 17emarketing. com/html/anli/2015/0528/3896. html

问题探讨

　　根据 PQ Media2007 年三月份公布的《2006—2010 年全球植入式广告预测报告》,2006 年全球植入式广告市场规模达 75 亿,其中付费的广告植入达 33.6 亿美元,较 2005 年增长 37.2%,相对 2006 年全球广告 6.1% 的增长比例,植入式广告近年来是一个迅速崛起的广告市场。而据 PQ Media 的报告,中国将是植入式广告增长最快的市场之一,预计 2007 年增长率为 34.5%。我们正从一个营销沟通的"打扰时代(age of interruption)",进入一个"植入"的时代(age of engagement)。

一、植入式广告的发展阶段

　　植入式广告并不是当代的新生事物,在各种戏剧、小说中已存在百年之久。但作为一种产业运作是在二战之后,其发展主要分三个阶段:

　　第一阶段为 20 世纪 20 年代至 70 年代末,是随意植入时代。无论是电影中的植入和电视剧或节目中的植入都缺乏从营销考量的策略性,同时对于植入定价也很随意,并没有一个植入式广告价值的评判标准,广告主对于植入效果也没有明确的要求。

　　第二阶段 20 世纪 80 年代初至 20 世纪末,植入式广告产业生成期。随着美国好莱坞电影业的发展,产品和品牌信息植入电影之中因作为好莱坞商业运作一个重要的部分而得到发展。随之,专门从事电影植入的广告代理公司应运而生,比如。经济全球化,使好莱坞的电影及其产业运作模式在全球扩散,从而广告的电影植入全球盛行,并影响到欧洲、拉美、亚洲乃至中国。

　　第三阶段 21 世纪至今,植入式广告发展暴发期。从 2000 年开始植入式广告,尤其在电视植入方面呈井喷式增长,2006 年达到一个高潮,增长率为37.2%,总收入为 33.6 亿美元,较之 1999 年 16.27 亿美元,7 年增长了一倍多。植入式广告近年来的迅猛发展,最直接的原因是数字刻录机(DVR)的盛行,以及媒体碎片化和网络及视频游戏的发展,使人们越来越远离作为花费广告金额最多的电视媒体。而对于某些产品,比如香烟、酒精度高的酒在电视等大众媒体中的广告禁令,致使厂商另辟蹊径,将产品或品牌植入其中。根据 PQ Media 的报告,1999 年全球植入式广告的总值为 16.27 亿,其中电影为 7.3 亿,电视为 7.09亿,其他包括杂志、报纸、视频游戏、因特网、录制的音乐、书和广播共为 1.87 亿。2004 年全球植入式广告收入总值为 34.58 亿,其中电视植入的比例上升到 54.3%,2006 年则是 71.4%,达 24 亿美元。电影尽管绝对金额在增长,为 8.85 亿美元,但所占比例在不断下降,2006 年为 26.4%,预计 2007 年将进一步下降。2007 年开始,植入式广告市场大幅度扩展的速度有所减缓,根据 PQ Media 的报告,预计今年植入式广告的总体收入增长率为 30%。但在今后几年中,除了电视和电影植入,其他的植入,比如网络的在线植入、视频游戏等将成为新一波的增长动力,预计其所占市场比例将会从目前的 2% 上升达到 30%,也就是,网络和视频游戏的植入式广告的发展,将带动新一轮植入式广告发展的高潮。

二、植入式广告的市场运作

作为市场运作或称产业运行,跟所有产业一样,植入式广告产业涉及产业链、交易机制和支持平台。植入式广告基本产业链主要由影视、视频游戏等各种内容制作公司、植入式广告代理公司、客户和调查公司组成。

1. 产业链

就内容制作产业而言,如电影、电视和视频游戏,随着其制作成本的不断提高和产业运营环境变化,比如随选电视(VOD)与数字录像机(DVR)等的普及化,手机电视的出现,观众的电视消费形态在发生根本性的变化,电视广告的收入正在大幅度减少,就电视而言,植入式广告在降低其制作成本同时,付费植入将成为其重要的收入来源。

作为产业链的运作核心,植入式广告代理商是连接广告主和内容制造商的纽带。其主要作用首先是为所代理的产品或品牌,寻找合适的植入介质和植入项目。代理商要跟电影制片商、电视节目制作人、游戏开发商,甚至各大媒体集团和媒体内容的策划团队保持联系,能在第一时间获得剧本、节目策划、游戏构思和栏目变动等信息,甚至要参与某些场景和情节的设计。其次植入式广告代理商的职能是降低品牌植入风险。这种风险主要来自两个方面,一是内容本身的传播力和影响力判断,比如电影票房、节目的收视率、游戏的发行量;其次是植入产品与品牌效果预测,尤其要防止由于植入不当可能引起的负面影响,比如影片格调、故事情节和人物性格与产品定位与品牌形象的冲突。原先的植入式广告的代理商往往因为与电影制作公司、导演、制片人有良好的个人关系而发现其中的商机而成立。随着产业规模的扩大,许多专业广告代理商,比如 WPP、奥姆尼康等广告集团等都进入这个服务领域,使植入式广告作为营销沟通工具的作用强化,植入的策略性加强。

广告主通过设立娱乐主管等职位来处理有关植入事项,有的还会在公司内部建立独立机构负责此事,如福特汽车公司建立自己的品牌娱乐公司,专门负责其品牌在电影中的植入。"由企业自身进行植入运作,往往能比较好地将植入式广告与其他营销沟通项目整合起来,传播效果更好。"福特公司的品牌娱乐营销经理这样认为,今后他们的工作还将扩展到电视植入的领域,目前这部分聘请广告代理公司来处理。但是更多企业将植入事务交给代理公司。

调查公司主要提供对植入式广告的价值评判和效果测定。随着广告主对植入式广告投入的加大,其对植入式广告价值和效果的评估要求越来越高。而大型调查公司和广告公司纷纷进入这一领域,各种植入式广告的定价和效果测定系统应运而生比如 AC Nielsen 与 Publicis 集团下属的 ZenithOptimedia 合作,以观众收视率制定了植入式广告的定价系统;大型调查公司进入植入式广告产业链,使产业链更趋完善的同时,也将提升整个产业的专业化水准。

2. 交易机制

植入式产业的产生与发展与好莱坞电影产业发展密切相关。最初的植入式广告代理公司与电影制片、导演、编剧有着非常好的个人关系,是一种纯粹的关系交易。代理商往往首先从制片、导演获得剧本,或者制片、导演为剧情所需,让代理商寻找赞助商,提供道具。其交易驱动是建立在代理商与内容制作方紧密的人际关系基础之上。而广告主或称赞助商,起初对植入式广告并不重视,对植入效果也没有明确的要求,因为与一般广告投入比较,植入式广告的费用相对少得多,有的仅仅是提供产品作为道具或背景。但是,随着媒介生态的变化,尤其是电视广告效果的不断下降,植入式广告越来越得到广告主的重视,产业规模迅猛增长。世界著名广告集团和调查公司的加入,促使整个产业链日趋完整的同时,交易驱动转向广告主,交易机制从关系交易转向合约交易,通过各种合同的规范以及植入式价值、效果的评估以及测定标准的确立,减少交易的随意性和效果的不确定性。代理商更多是从产品或品牌角度强调信息植入的策略性和营销沟通的整合效果。

3. 支持平台

一个市场要有效运行,除了产业链、交易机制的确立,还必须具有各种支持平台和系统,主要包括三个方面:信息交流平台、行业知识学习系统和法律环境。

信息交流平台就是行业内,相关产业链之间的信息交流的"积聚地",提高信息流通的效率,减少交易中的信息不对称,降低交易成本,因为信息分布的不均匀可以使一个市场的运作缺乏效率。在设计市场信息的交流平台时,行业协会往往起着很大的作用。行业协会和相关参与行业信息交流平台建设的公司,以网站、会议、行业展览,甚至创办行业杂志等形式,促进产业信息的流动。

产业知识的学习系统决定产业的发展潜力。美国植入式广告产业,及相关的娱乐产业和广告产业的发展,与其产业知识学习系统合理的构架,从而能确保产业保持强劲的创新能力和行业的系统学习能力密切相关。在产业学习系统架构往往涉及企业、行业协会、大学等研究机构。行业协会往往起到纽带作用,通过提供研究基金,让大学等研究机构参与对行业创新的研究和总结,再通过职业培训、会议研讨乃至行业杂志,使行业的创新知识得以在行业中传播。这样的产业知识学习系统架构,使大学学术研究和产业发展、产业知识创新与产业知识传播、学历教育与职业培训获得很好的平衡。

另一个支持性平台是有效的法律、法规等交易保障系统。在美国对于植入式广告到目前为止没有制定特别的法规,尽管 2005 年消费者团体"广告警示"(Commercial Alert)提出电视台应该在节目播出前后或之间提示植入式广告(Product Placement)行为的诉请,但被美国联邦贸易委员会驳回。尽管美国没有针对植入式广告的特殊法律法规,但植入式广告所涉产业链,其本身比如广告与营销、媒体传播、电影制作、网络传播等方面的法律法规是极其完备的。

三、数字媒介时代带来了"植入时代"

随着数字媒介时代的来临,就广告传播而言,媒介的碎片化和信息过剩是一个不争的事实,产品或品牌信息在这样的传播环境中要达到预期的传播效果,必须要整合运用其他的传播手段和方式,比如公关、直销、促销等,因此广告运作泛化为营销沟通,广告创意的核心地位发生动摇,沟通方式的选择与组合、媒介战略成为整合营销沟通运作链中核心的部分。

媒体、计算机、通信技术等的发展,信息获取和传播的成本较之以前大大降低,因此一定规模的广告信息的传播定制成为广告运作的新模式,主要步骤是:消费者或顾客数据库的建立,通过数据分析,判定顾客价值,确定沟通的目标群体,根据目标群体行为、生活形态等,设定接触方式、设计激励信息,通过测量顾客或称目标受众的行为,确定广告传播的效果,计算出广告投资回报。

情景媒介所具有的形态的非固定性、符号负载的双重性、编码与传播过程的交互性等特性决定了依附其上的产品、品牌的信息传播将颠覆以上三种广告运作的模式。植入式广告是内容或场景的融入,不需要广告信息的创意制作,也无需媒介战略选择,其运作的主要步骤是:内容选择或制作,包括电视节目、新闻栏目、电影、游戏、小说、软件、比赛等;产品或品牌信息的情景呈现;当然市场研究和传播效果的测定这两个环节也是必不可少,但是这两个环节的运作内涵已发生变化。市场研究,不再仅仅是研究广告目标受众的需求,还有媒介受众需求与企业需求。其效果研究也不再是仅仅是产品或品牌信息的记忆和好感以及由此产生的消费行为,而是对于产品或品牌在生活中符合意义的认同。从整个植入式广告的运作可以看到,其模式中被掏空了原有广告创意与媒介运用,其实质已不再是传统意义的广告而是一种新的沟通形式,它是将内容与产品或品牌信息合二为一,广告创意人员直接面对是内容创作,比如小说、电影中的情节等。植入式广告不同于产品或品牌信息的简单植入,它是需要通过对内容的创意,将产品或品牌信息展示在各种内容之中。这种传播形态不同于硬性广告、软性公关,同时又综合广告与公关特点,这将开启一个崭新的"植入时代"。

四、植入新探索

(1) 把广告做成游戏。据艾瑞咨询最新发布的《中国社交网络市场研究报告》显示,作为 SNS 网站一大特色的植入式广告,依托社交平台内丰富的应用和游戏,具备广阔的发挥空间。广告主可选择自主 App 接入形式,比如在 SNS 网站社区街道开店,点击后进入店铺(即广告主 App),例如麦当劳在虚拟社区开设店铺,用户点击后进入麦当劳专属 App,即可在麦当劳打工或就餐,获得相应的经验值和金钱,积累一定的经验值或金钱可兑换现实生活中麦当劳优惠券,并在麦当劳实体店就餐时使用,使用户获得实惠。同时网站用户还可以在麦当劳实体店就餐获得 SNS 网站积分,在虚拟社区中兑换为经验值或金钱。这样线上线下互动,把广告做成游戏、游戏做成广告,模糊广告与游戏的界限,使得广告形式更为多样有趣,并能使用户获得现实利益。

(2) 在移动终端中植入。在信息爆炸的今天,消费者的注意力成为了广告主抢夺的重要资源,随着消费者行为的转变,移动终端无疑成为了一块待开发的宝地。然而消费者对于轰炸式的广告信息早已麻木,拒绝广告似乎已成为一种习惯。对于传统旗帜广告、富媒体广告来说,消费者多半以"无视"或者选择浏览器自动过滤的方式来对待,主动点击广告的行为更是微乎其微。这时植入式广告不可比拟的隐蔽性及互动性成为了攻略移动终端的不二法宝。在移动终端植入广告主要通过 App 植入,常见的植入模式为开发一款受用户欢迎的 App,将产品或品牌信息融入 App 中,让用户免费下载,这样此类 App 成为了广告的专有平台,下载用户就成为了广告受众。比起传统"硬广告",这种植入式隐性广告受到大多数用户的认可。据调查,85%的用户会主动点击带有植入广告的相关功能,并对其内容留下较为深刻的印象。

(3) 立体体验植入,将消费者引到线下。传统影视剧植入的优势在于通过首轮、二轮、网络、重播,使其获得上亿受众,构成一个全方位、多明星、大时长的传播平台,使企业品牌获得极大的传播收益。但这种植入模式的不足在于内容简单,没有考虑产品本身与影视作品的相关度,许多隐性广告只是在影视剧中简单地出现产品信息,增加一次与观众见面的机会而已。此外,这种植入模式不能像传统广告那样详细介绍产品功能,只能以形象或标识宣传为主,要改善这种模式需要借力多平台的运作,打通各价值链条,借力各视频网站的新技术应用,实现植入广告的效果落地化,推动企业品牌从"引起消费者关注"到"促成消费行为"的营销目的,实现从传播到销售的立体化效果。在社交平台上,品牌企业的传播已经从简单的品牌曝光过渡到用户的深度参与和互动。通过植入活动,企业的产品得以全面展现,产品特点被贯穿到活动中的各个互动环节,使目标群体了解更多产品信息,并影响潜在消费者的购买行为。同时,通过线上完美的体验,使消费者产生线下实体体验的兴趣,通过网络平台引导,把线上人流引到线下,推动产品实际销售。

例如,百事公司与土豆网合作开展了"百事淘宝商城"活动,用户如果在百事公司上传的视频中,看到男女主角戴着帽子喝饮料,那么点击帽子或饮料就可以查看产品信息并可实现即时购买。土豆网所应用的视链技术,可以使用户在观看视频时,就可以直接点击视频中植入的产品进入电子商务购买流程,实现从视频观看到直接购买的流程创新。

参考文献:

[1] 薛敏芝. 植入式广告的国际运营及国内发展趋势[J]. 中国广告,2007(9):128-133.
[2] 薛敏芝. 经济全球化时代的植入式广告[J]. 中国广告,2005(6):56-58.
[3] 俞丽丽. SNS网站与游戏植入式广告双赢模式展望[J]. 今传媒,2010(10):43-44.
[4] 昌蕾,李晶. 网络游戏植入式广告的植入应用研究[J]. 新闻界,2010(5):133-134.
[5] 薛敏芝. 娱乐即媒介—体验经济时代媒介情景化及其对广告的影响[J]. 新闻界,2009(4):72-74.

问题思考

1. 在数字环境下,植入式广告有哪些类型,试举例说明?

2. 如何评估植入式广告效果?

3. 在App中植入广告,应考虑哪些因素? 相比其他载体,App的优势和劣势有哪些?

4. 试分析《丑女无敌》中植入式广告策略,并做简短评析。

5. 如何看待公益广告的商业化和商业广告的公益化? 京东案例中属于哪种形式?

6. 试评价《何以笙箫默》中的T2O模式?

第十章

病毒营销策略

理论阐述

一、病毒营销

Viral Marketing(病毒营销)这一词汇于 1997 年由 Draper Fisher Jurvetson (DFJ)公司的 Steve Jurvetson 和 Tim Draper 创造。所谓病毒营销究其实质是一种信息传递战略,即任何刺激个体将营销信息向他人传递、为信息的爆炸和影响的指数级增长创造潜力的方式。这种信息传递方式如同病毒扩散,将数字化的信息进行快速复制传向数以千计、数以百万计的受众。美国著名的电子商务顾问拉夫·威尔森博士将一个有效的病毒营销战略归纳为六项基本要素,即提供有价值的产品和服务;提供无须努力的向他人传递信息的方式;信息传递大范围扩散的可能性;利用公众的积极性行为;利用现有的通信网络;利用别人的资源。一个病毒营销战略不一定要包含所有的要素。但是,包含的要素越多,营销效果可能越好。

病毒营销核心在于找到营销的引爆点,如何找到既迎合目标用户口味又能正面宣传企业的话题是关键,而营销技巧的核心在于如何打动消费者,让企业的产品或品牌深入消费者,让消费者认识品牌、了解品牌、信任品牌到最后的依赖品牌。病毒营销是网络营销方式中性价比最高的方式之一,深入挖掘产品卖点,制造适合网络传播的舆论话题。

二、病毒营销步骤

第一步,"病毒"的制造,即你所提供的产品或服务及其信息的设计,要具有传染性。信息要具有传染性,信息必须有趣,有价值、简单而易于传递。所谓有趣,即信息要具有娱乐性。所谓价值,就是在信息中必须展示产品、服务或信息本身给消费者带来的利益。所谓简单而易于传递，是指信息设计要简单，容量不能太大，以免给信息传输带来不便。总之，"病毒"往往会产生免疫，因此，"病毒"必须时时创新，才能产生传播的雪球效应。

第二步，选择传播路径。目前网络中的信息传播路径有邮件列表、网络日志、新闻组、即时通信、免费 e-mail、个人主页、BBS 等等。传播路径随着数字化及其传播技术的发展将有不断的创新。数字信息传播系统（它不应只局限于因特网）具有巨大的社群积聚能力。无论是邮件列表还是 BBS 或是其他的传播路径，其本质是一种群体聚集的方式。

第三步，病毒发布。首先要对信息源进行相应的配置。当然病毒发布跟其他传播方式中的信息发布，比如广告一样，也要注意发布的时机。病毒发布时机的选择必须充分考虑受众的需求和数字化的信息传播环境，以及与其他营销方式的协调。爱虫病毒发布于 2002 年的 5 月 4 日，它能在短短两小时传遍全球，与接下来就是一年一度的母亲节紧密相关。

第四步，从兴趣尝试到消费转移，病毒营销的效果转换。病毒营销的传播效果很难测量，100 万注册用户，可能是其传播效果的一种呈现形式，但并不代表什么价值，只有将其用某一种形式转移，才能实现其价值。因此病毒营销成败，除了能赚取眼球外，关键的一步是进行效果转换。

三、病毒运作模式

莫尔（Robert E. Moore）总结了病毒运作的两大模式，即根据消费者在营销过程中涉入的程度，分为低涉入病毒营销和高涉入病毒营销。

一是低涉入病毒营销，主要是指企业在进行病毒营销策划时，只是要求用户或潜在用户将信息通过传递给自己的朋友，通过朋友再传递给朋友，这样通过数字网络的口口传播，将信息扩散开来。这跟传统口碑传播类似，只是在信息最后多了一个指向病毒营销发动者所设定网站的链接。

二是高涉入病毒营销，是营销策划者要求用户在信息传递信息的同时，能更积极地反馈信息，不仅进入设定的网站进行浏览和下载，而且要加入企业开辟的网络空间，交换信息，参与讨论，对于产品或服务提出意见和建议等。

目前大多数病毒营销是低涉入的病毒营销，高涉入的病毒营销尽管能使用户更深入地参与到企业营销活动之中，但因缺乏有效的控制机制，实施比较困难。当然也并非没有，E-BAY 网上的买家和卖家的相互评价，AMAZON 上读者的书评，就是典型的高涉入病毒营销。

实例分析

名人们的湿身狂欢
——"冰桶挑战"的公益病毒营销

一、背景介绍

2014 年夏天,一场名为"冰桶挑战"的公益游戏从美国发端,并迅速席卷全球。"冰桶挑战"的规则是:参与者在网络上发布自己被冰水浇遍全身的视频内容,然后该参与者便可以点名邀请三人来参与这一活动。活动规定,被邀请者要么在 24 小时内接受挑战,要么就选择为对抗"肌萎缩侧索硬化症"捐出 100 美元,或两者都做,完成后还可指定 3 名挑战者。通过视频分享、点名邀请、名人参与等分享与传播机制,"冰桶挑战"活动实现了呼唤社会大众关怀肌萎缩侧索硬化症(即"渐冻人症")患者的公益目的。

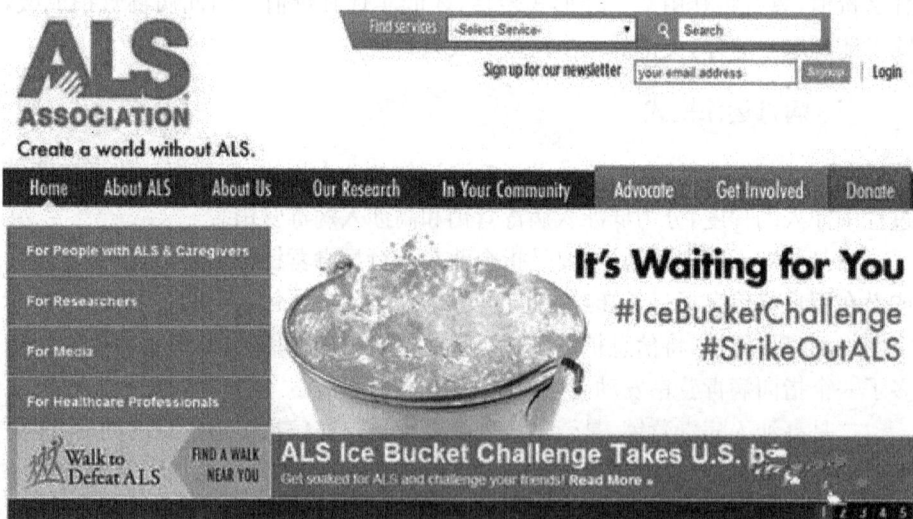

二、名人界的狂欢

冰桶挑战在社交网络的火热让 ALS 协会筹集到了意想不到的善款数量,据美国雅虎体育报道,从 7 月 29 日到 8 月 12 日,ALS 协会的总部共收到 230 万美元的捐款,而去年同期他们收到的捐赠只有 25 000 美元。算上协会分支机构收到的捐赠,ALS 方面预计两周将收到捐款 400 万美元,而去年他们收到的捐款是 110 万美元。美国《时代》杂志报道说,在过去的一周至少新增 15 万人参与了活动。脸谱方面透露,超过 120 万人发布有关冰桶挑战的视频,还有 1 500 万人参与这个话题的讨论。

让冰桶挑战开始逐渐受到外界关注的是原美国波士顿学院棒球队的明星队长皮特·弗拉茨,他的职业生涯在 2012 年戛然而止了,当时只有 27 岁的皮特被诊断出患有 ALS。原来健壮无比的皮特现在已经完全瘫痪,而且失去了语言能力。已结婚,将在下月迎来自己第一个孩子的皮特,现在只能靠一根管子维持生命。上月,皮特受到了来自美国 ALS 协会的邀请,为了替同病相怜者募集善款,皮特毅然接受了这一任务,在上月 29 日成了第一位冰桶挑战者。皮特的这一举动,在当地引起了不小的轰动。

皮特的父母和亲人更是号召了 200 个挑战者,在波士顿的考普利广场,大家齐刷刷地举起冰水,把自己从头到脚浇了个透。"这个病症一般很少在 30 岁以下的人身上出现,皮特却不幸得了这个病。"皮特的父亲约翰说,"所以当 ALS 症协会发出这个邀请时,皮特欣然答应,他希望用他的行动,让更多人了解这个病症,知道得病人的痛苦。"如今,无数名人和普通人相继加入到冰桶挑战中来,用自己的行动唤起外界对于"渐冻人症"患者的关注。

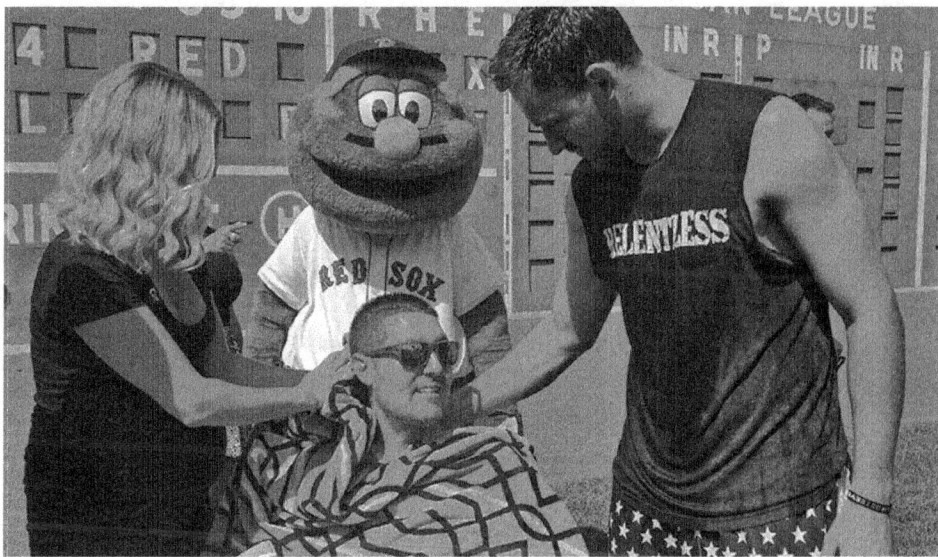

微软的比尔盖茨、Facebook 的扎克伯格跟桑德博格、亚马逊的贝索斯、苹果的库克全都不惜湿身入镜,体育界的史蒂夫·格里森、美国男篮梦之队全体球员、勒布朗·詹姆斯、科比·布莱恩特、库里、C·罗纳尔多等,演艺界的贾斯汀·汀布莱克、Taylor Swift、Jaime King、Chris Pratt 等都陆续被点名加入挑战中来,形成了名人们的湿身狂欢。

三、浇到中国

"冰桶挑战"的旋风刮到了中国。粉丝1 104万的小米创办人兼CEO雷军是被美国人邀请参加冰桶挑战的首位中国人,昨天下午雷军在微博上透露接到了美国DST老板尤里米尔纳的点名参加挑战。按照规则,雷军同时透露他选择了"天王"刘德华、富士康CEO郭台铭和百度CEO李彦宏挑战。此后古永锵、李彦宏等互联网大佬也积极应战,马云、刘德华、马化腾、王思聪等名人都纷纷被点名。

中国瓷娃娃罕见病关爱中心相关负责人告诉成都商报记者,截至昨日下午,全国有数百位爱心人士参与到"冰桶挑战"公益活动中,为罕见病公益捐赠了2万元左右的社会公众善款。截至昨晚8点45分,冰桶挑战话题在新浪微博阅读量高达9 600万,讨论量11万,位居新浪微博热门话题榜第二位。同时,微博调查显示,超过15 000人支持这项挑战,仅有1 800多人持反对态度。"冰桶挑战"受到了网友的广泛讨论。其中,有网友指出,这是一场明星作秀,公益意义并不大。而也有网友表示,不管是不是在作秀,能让更多人关注到罕见病就好。对此,果壳网CEO姬十三发布微博直言,"冰桶挑战当然就是一场'作秀'。"他谈到,能够借用一场作秀让大家关注罕见病,是无比难得的机会。此外,众多明星在接龙完成挑战后均表示,活动好玩,但别忘了公益意义,比冰桶更重要的事,是持续关注罕见病。

四、专家解读

短短时间内,冰桶挑战火遍全球,虽然不少人质疑这种行为不是慈善而是作秀,不过这也难以阻止冰桶挑战的火速爆红。成都商报昨日采访了体育营销传播方面的专家张庆,在他看来,慈善的目的、充满趣味性的方式以及病毒式营销的传播手段是它突然蹿红的主要原因。

"从冰桶挑战的传播来看,它具备了病毒式营销的基本特点。"病毒式营销是一种常用的网络营销方法,常用于进行网站推广、品牌推广等,利用的是用户口碑传播的原理。在互联网上,这种"口碑传播"更为方便,可以像病毒一样迅速蔓延,因此病毒式营销(病毒性营销)成为一种高效的信息传播方式,而且,由于这种传播是用户之间自发进行的,因此几乎是不需要费用的网络营销手段。在张庆看来,冰桶挑战首先是一种慈善行为,这在大众中很容易引起共鸣,因此传播效果肯定会很好。其次,用冰水往头上浇,这种方式非常新颖,具有眼球效应,而且这样的方式比较容易实现,能够激起大家的好奇心。而由于有名人参与进来,尤其是比尔盖茨和一些在全世界为人熟知的 NBA 球星们都参与进来,网友们非常好奇看到这些名人的狼狈状,因此传播效果非常惊人。自己参与,发视频,再把好友发动进来,这种新鲜的冰桶挑战因此成为一个现象级的网络传播案例。

五、经验借鉴

ALS 冰桶挑战赛能打造一场席卷全球的病毒式营销活动是因为它包含以下五大特点:

(1)名人效应。名人效应一直都是非常有效的,不论是以往的义卖、募款都经常使用这项策略,即便有时候无法被聚焦,仍然无法抗辩它是有一定成效的。

(2)操作简单。在众多挑战者当中,仅仅看到比尔·盖茨发挥物理智慧设计了一个水桶架专门为了浇自己一桶冰水。其他挑战者几乎是简单复制并仿效。所以,一项活动如果设计太复杂,就很难引发参与度,跟风现象将会大打折扣。浇自己冰桶这种简单到爆的行为,可以说没有所谓的复制难度。

(3)娱乐性十足。冰桶挑战的初衷虽然是公益募捐,但大多数人其实更把焦点放在有趣好玩这个议题上,公益捐款变成次要关注点了。娱乐性十足,情绪感染力就十足。

(4)教化人心。如果没有公益意义,这项冰桶挑战可能就只是一场恶搞游戏,大家看看热闹一笑而过罢了。冰桶挑战很聪明的结合了娱乐,又通过浇冰水体验来倡导渐冻人需要被关注与帮忙的理念与使命。顿时,里外都温暖了起来,爱心与恻隐之心人人皆有。

(5)创造双赢。邀请几位名人参与公益很容易,对它们来说这本来就是家常便饭。不过,想要让其他,甚至他国名人自发性参与或分享,可就不是一件容易事了。但如果给予一个表演的舞台,曝光的机会,那就另当别论了。

这一种自己"透心凉"自毁形象来娱乐大众的疯狂举动,反而是一种"呈现自己"的方式,而且是一个不会引起民众反感的机会。公益目的、娱乐精神和社会形象等多种价值的互相结合才是这个游戏能不断被接力,且乐此不疲的真正原因,不然谁喜欢找罪受呢,尤其是自损品牌形象的行为。最后,诸多名人响应参与此次冰桶慈善活动,无论是否有出于炒作私心,这的确都给 ALS 带来了实实在在的巨额善款和原本很难获得的媒体曝光。这至少是一种多赢结果,绝对值得肯定。

——案例改编自《冰桶挑战让全球"湿身"专家:病毒式营销案例》,发布于艾瑞网,2014 - 8 - 19。http://a. iresearch. cn/new/20140819/236720. shtml

金生相伴,平安到家
——平安金的病毒营销战役

一、背景与目标

平安金是平安银行旗下全新的贵金属业务统一品牌,品牌下运营多个贵金属产品,给二三线城市的"抢金大妈"们,提供了绝佳的理财方式,但二三线城市受众对"平安金"品牌知之甚少。如何在新年这个年度营销节点上,突围各大品牌营销硝烟是难题之一;如何将过年回家做得更具特色和传播性是难题之二。

营销目标:有效提升"平安金"品牌知名度,塑造平安金"相伴"的软形象;有效曝光产品获得更多目标受众关注,挖掘潜在客户。

二、策略与创意

从品牌主张"相伴"概念出发融入新年回家事件,确定了本次营销战役的key message——"金生相伴,平安到家"。

第一阶段造势:一定要回家。

两大病毒视频的分向传播吸引不同受众关注,提出"春节一定要回家"并引导用户前往活动页。

第二阶段借势:回家愿望互动呼应。

以微信为主互动阵地,报销回家全额路费为诱因,激发游子喊出回家愿望,并引导受众对期盼做出回应,最终形成 2 个(9 秒愿望＋9 秒回应)视频的合并,激发参与和传播。

第三阶段做事:品牌呼应/提供免费帮助。

活动中植入平安金金饰产品并作为囧途金喜礼,有效宣传产品。能获得免费回家机会的受众,获得平安金的帮助后,还可以微信晒出团圆照呼应主题。

三、执行过程

(1) 两大病毒视频覆盖多面受众,一方面从海漂"张金蛋"入手引发游子的回家共鸣;另一方面,借势"你妈喊你回家"的热点风反向思维以等待的母亲作为主角,激发参与。

病毒视频:《高级白领张金蛋的年终总结》

病毒视频:《过年了,你妈喊你回家!》

（2）微信平台传播 9 秒创意视频，激发用户的 PK 精神获得更多传播要素。

技术上开发了 9 秒视频、自动剪辑功能以及呼应合成功能。主要病毒视频有公益篇：《送菲菲老师回家吧》、创意篇《收拾好行李，坐等平安金送我回家！》、生活篇《再不开车回家了我要坐飞机》以及热点篇《这哥们把"苹果"吃了～》。这些视频都成为了很好的病毒源，在网络飞速传播。

《送菲菲老师回家吧》　　　　　　《收拾好行李，坐等平安金送我回家！》

《再不开车回家了我要坐飞机》　　　　《这哥们把"苹果"吃了～》

四、营销效果

在有限的推广预算中以 2 大病毒视频预热，和无处不在的活动二维码引流收获关注度及相当部分的自主转发，同时结合微博、微信和平安金自媒体的传播；通过创意 9 秒视频，有效激发了活动参与者的 PK 精神。活动品牌曝光量 250 万次（各类媒体露出）；病毒视频播放量超 150 万次；活动页面到达量 15 万人；活动页面参与 5 万。

由《中国广告》发起的 2015 年度中国广告年度大奖落下帷幕。平安银行携手艾加国际针对平安金品牌开展的"金生相伴，平安到家"品牌营销战役凭借敏锐的消费者洞察、创新有效的整合营销获评"2014 年《中国广告》品牌营销年度大奖"。本次"金生相伴，平安到家"活动，正值春节和情人节双节相遇，人们对于回家的渴望尤为强烈。平安金希望借此契机帮助更多的人回家团聚,将公益做到实处。于是,一场基于微信平台任性发挥想象力的隔空"示爱"活动应势而生。网友自发创意 9 秒视频喊出回家愿望,并邀请家乡亲朋好友呼应视频,线下则直接为网友报销回家路费,做到了实实在在的"相伴",呼应品牌理念。

活动通过微博、微信、视频网站多渠道整合发布,曝光量达 204 万次,得到热烈响应。从乡村老师到留守儿童,从城市里打拼的 90 后到才华横溢的文艺青年,短短的 9 秒视频承载了无限的思乡之情。获奖用户回家后自发拍摄的全家福合影,更是将活动推向高潮。

——案例来源:《平安金"金生相伴,平安到家"整合营销战役》,发布于金鼠标网,执行时间:2014.12.01—12.28

"邮件+微博"实现完美 MGM 转化率
——马莎百货的病毒式营销

一、营销背景

完美贴身文胸、可机洗西服、防泼水牛仔裤、无痛技术鞋履……起源于 1884 年的马莎(Marks & Spencer),是英国知名和受喜爱的品牌之一,以提供服饰以及优质的食品闻名。在进军在线零售市场的网络营销战略上,马莎百货不断尝试创新,在与邮件营销服务机构 webpower 中国区的合作下,近年来,马莎百货中国区在邮件营销中取得了不俗的成绩,下面就是一次精彩的母亲节"推荐好友"有奖活动案例,看其如何利用邮件与微博营销渠道开展病毒营销,实现 5% 的行业内 GMG 高有效转化率(新注册数/老会员数)。

二、营销诉求

2008 年 10 月,马莎百货首次进驻中国;2013 年 2 月,马莎百货将触角延伸到电商领域,进驻"天猫"推出了官方旗舰店;2013 年 5 月,在 webpower 中国区的支持下,马莎百货中国区再次进行一次大胆创新。在线上有效会员数据缺乏,天猫官方旗舰店浏览数不足的情况下,以 MGM(Member Get Member,是 webpower 中国区的一个标准化的邮件营销活动,主要通过推荐注册抽奖等"会员推荐会员"的模式实现。)的方式,借助"邮件+微博"渠道,进行"母亲节推荐好友"有奖活动的病毒式营销,以低成本的创新方式,实现新注册用户数量的快速、大量积累,并为后续的邮件发送提升销售量,做好用户数据积累。

挑战:日常小活动如何实现"小而美"

马莎百货中国区邮件营销项目负责人 Dean Ding 表示:"对于这次活动,我认为本身任务非常艰巨,这对于 webpower 中国区的服务能力也是个大的考验。"为什么呢?因为要想使一次在各方面都没有鲜明特色的日常小型活动,达到出其不意的效果,并在如此短的时间里积累大量的注册用户数据,这对于任何一个营销机构来说,无不充满了挑战。

难点:琐碎细节问题考验 ESP 全服务能力

在邮件营销策划及执行的过程,还要面临以下诸多细节性问题,非常考验 ESP(邮件营销服务提供商)在数据库管理、项目管理、邮件发送质量监控、项目优化建议等涵盖企业邮件营销全过程的全服务思维能力,尤其突出对细节问题的解决思路:一是如何验证老会员已成功邀请了 3 位及以上新会员? 两者数据之间如何匹配? 二是在没有触发器的基础上,能否实现自动邮件触发,以上配合方案的完整实施? 如何避免恶意注册的无效数据?

三、执行过程

"邮件+微博"病毒式营销实现完美 MGM 转化率

在项目的开始阶段,马莎百货中国就很担心这个任务是否具有可行性,以及是否可以实现预期效果。而 webpower 中国区在接受了马莎百货中国区这一活动项目之后,也开始了紧锣密鼓的筹划,在一个星期的反复研究及论证之后,webpower 中国区的全服务团队为马莎百货中国区制定了一套详细的活动解决方案。webpower 中国区负责该项目的客户经理 Sunnie 幽默地说:"如果把这次马莎的母亲节邮件营销活动项目比喻成一首献给母亲之歌,那么我们为这首歌设置了主旋律,并辅以高低音,使其悦耳圆满。"

主旋律:针对已有用户发送该活动邮件,通过邮件的微博分享转发功能,进行 SNS 病毒式营销,以吸引新会员进行注册。

马莎百货母亲节"推荐好友"有奖活动流程图

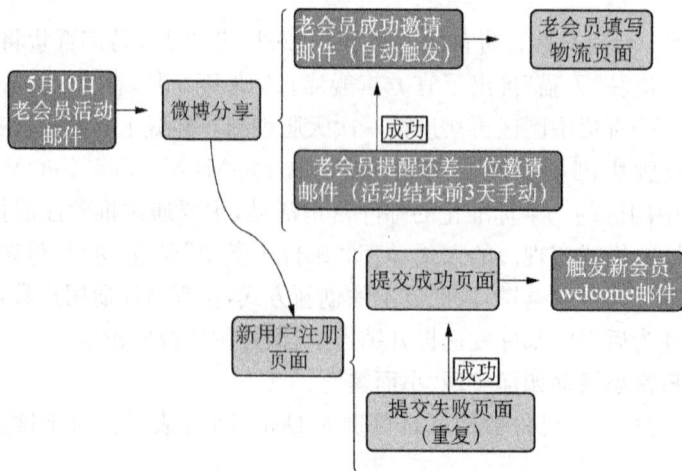

高低音：在以上的介绍中，我们谈到了诸多细节难题需要解决。那么webpower 中国区的客户服务人员是如何统筹协调攻破细节障碍，以配合活动圆满顺利开展呢？

1. 数据的搜集及自动匹配

在每一封发送给老用户的邮件中，把该会员邮件地址设置为邮件微博转发代码，当该活动信息被该会员邮件社交分享功能转发到微博，并吸引了新用户注册，那么在新用户注册页面链接中会实现与该老用户邮件地址字段的自动匹配，以此作为验证老会员已成功邀请了 3 位及以上新用户的数据匹配依据。

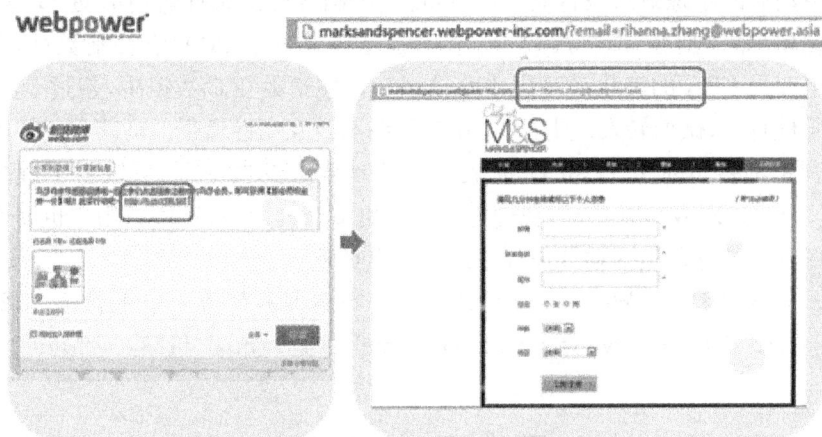

2. opt-in 插件实现欢迎邮件自动触发

在没有触发器的情况下，通过在 dmdelivery 平台的 opt-in 插件，实现新用

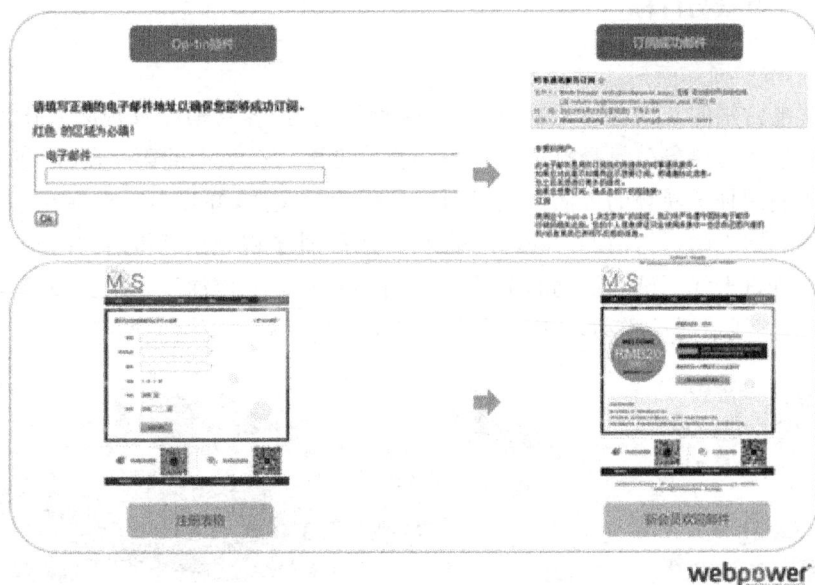

户注册后的欢迎邮件自动触发,在节约成本的基础上,保证了整体活动方案的正常实施。这也是对平台老功能的使用创新。

3. 避免恶意注册无效数据

通过注册时输入验证码,后期查看 IP 和注册提交的时间,设置邮件地址、电话号码双重审核标准,轻松便捷地避免恶意注册的无效数据,节约人力成本,提高数据的有效性。

四、营销效果

活动后的跟踪效果报告显示,马莎百货中国区此次邮件营销活动,GMG 有效转化率(新注册数/原会员数)高达 5%,比传统企业 CPA(新注册数/原会员数),电商类 CPA 的转化率高出 100 倍以上。发送的用户数据中,超过 50% 采取了邮件打开、微博转发点击行为,用户的参与及互动性增强。马莎百货中国区邮件营销项目负责人 Dean Ding 表示:"活动效果超出了预料,取得了理想的 ROI。通过这次 MGM 活动,我们也获得了更多新的用户,这些新用户也将为我们后续开展邮件营销活动及提升销售量做出贡献。"

——案例来源:《Webpower 玛莎邮件营销案例》,发布于宁可科技网,2013 年 11 月 22 日 http://www.ningk.com/html/2013/xmtzl_1123/24.html

寻找 Cruze 先锋
——上海通用科鲁兹的整合推广方案

一、背景与目标

1. 活动导读

优酷营销团队结合种子视频营销、病毒营销、拍客营销以及视频 VIP 服务等多种模式为科鲁兹量身打造了一系列实施方案。在活动的第一阶段,创意团队首先使用种子视频的传播方式吸引潜在用户的关注,并吸引一批潜在车主展开国内和国外的试驾活动。在活动的第二阶段,种子视频持续传播的同时,利用拍客全程直击线下试驾活动的全过程,对品牌进行多方位深度介绍。种子视频、拍客传播、线下活动联动,从广度和深度两方面对品牌进行全面推广。

2. 市场环境

紧凑型轿车在经济性、舒适性、动力性方面达到很好的平衡,因此是汽车市场上竞争较为激烈的领域。科鲁兹是一款强调操控性的紧凑型轿车,满足年轻人追求动感、时尚的心理,如何针对这些人进行传播,体现出产品特有的魅力,成为营销的关键。

3. 策划目标

通过前期的线上传播吸引目标人群参与线下活动,在活动期间通过线上传播,放大活动效应,以活动为基础,为传播为主体,线上线下互相呼应,在目标人群中提升科鲁兹的知名度和传播产品卖点。

二、执行过程

1. 种子视频吸引目标人群广泛参与

通用这次采用了种子视频营销的模式进行预热造势,通过 8 条种子视频均模拟拍客或网友自拍的镜头语言,增加真实性,弱化广告特点,摒除用户的心理芥蒂,其诙谐的表现手法,独特的视角,起到很好的宣传效果。优酷充分发挥其平台优势,将种子视频通过各种渠道多维度全方位进行推广,种子视频在网友间激起广泛的讨论,保证了活动的广泛告知和后期的参与。

2. 病毒营销 N 次方扩大传播范围

此次活动的另一亮点是采用了病毒营销这一热门的营销模式。病毒营销是最适合网络这一平台特点的营销模式。活动以优酷为网络平台的中心点投放种子视频,并利用 IM、分享、引用等渠道进行多方位推广,形成以优酷为中心的辐射型传播,充分多种媒体的整合传播力,使得种子视频以成倍的速度扩散出去,在不需要花费太多精力和成本的前提下,却达到了很好的营销效果。

3. 拍客传播放大活动影响力

优酷是最早提出"拍客"文化的,随后这种狂拍风潮就在全网流传开。这种文化被应用到营销领域,形成一个覆盖量相当大的资源。在活动的线下阶段即国内四城市——珠海、成都、北京和上海的试驾活动中,优酷利用现有的庞大的拍客阵营,在各个试驾活动组织拍客全程报道线下试驾活动,并将活动视频上传到优酷相关板块进行二次推广,让网友告诉网友的方式实现互动式的传播,无限放大了活动的影响力,而不局限于线下的影响。

三、执行效果

线上活动中,种子视频站内浏览总量超过 400 万,5 446 人次进行视频转发,其中"小夫妻的 Cruze 疯狂试驾经历"和"自己开更合适"的引用次数均高达 1 600次。并被汽车之家、车 168、天涯、开心、QQ、新浪、搜狐、网易、猫扑网等多家汽车垂直门户以及门户、社区媒体站外引用。累计吸引 385 万人次关注试驾活动。种子视频＋病毒传播有效达到营销的目的,不但知名度大幅提升,而且产品卖点也通过活动和传播巧妙带出来,Cruze 科鲁兹在预售阶段共接受约 7 000 多辆预定订单。

Gruze 客户对本次活动的效果表示非常满意,他说:"'寻找 Gruze 先锋'活动开创了我们与视频网站合作的新模式,活动的几个推广环节环环相扣,将病毒视频传播的特性发挥到极致,为新车上市起到非常好的预热效果。"

——案例来源:《上海通用:寻找 Cruze 先锋》,发布于网易汽车,2009 年 10 月 30 日 http://auto.163.com/12/0208/15/7POINUD100084VVH.html

问题探讨

在营销领域,全世界企业公司的总监、营销经理或 CEO 无不希望自己的产品像病毒一样迅速飞至每一个地方,家喻户晓。病毒式营销自 1997 年由网络创业者 Steve 提出以后,一直引领网络营销发展的脚步。2000 年 5 月,"爱虫"病毒为营销提供了病毒式的传播样板。从"吃垮必胜客"到 HOTMAIL 追尾,再到 2008 年可口可乐公司与腾讯公司携手开展"奥运火炬在线传递"活动,更有奥巴马胜利当选并成为美国第一"互联网总统",为病毒式营销写下了一个个绝美篇章。然而对于病毒营销还有许多需要进一步探讨,如病毒营销为何受青睐,其理论基础在哪里? 其营销策略有哪些? 如何进行实效转换? 其发展前景和风险等。

一、病毒营销的理论基础

病毒营销作为一种营销方式和手段,必然有支撑它的理论基础。主要包括四个理论:4C 营销理论、口碑传播理论、网络价值理论和六度分隔理论。

1. 4C 营销理论——病毒营销的原动力

4C(Customer、Cost、Convenience、Communication)营销理论是由美国营销专家劳特朋教授针对 4P 营销理论存在的问题提出的。该理论以消费者需求为导向,重新设定了市场营销组合的四个基本要素:瞄准消费者的需求和期望而不是先考虑企业能生产什么产品;关注消费者所愿意支付的成本而不是先给产品定价;考虑消费者购买的方便性销售渠道的选择和策略;重视与消费者沟通,通过互动、沟通等方式,将企业内外营销不断进行整合,把消费者和企业双方的利益无形地整合在一起。

病毒营销之所以能够快速传播,其原动力在于所营销的产品必须有足够的吸引力,也就是说,产品必须能极大程度地满足消费者的需求。如借助病毒营销方式进行得如火如荼的 QQ 农场足以说明这点,QQ 农场为什么能让从小学生到大学教授,从蓝领到白领等广大网络受众的热捧?其主要原因是 QQ 农场满足了广大网络受众"偷"的需求。从哲学角度看,人的本性有不劳而获的倾向,而现实生活中的"偷"越过了道德和法律的底线,是不允许的,是可耻的。所以,这种需求的满足只有靠网络了,让网民们在虚拟世界过足"偷"瘾。

2. 口碑传播理论——病毒营销的基础

口碑传播(Word of Mouth)一词来源于传播学,而应用于营销学。根据密歇根大学的 Eugene W. Anderson 定义,口碑传播是指个体之间关于产品和服务看法的非正式传播,包括正面的观点和负面的观点,但不同于向公司提出正式的抱怨或赞赏。从广义范围来看,口碑传播实际上就是一种人际传播,人际传播是个人与个人之间的信息传播活动。口碑传播在具备人际传播共性的同时,还应具备四个特点:①传播者和受传者都是消费者;②传播渠道为非正式;③传播内容是产品和服务的信息及观点;④具有较强的可信度。随着互联网的飞速发展,人们沟通交往的方式越来越快捷,如 QQ、MSN 等即时通信工具的广泛应用。海量的信息,使得每个人都会受到网络信息的影响。网络使每个人、每台电脑都成为一个信息接收站和发布源。对企业来说,网络为企业的营销提供了一个新的平台,也为企业与消费者的沟通提供了更加广阔的天地。病毒营销正是有效利用了网络这一特点,在网络平台上进一步发展了口碑传播。可以说,病毒营销就是基于网络的口碑传播。从这个角度看,口碑传播理论成为了病毒营销的基础。病毒营销是口碑传播的发展。

3. 网络价值理论——病毒营销的价值体现

网络价值理论中最有名的就是麦特卡夫定律,以太网的发明人鲍勃·麦特卡夫告诉我们:网络价值同网络用户数量的平方成正比。也就是说网络中的节点数(或者参与者)越大,整个网络的价值就越大。病毒营销的必然结果是:传播"病毒"的消费者呈几何倍数级增长。根据麦特卡夫定律,这个由消费者群体所组成的网络必然具有越来越高的价值,针对企业来说,营销的效果将越来越好,这无疑充分体现了营销的价值。可口可乐的奥运营销策略就是一个证明。2008年3月,当奥运火炬传递正在热火时,可口可乐借助我国人气最旺的 QQ 做了一个网络覆盖比较广的病毒式营销——奥运火炬在线传递。随着营销活动的不断深入,越来越多的 QQ 用户参与到奥运火炬在线传递大使资格的争夺战中,争夺着仅有 300 多个形象大使的名额指标。同时也将可口可乐的品牌形象传播渗透到每一个年轻消费者的心中。

4. 六度分隔理论——病毒营销的传播能力

六度分隔(Six Degrees of Separation)理论起源于 1967 年,哈佛大学心理学教授 Stanley Milgram (1933 – 1984)想要描绘一个连结人与社区的人际联系网。做过一次连锁信实验,结果发现了"六度分隔"现象。简单地说:你和任何一个陌生人之间所间隔的人不会超过六个,也就是说,最多通过六个人你就能够认识任何一个陌生人。

"六度分隔"说明了社会中普遍存在的"弱纽带",但它却发挥着非常强大的作用。微软的研究人员 Jure Leskovec 和 Eric Horvitz 曾分析了 2006 年某月份 MSN 简讯,对 1.8 亿名使用者的 300 亿通信信息进行比对,结果发现,任何使用者只要透过平均 6.6 人就可以和全数据库的 1 800 亿组数据配对产生关联,高达 87%的使用者在 7 次以内可以产生关联。这个实证足以说明六度分隔理论的现实性。从发明样品到有千万人拥有,收音机用了 38 年,电视用了 13 年,有线电视用了 10 年,互联网用了 5 年,Hotmail 用了不到一年,而 I love you 病毒用了不到两个小时,病毒营销的传播能力可想而知。六度分隔理论很好地诠释了病毒营销所具有的超强的传播能力。

二、病毒式营销策略

目前国内市场的产品低水平同质化竞争严重,缺乏创新能力,这种非绝对的经济过剩暗示着国内市场存在着巨大的潜在创新机遇。只要病毒营销应用恰当,富于创新,就能出现机遇。

1. 善于使用创新策略

重视创新及创新追赶策略,创新就是要寻找新的机会,开创新的市场需求,或满足其潜在需求,它要求网站经营者有不断创新的精神。创新追赶策略又被称为"定点赶超",通常是寻找某些公司作为"定点",了解它们怎么样和为什么在执行任务时比其他公司做得更出色。其基本做法是在业内寻找一个最佳竞争对手或最佳实践者,模仿他的一些好的做法并与自身实际结合。最早进入市场者有"先入为主"的优势。但最早进入市场者不一定是最终胜利者,使用创新追赶策略可以弥补"后入市"的劣势,但使用该策略,必须及早发现市场的变化,快速追随创新者,并且改进原创者技术和营销的缺陷,奋起直追争取打败原创者。

2. 巧妙的"免费"诱导策略

一是完全免费。消费者完全免费地使用企业的产品或服务,企业向其他商家收取广告费用或服务费。例如国内的大部分门户网站免费让网民浏览信息,收取广告主的广告费。二是部分免费。企业提供只有基础功能的版本,免费让消费者使用,但是如果消费者想升级到更高版本或者想要更多的功能和服务,则需花钱购买。三是免费试用。企业给用户提供一些试用产品,使用者在一定期限内可以免费试用。如许多著名的软件公司在企业网站和一些专业网站上提供免费下载试用软件的服务,另外也在一些计算机图书中配送试用软件。

3. 提供有价值的产品和服务

想让营销信息像病毒一样传播,形成口碑,就必须要有高质量的产品和服务作后盾。因为口碑会有优劣之别,而营销病毒也有良性和恶性之分。只有重视产品的品质和售后服务,得到消费者的认可和好评,才能保证病毒式营销的效果。当然,也不要认为有了好的产品和服务,口碑就有了。没有好的营销计划,也难以获得成功。

4. 善于寻找意见领袖并利用其推广产品和服务

意见领袖本身具有较强的创新性,接受新产品的能力也强。而且在某个领域内,意见领袖的知识丰富,个人意见具有权威性,能引导大众的观点。同时,意见领袖的社会经济地位高,社会活动多。意见领袖可能是一个专家,人们因为对其专业水平的信赖而接受他的意见。意见领袖也可能是一个有权力的人物,作为下属需要服从他的意见。找到了意见领袖,就需要向他们展示你的产品和服务。常见的做法有:寄送产品介绍,提供样品,免费试用,给意见领袖所在的团体提供优惠,使得意见领袖们能够进一步了解你的产品和服务。下一步,可以让他们帮助你推荐产品。他们的推荐,能引起很多和他们有弱连带关系的人群效仿,这些人又会形成参照群体再去影响周围的人,进一步形成主流意见,成为口碑。

5. 心存感恩,让温情注入营销

让消费者感到浓厚的温情,与商家成为亲密的伙伴,使其自愿为商家充当商品的宣传者,从而实现双赢是营销中重要的方式。很多制药公司和私立医院在自己的网站上开设了网上赠药的促销措施。只要患者来一个电子邮件,说明自己的病症,药厂的网上医师就会依据患者的病情,寄去药品。比如武汉雅兰医院在网站上进行产品展示、企业文化、诚征代理、网上赠药、患者反馈、选药指南、专家诊病、家庭医生、老人天地、孩子世界、学美容、生命奥秘、医疗笑话等信息,让患者感觉它不仅仅是医药公司,还是对其健康呵护至微的守护天使,充满了浓厚的温情。

三、病毒营销的效果转换

纵使有将为成熟的营销策略,但是病毒营销的传播效果却很难测量,100 万注册用户,仅为传播效果的一种呈现形式,但并不代表什么价值,只有将其用某一种形式转移,才能实现其价值。因此病毒营销成败,除了能赚取眼球外,关键的一步是进行效果转换。

"免费"一直是最打动人的词语。大多数病毒性营销通过提供有价值的免费产品或服务来引起注意,通过数字环境的口碑传播,能迅速聚集用户群体,促成对产品、服务的尝试,并快速建立品牌的知名度。这种快速建立的客户群,以及他们对于产品和服务产生的兴趣,如果不能有效地转移,那就如一句俗语:"来的快,去的也快!",这一切都会随网络口碑传播衰退周期的到来而迅速失去。

从目前实施病毒成功的企业来看,他们都将病毒营销取得的效果进行了有效的转换。这种转换有以下几种模式:

(1)是通过产品或服务的不断更新,在形成产品和服务路径依赖的前提下,适时将"免费"变为"收费",这些往往是转移成本高的知识产品,或独特的体验式服务。比如金山毒霸杀毒软件,公司将试用版发布在一些主要的门户网站,并允许网站和用户随意下载和转载。免费和开放的政策吸引了大量的试用用户,并通过口碑传播,迅速建立金山毒霸的品牌知名度。公司通过正版降价、说明正版与试用版的差异、定期通知用户升级版本或购买正式版的方式,实现试用客户群的消费转移——购买正版的金山毒霸。这是纵向的产品消费转移。

(2)对原有产品或服务不断更新的同时,迅速建立品牌知名度,形成品牌忠诚度,推出相关的产品和服务,对于相关的服务进行收费,这就是客户消费的横向转移。比如腾讯 QQ,目前注册用户近 3 亿,活跃用户 9 000 万,在不断更新QQ,以适应用户新需求的同时,开发了短信、网络广告、网络游戏等收费服务,实现了客户消费的横向转移。

(3)将通过病毒营销建立的客户资料,通过广告来实现病毒营销效果的转换。例如 www.egroup.com,通过提供免费的网络交流服务,这种交流以某一个主题组成一个组群,通过 E-mail 进行。网站提供大量的主题,以一个个主题组成的组群,是最好的细分市场,对于广告客户具有很大的吸引力。

(4)除了网络公司或 IT 公司,还有大量的传统公司开始运用病毒营销。他们往往会与其他的营销手段一起运用。此类病毒营销的效果,往往通过其他营销手段的运用,实现即时的转化,来共同实现其营销目的。如 2001 年底,惠普公司准备推广笔记本电脑。公司"互动营销部"调查发现惠普笔记本电脑的品牌知名度落后于几个重要竞争对手,因此想通过市场营销提高品牌知名度。为此他们寻找合作伙伴,举办"Flash 创意大赛"。通过为期两个多月作品征集,惠普不花一分宣传费就收集到超过 200 个 flash 作品,包括与惠普笔记本相关的动画、情景剧、小游戏等,大部分作品制作精良。作品除了在大赛网站上还通过惠普公司的邮件列表进行发布。很多优秀的作品在其他 Flash 推荐网站上也得到广为传播,加上网民中的相互推荐。据不完全估计,包括一等奖作品"小惠和小普"在内的优秀作品的传阅数量不下 100 万人次,150 余则参评作品平均的浏览率也在 10 万人次,惠普笔记本大概总计占据了网民 1 500 万次的眼球。惠普公司主页笔记本专区由此带来的访问量激增,800 电话客户互动中心的问询电话也增加不少,带来惠普笔记本电脑销量在之后几个月内持续增长。这是一种运用病毒式营销传播方式进行的网上 EVENT 活动,非常成功。

四、病毒营销的运用前景及风险

病毒营销成本低,效率高,可以产生雪球效应,具有巨大的运用前景。首先,病毒营销不仅是一种传播战略,而且还是一个有效的分销渠道。商业信息通过口碑传播的同时,形成了一张巨大的网络,在这个网络上,企业可以进行产品或服务的直接销售。其次,病毒营销是品牌推广的有效途径。对新产品、新品牌,往往可以通过病毒营销的口碑传播而实现品牌速成。对于成熟品牌,通过创新的病毒营销方案,比如极具创意的网络短片,或者举办各种活动,获得受众的"眼球",也可以通过用户注册资料,与客户建立更密切的品牌关系。再次,病毒营销运用范围广泛,并不局限于提供网络服务或者 IT 企业,对于传统企业,一样具有极大的运用价值。宝洁、通用、大众等传统企业已经获得了许多成功经验。

尽管病毒营销运用前景广阔,但存在巨大的风险。大众传播时代,媒体是作为信息把关人的姿态进入公共传播领域,通过法律、新闻工作者的职业守则等,建立了大众传播的道德规范,主导着大众传播时代的秩序结构。数字世界不断赋予普通个人信息制作和传播权利的同时,大众传播中把关人的角色在数字传播的互动中逐渐消解,这就造成了数字传播世界的秩序缺失。作为数字环境中一种传播和营销方式,传播的不可控制是病毒营销所蕴涵的最大风险,主要体现在:

(1)信息传递过程中遭遇的恶意或善意改变。大众 Polo 车款的网络广告短片被人篡改。经过加工的广告和真版广告几乎一样,只是假广告将开车司机换成了一位自杀炸弹客。

(2)传播路径的篡改。病毒发布的最初路径可以选择,一旦发布,传播的路径其实是无法控制。比如美国 FRIENDSTER 联谊网站,主要是使从未见面的人通过一起做户外游戏来体会参与乐趣并交朋友。如果这个网站的信息,被贴到某个色情网站的 BBS 上,那么对于网站的形象是一种严重的损害。

(3)信源真假难辨,可能造成企业的信誉危机。加州的 George Masters,未经苹果授权,为 iPod Mini 设计一则 60 秒的动画广告,并挂到了网上。而无名氏制作的福特 Sportka 广告引来一片非议。片中一只猫跳上 Sportka 车顶往车内看,此时天窗自动开启,然后关上,猫活被夹死。

(4)效果的不可控性。病毒性营销的最终效果,企业实际上是无法控制的,因为传播的最终对象、传播的最终范围、人数,企业都只能"听天由命"。

总而言之,在目前的数字传播环境中,病毒营销是一把双刃剑,巨大的利益和潜在风险同在。企业必须谨慎地运用。

参考文献：

[1] 薛敏芝. 数字世界的病毒营销[J]. 中国广告,2006(2):162-164.

[2] 刘向阳. 病毒营销的理论基础及传播机理模型研究[J]. 中国商贸,2010(28):34-35.

[3] Eugene W Anderson. Customer Satisfaction and Word of Mouth [J]. Journal of Service Research, 1998,1(1):5-17.

[4] Joan S Adams. The Six Degrees Of Separation [J]. Supply House Times, 2007,50 (9):36.

[5] 李萍,董龙飞. 网络时代的病毒营销探析[J]. 科技创业月刊,2010,06:62-64.

问题思考

1. 试分析数字环境下病毒营销的发展潜力与风险。
2. 病毒营销传播的影响因素有哪些？试举例说明。
3. "冰桶挑战"案例中运用了哪些病毒营销策略？如何评价？
4. 试评析平安金的自制病毒视频创意。
5. 分析马莎百货的"邮件+微博"病毒式营销策略。
6. 如何看待病毒视频的低俗化现象？

第十一章
事件营销

理论阐述

一、事件营销

事件营销(Event Marketing),又译为"活动营销",是指企业通过策划、组织和利用具有新闻价值、社会影响以及名人效应的人物或事件,吸引媒体、社会团体和消费者的兴趣与关注,以求提高企业或产品的知名度、美誉度,树立良好品牌形象,并最终促成产品或服务的销售的手段和方式。事件营销集新闻效应、广告效应、公关效应、形象传播、客户关系管理于一体,尤其是其新闻价值和公众性话题,使其具有很强的传播能力,具有事半功倍的营销效果,是近年来国内外流行的一种市场推广手段。根据事件性质的不同,事件营销可分为以下几个类别:

(1) 借用重大突发事件型。重大突发事件是指突然发生的、不在公众预料之中和没有心理准备的事件。如 2001 年美国纽约发生的"9·11 恐怖袭击"、2003 年在我国和亚洲一些地区爆发的 SARS 疫情等。重大突发性事件多以灾难为主,所以在利用重大突发事件进行事件营销时,要注意把握好尺度。

(2) 借用公众高关注事件型。公众高关注事件一般指公众都了解、重视,但尚不知其结果如何的重大事件。如北京市申报 2008 年奥运会主办权、中国首次载人航天飞行等。这些事件基本上都是对社会发展、公众的某种心理感受有巨大影响的、积极的事件。

(3) 借用演出赛事型。文艺演出、体育比赛等活动是公众经常关注的焦点。借助文艺明星和体育明星的号召力,吸引消费者的眼球和大众媒介的关注,也是事件营销中经常采用的策略。体育比赛本身的健康形象与巨大感召力对于企业迅速扩大产品知名度和美誉度,有着其他活动无可比拟的优势。

(4) 借用社会问题型。社会发展的过程就是一个利益重新分配的过程。在这一过程中会产生许多新的矛盾，与这些矛盾相关的话题也是公众关注的中心。浙江纳爱斯公司就针对社会广泛关注的下岗职工再就业问题，策划了一系列电视广告，且在理性及感性的交融中力求为每个广告都赋予一种生命力、一种内涵，使全国消费者能与纳爱斯产生共鸣的情感纽带。

（5）营造事件型。营造事件指企业通过精心策划的人为事件来吸引消费者的目光，从而实现传播目的的策略。2003年国庆黄金周期间在上海金茂大厦举行的、被誉为"中华第一跳"高楼跳伞表演，就是一次加强了金茂大厦"中华第一高楼"定位的、非常成功的事件营销。

二、事件营销策略

1. 概念炒作策略

概念炒作是指企业为自己的产品或服务创造一种新的理念，引领消费者新的消费倾向和潮流。在概念炒作时，策划者将市场看作理论市场与产品市场两个不同的侧面。通过先启动理论市场而不是产品市场来传输一种观念，进而做好产品市场。如农夫山泉宣布停止生产纯净水，只出品天然水，大玩"水营养"概念，从而引发的一场天然水与纯净水在全国范围之内的"口水战"，招至同行们的同仇敌忾，但农夫山泉正是借此树立了自己倡导健康的专业品牌形象。

2. 公益活动策略

企业应广泛参与社会公益活动，争取与消费者近距离的接触和交流，使消费者对企业理念和企业产品有较深的认识，获取消费者对产品的意见和反馈信息，并且通过赞助公益事业等方式提升企业的知名度和美誉度，企业参与公益活动突出了其公益性和文化性，着眼于企业的整体形象和长远利益。公益活动形式多种多样，可以通过企业本身的节目为中心，以庆典或纪念活动的形式扩大影响；可以结合企业的情况，举办各种有文化含义的专题活动；此外，各类的赞助活动深受欢迎，如赞助教育事业（资助希望工程、设立希望小学、教育基金会、奖学金、奖教金、研究基金等）、赞助体育活动、文化娱乐活动、赞助社会慈善和福利事业（如扶贫工程、残疾儿童福利院）、赞助宣传用品的制作（如赞助有特殊意义录像带、电视片、记录电影等）、赞助其他活动（如赞助职业奖励、竞赛活动）。这类公共关系活动容易扩大社会影响，提高社会声誉，赢得公众的支持和赞赏。

3. 宣传活动策略

宣传活动策略是指企业为推广自己的产品而组织策划的一系列宣传而非广告的活动，以吸引消费者和媒体的眼球达到传播企业理念和产品的目的。利用企业宣传活动进行事件营销是向公众传播企业理念和产品信息的重要而有效的方式，具体宣传形式有：1. 举办各种招待会、座谈会、联谊会、茶话会、接待和专访等社交活动。这类公共关系活动具有直接性、灵活性和人情味等特点，能使人际间的关系进入"情感"的层次。2.提供各种优惠服务如开展售后服务、咨询服务、维修技术培训等,以行动证实对公众的诚意。这类活动被称为"实惠公关",容易获得公众的理解和好感。

4. 新闻舆论策略

新闻舆论策略是指企业通过利用社会上有价值、影响面广的新闻,或者与相关媒体合作,不失时机地把自己的品牌和新闻事件或消费者身边的热点问题联系在一起,发表大量介绍和宣传企业产品或服务的软性文章进行报道,以理性的手段传播自己,从而吸引公众的视线。新闻舆论策略的重要一环是与媒体的沟通。对于很多事件,如果没有媒体的有效传播,可能就不会真正成为具有利用价值的事件。企业进行事件营销时必须做好与媒体的沟通工作,这在一定程度上将是最重要的沟通。

实例分析

我是射手
——杰士邦的世界杯情趣营销

一、背景与目标

这是一个在各大奖项打败杜蕾斯和冈本两大竞争对手的案例,2014年夺得艾菲金奖。这是从建设社群,活跃用户互动,利用微博微信平台的趣味游戏把用户引流到电子商务网站,最终实现社会化电商的经典案例。同时也是借助世界杯营销的经典案例。

机遇:2014年夏天的世界杯营销,正是杰士邦本年度传播的主要发力点和机遇之一。巴西世界杯作为举世瞩目的体育竞技盛事,是各大品牌的营销热点。

挑战:从营销内容来说,安全套品牌和体育赛事关联不大,如何结合品牌调性展开传播让消费者参与到活动中来,是杰士邦面临的巨大挑战。从市场份额以及品牌声誉上说,杰士邦与竞品杜蕾丝、冈本也尚有差距。如何在行业竞争中脱颖而出,是需要面对的另一大问题。

目标:杰士邦选择以社交媒体作为主传播平台,通过独特个性的情趣营销实现品牌的高度曝光,力争在品牌战中脱颖而出,从而影响18～40岁的男球迷以及泛球迷(避孕套的主力消费人群)。

二、营销策略

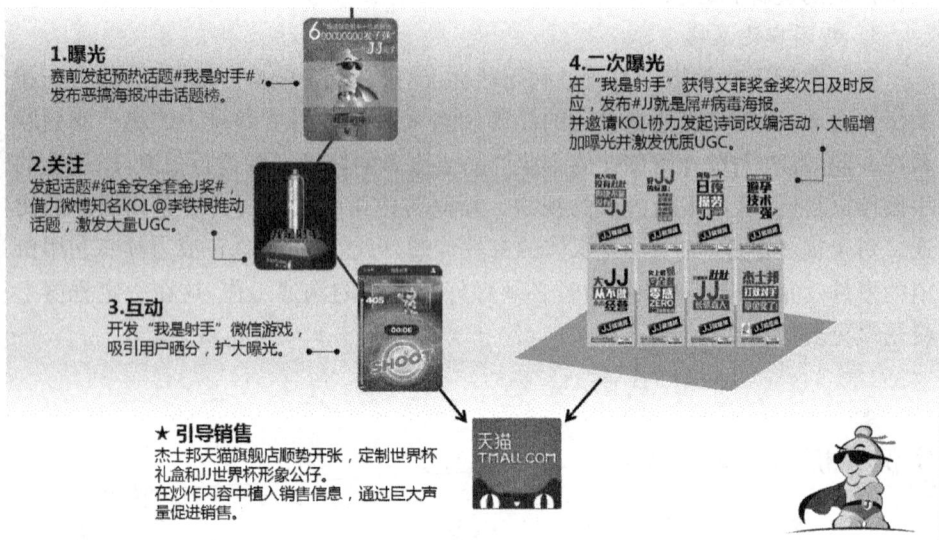

【曝光】—【关注】—【互动】—【引导销售】—【二次曝光】—【再销售】是本次社会化营销传播的消费者旅程。杰士邦通过整合微博、微信、天猫、视频网站等多个平台,运用话题炒作、事件营销、互动游戏、定制产品等方式,为品牌的营销动作找到最佳切入点,最终有效引至电商平台促进销售。

三、创意策略

"射"——杰士邦以"射"字将比赛的最佳看点与性的激情作完美衔接。"射手"一词一语三关,让人人都可以参与到"最佳射手"的角逐,从而加强对世界杯、情爱与杰士邦的认知关联。"纯金安全套金 J 奖"——借世界杯"金靴奖"的高知名度,杰士邦推出以 999K 纯金打造的安全套"金 J 奖",意为业界"标杆式奖项"奖励"最佳射手",吸引受众参与互动。同时借微博红人@李铁根之名,发起♯铁根送金根♯活动,噱头与内涵十足,可以更加有效地调动受众积极性。"JJ 就是屌"——一语双关,借杰士邦"我是射手"营销荣获艾菲奖金奖的机会,及时回应,顺势而上,进行"炫富营销"。在微博微信同时发布病毒海报,并发起创意诗词改编的互动游戏,鼓励网友创作"JJ 就是屌"创意句式,大量创意 UGC 引发了品牌信息的二次传播,大量提高品牌曝光。

四、执行过程

曝光——话题炒作。整个传播以话题炒作为开端,杰士邦选择世界杯开赛前一天发起♯我是射手♯话题,给予期待世界杯的网友们一个极佳的赛前讨论话题。通过 KOL 在微博上传播一系列画面感强、文案调皮的海报,并邀请大批来自不同圈层的网络红人加入创作,调侃各领域"射手",拓宽"射手"含义。短短几小时内,关于♯我是射手♯的恶搞各领域红人偶像的创意海报在微博上疯传,吸引大批网友关注话题,带动网友自发性跟风创作。

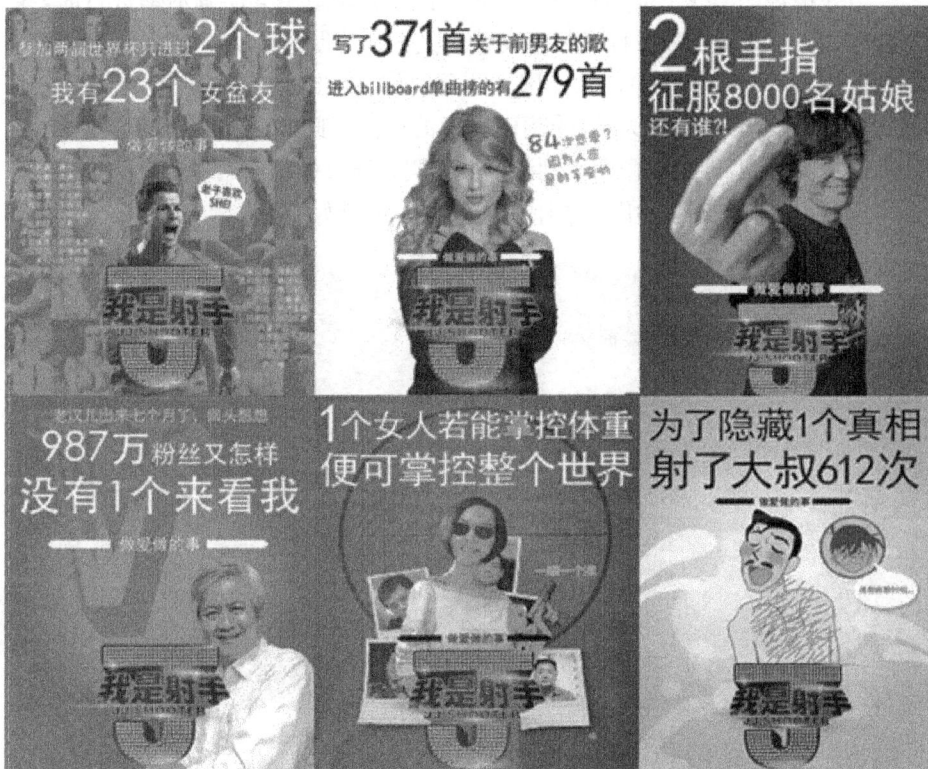

关注——事件营销。话题炒作,是"放",曝光品牌;而事件营销,则是"收",让用户的注意力回到品牌身上。球赛中,人们关注输赢,关注进球,关注"金靴奖"花落谁家。借"金靴奖"的高知名度,杰士邦推出以 999K 纯金打造的安全套"金 J 奖",意为业界"标杆式奖项"奖励"最佳射手"。

在金 J 奖引爆初始,杰士邦官微于 12 小时内连续发布多张打码图片制造悬念,引发网友猜测和讨论,进而关注事态发展。此后,杰士邦官微联合中国微博红人@李铁根启动杰士邦金 J 奖活动,以"铁根送金根"为噱头召集众生一争"最强射手"封号。活动发布后,"铁根送金根"成为网友兴奋源,网络 KOL 主动吐槽,随后金 J 奖恶搞视频、恶搞图片、相关段子等 UGC 内容陆续涌现,直接推动♯纯金安全套金 J 奖♯品牌话题迅速登上微博热门话题榜 TOP 5。

互动——微信游戏。以微信进行深化互动,形成用户品牌好感。金 J 奖活动进行同时,杰士邦开发"我是射手"微信游戏,让网友变身成为"射手",参与"射"门活动,微信游戏中,杰士邦小黄人以守门员的动漫形象出现,而无论射手多么强,小黄人还是能稳妥守住龙门,形象地展示品牌和"射手"的关系。人人都可以成为射手尽情"射",杰士邦会给你无忧的安全保障。

引导销售——线下促销及网店开通。在♯我是射手♯品牌活动进行时,线下会在如屈臣氏等卖场及商场超市设置相关主题的促销活动,并把 JJ 射手小黄人制作成世界杯期间大热的六支国家队玩偶作为促销礼品,包括巴西、德国、阿根廷、西班牙、葡萄牙、意大利,受到消费者的追捧。此外,线下引导消费者购买后进行线上互动,即参与微信互动游戏及抽奖。通过微信连通线上线下,聚合目标用户,以互动游戏提升用户的消费体验,增加品牌好感度。

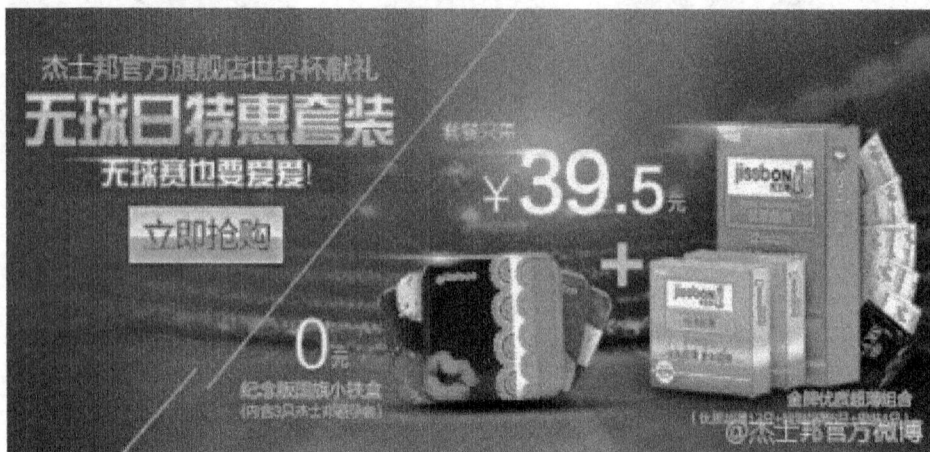

与此同时,杰士邦天猫旗舰店顺势开张,借势活动为电商平台引流,同步推出世界杯定制化产品"国旗版小铁盒",以及世界杯专享优惠,进一步刺激用户进店后购买。

二次曝光——乘势而上。"我是射手"营销活动成功获得艾菲奖金奖,杰士邦及时利用此次获奖盛事开启新一轮推广活动。以一语双关的"JJ 就是屌"为主题,进行高调的"炫富营销"。杰士邦通过官方微博发布多款醒目的以炫耀获奖、打击竞品、推广新产品"零感"为主题的病毒海报,并借助微博 KOL 之力进行转发扩大曝光。话题♯JJ 就是屌♯在发布一小时后成功登上微博 1 小时热门话题榜。

借助获奖热潮,微博微信同时发起创意诗词改编的互动游戏。通过微博KOL 发起示例抛砖引玉,鼓励网友创作"JJ 就是屌"创意句式。大量创意 UGC引发了品牌信息的裂变传播,品牌声量再度扩大。

再销售——刺激购买。在艾菲奖推广过程中设置了引流电商的环节,有效将传播受众引导为潜在消费者。店铺销售额及访客数较推广周前一周均有大幅增长,有效将声量转化为销量。

五、营销效果与市场反馈

(1) 实现品牌高度曝光。发布后短短几小时内,♯我是射手♯ 成功登上微博热门话题一小时榜的第七位,世界杯类话题榜第二位。♯纯金安全套金 J 奖♯话题随后迅速登上微博 1 小时热门话题榜的第五位和世界杯类话题榜的第二位。两个话题全网总阅读量超过 6 000 万,讨论量接近 23 万。杰士邦官方微博共净增粉丝 12 万多,相关活动共获得超过 22 万次转评,8 000 次赞,以及超过 1.8 亿次曝光;微信新增 8 500 多个粉丝,相关内容图文阅读近 5.3 万次,粉丝互动近

1.2万次,游戏插件获得近3万次参与。在艾菲奖炒作期间,话题♯JJ就是屌♯共获得超过2.1万次转评,近4 400万次曝光,发布1小时后便成功登上微博1小时热门话题榜第六位,全网话题阅读总量接近1 500万,话题讨论总量高达3.8万。

(2)品牌声量超越竞品。世界杯期间,杰士邦在全网产生的提及量超越了两个主要的竞争对手,在行业领先阵列中成功跑出,如下图所示。

竞品提及量对比(2014.6.10—2014.7.10)

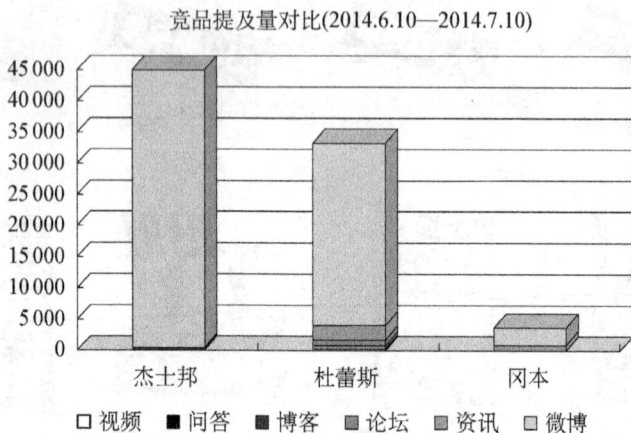

(3)流量有效转化销售。受制于天猫的推广限制,安全套产品无法在电商平台本身获得较多的推广资源,但借力"我是射手"主题在社会化平台的推广,杰士邦天猫旗舰店开业期间有超过8%的订单流量来自于SNS网站(行业平均水平为6%左右),帮助电商建立最初的顾客基础。在艾菲奖炒作期间,通过微博、微信以及互动游戏的引流,成交金额增长率超过活动推广前一周的54%。

在世界杯期间,♯我是射手♯主题活动成功引爆话题,其活动案例也入选SocialBeta等有影响力的行业网站。♯我是射手♯话题上线时间不足两周,随即作为案例发布至行业权威网站SocialBeta。发布后更凭着案例阅读和分享的热度荣登热点的榜首。广告门发布的"2014年世界杯非赞助商营销TOP7"案例集锦中,更主动收录了杰士邦♯我是射手♯的案例,继而被各大网站转载。相关案例在全网超过2万次点击浏览,有效扩大在行业领域内的影响力。

世界杯前夕,杰士邦品牌在微博推出"我是射手"的话题,将足球射门和杰士邦产品有趣又自然的结合,吸引网络用户来参与世界杯期间,你心目中的最佳射手的讨论。话题一经发布,就达到了数以千万的参与度,一度高居微博的微话题热门榜。一向不走寻常路的杰士邦,以一个独特的视角,将用户在不知不觉中引入了产品特性中,这是它一贯的品牌营销之道。而这次"我是射手"话题的高参与度,更是说明了杰士邦在品牌营销上的老道和独特。

——案例来源:《"我是射手"——杰士邦的世界杯情趣营销》,发布于金鼠标网,执行时间:2014.06.01－07.14&2014.10.27－10.31　http://www.goldenmouse.cn/html/case/anlilei/chuangyichuanbolei/2015/0128/1911.html

<h1 style="text-align:center">世界上最好的工作</h1>
——澳大利亚大堡礁的事件营销

一、背景介绍

大堡礁是世界最大最长的珊瑚礁群,是世界七大自然景观之一,位于澳大利亚东北部昆士兰省对岸,它纵贯蜿蜒于澳大利亚东海岸,全长 2 011 公里。也是澳大利亚人最引以为傲的天然景观。又称为"透明清澈的海中野生王国"。1981年列入世界自然遗产名录。澳大利亚大堡礁尽管久负盛名,但因为随着海洋升温以及游客增多,一度使大堡礁的珊瑚虫濒临灭绝,经过一段时间的休养生息,大堡礁生态环境得到了恢复,知名度却已大不如从前。并且当地旅游受金融危机冲击,旅客量大减。

"全世界最好的工作"活动现场照片

为提升大堡礁的国际知名度,昆士兰旅游局策划了一次网络事件营销活动:2009年1月9日澳大利亚昆士兰旅游局网站面向全球发布招聘通告,并为此专门搭建了一个名为"世上最好的工作"的招聘网站(官方网站 http://www.islandreefjob.com/),招聘大堡礁看护员。网站提供了多个国家语言版本,短短几天时间网站吸引了超过30万人访问,导致网站瘫痪,官方不得不临时增加数十台服务器。

二、招聘详情

招聘职位:澳大利亚昆士兰州大堡礁看护员。

工作时间:2009年7月1日至12月31日。

职位薪酬:15万澳元/半年(约合65万人民币)。

其他待遇:提供豪华住宿,来回工作地及申请人居住城市的机票、合约期间内的保险、工作期间往来大堡礁水域其他群岛的交通等费用。

申请条件:年满18周岁,英语沟通能力良好,热爱大然,游泳,勇于冒险尝试新事物。申请人需上网填妥申请表,上传自制60秒英文短片,说明自己是该工作最适合人选的理由。

工作内容:

(1)当选者每日与白沙、碧水、艳阳为伴,探索大堡礁各个岛屿;

(2)每周通过更新博客和网上相册、上传视频、接受媒体采访等方式,向外界报告自己的探奇历程;

(3)看护员还需要喂海龟、观鲸鱼,并担任兼职邮差,这可以让他或她有机会乘坐水上飞机从高空俯瞰大堡礁美景。另外,还有航行、潜水等多项活动。

优胜者 Ben Southall

三、策划取得的效果

护岛人的招聘广告一出,约30万人13日上网浏览该网站,14日仅一小时内就有2.5万人次试图访问,应聘者"疯狂"发送应聘视频,一度导致网站瘫痪,大堡礁一夜之间闻名全球。

到报名截止日期为止,全球200个国家和地区近3.5万人应聘该工作,包括

11 565 名美国人、2 791 名加拿大人、2 262 名英国人和 2 064 名澳大利亚人,中国也有 503 人应聘。最终,英国慈善基金募集者 Ben Southall 当选澳洲大堡礁护岛人。中国台湾选手王秀毓入选最终的 11 强,带来的结果是去大堡礁旅游的台湾人在一年内增长了 250%;在 2009 年 4 月份,中国大陆参团前往昆士兰旅游的游客数量是 2008 年全年人数的总和。昆士兰旅游局以 170 万澳元的低成本(包括护岛人 15 万澳元的工资),收获了价值 1.1 亿澳元的公关价值收入。澳大利亚昆士兰旅游局如此"兴师动众",醉翁之意不在"聘",以微小的代价,换得了巨大的效益,并使大堡礁乃至昆士兰旅游成为一个鲜明的品牌,并将在长时间内对全球旅游市场都具有极大的影响力,"最好的工作"已成了"最好的营销"。昆士兰旅游局的这一事件营销策划毫无疑问是非常成功的。

四、经验借鉴

大堡礁的营销可以称得上是一次极为成功的营销,可以从大堡礁的营销创意中,总结几点值得借鉴的成功经验:

(1) 充分利用网络营销。本次事件营销所有关键工作均在网上开展,昆士兰旅游局营销在海选活动的官方网站 http://www.islandreefjob.com 上,共有英语、日语、韩语、中文(简体和繁体)和德语 5 个版本。一方面为网上申请提供了便利,另一方面也达到了更广泛的宣传效果。世界各地操不同语言的人都可以轻松了解这样一个海选活动。招聘广告出现在各大门户网站上,同样也分属世界各地,由于有当地报名者,于是引起传统媒体的跟进报道。事实上许多人是通过朋友的介绍知道这一招聘广告的,论坛,社区,博客,即时通信等都成为了传播的最佳媒介。活动官方网站的合作伙伴是 Youtube,借助 Youtube 在全球的巨大影响,活动本身又得到了进一步的口碑和病毒传播。信息像病毒一样扩散着,能够达至传统媒体想象不到任何角落的任何目标客户。

(2) 逆势策划吸引眼球。在金融风暴席卷全球、大量工厂裁员、工人失业、人心惶惶的时刻,谁能够拥有一份稳定、高薪的工作,真的是令人很向往的事情,澳大利亚昆士兰旅游局恰当其时推出以惬意的工作环境和工作内容,以每小时 1 400 美元的超高待遇在全球招聘所谓的"岛屿看护员"——工作之轻松、生活之惬意以及待遇之丰厚一下子吸引了全球无数人的眼球,媒体更是为之疯狂激动,不惜用大量的版面进行免费的报道。

(3) 报名成本和条件要求低。此次活动的参赛规则是全世界任何人都可通过官方网站报名,申请者必须制作一个英文求职视频,介绍自己为何是该职位的最佳人选,内容不可多于 60 秒,并将视频和一份需简单填写的申请表上传至活动官方网站。这种几乎没有门槛,但又自娱自乐的方式吸引了许多人参与,很多人即使没有希望获得这份工作,也录制一段视频来参加一下或娱乐一下。然后就是比拼自己的自身素质和能力,包括语言,身体健康状况,面试时的反应能力,回答问题的技巧,以及由此呈现出的个人品德和综合素质。

五、事件后续策略

(1) 重视 BOLG 的建设。真正成功的营销策划,不能追求一时轰动,更应看重后续影响以及带来的利益。知行合一营销机构的张兵武评价大堡礁这个营销案例时认为,其前期的确漂亮,用小钱办了大事。但历经前期招聘的几轮营销活动之后,新的营销高潮该何去何从,成为了大堡礁营销的后续重点。许多关注者都期待尽早通过"护岛人"不断更新的博客、相簿、视频来了解他每天的工作和生活,这将是一个最难得的机会宣扬大堡礁美妙的群岛。当地旅游局应尽快花本钱帮助"护岛人"建立互动平台,保持宣传热度。

(2) 将护岛人招聘变成长期行为。如果进行更长远的考虑,可将护岛人招聘纳入长期计划。这名护岛人半年聘用期满后,职位就又空缺出来,此时就又可以通过相同的营销手法掀起一波高潮,此时再聘用护岛人不宜面向全世界各行各业的人,应将范围缩小。职业锁定在旅游从业人员内部,一方面这有利于工作进行,另一方面可以加大行业关注度,毕竟宣传的目的还是招徕客户前来旅游。此外,还可以尝试将海选范围缩小,首先应该重视的地区就是澳大利亚的前五大客源国:新西兰、英国、日本和美国、中国。尤其中国的游客是近年来增长最快的。

(3) 多种促销不断推出。昆士兰州"最好的工作"活动的时间拉得很长,将近 1 年的过程中不断造势吸引眼球。主办方的这个思路需要一直延续下去,在今后护岛人工作的各个时期不断推出一些吸引人眼球的活动,比如邀请进入最终候选名单的 11 人来岛上旅游、吸引著名电影到当地取景、与航空公司合作推出限量打折机票、与各国旅行社合作推出"蜜月旅行特别计划"等等。

(4) 线下营销也要建立。"世界上最好的工作"所有关键环节都在网上展开,昆士兰旅游局从一开始就建立了活动网站。旅游局在全球各个办公室的员工则纷纷登录各自国家的论坛、社区发帖,让消息在网友中病毒式扩散。但主办方应该意识到,传统媒体积淀而成的权威性和接受惯性也是新型网络媒体缺乏的,双方的性质不同,可构成互补,立体营销才是完整的营销。

——案例改编自:《2009 年经典网络营销案例:大堡礁后营销走向何方》,转载于万网网站,2015 - 02 - 03,http://www. net. cn/zixun/c＿27＿48＿1171083. html

中国最爽活

——云丘山窑洞酒吧老板招募方案

一、背景与目标

云丘山位于山西临汾,有着悠久的历史人文(中和文化发源地,道教圣地之一),得天独厚的风景(道教建筑、千年古村落、反季节冰洞、华北最大红叶林等)。受制于环境封闭,交通不便,旅游开发相对较晚。虽然经过近年来的开发,成为国家 AAAA 级旅游风景区,但由于宣传推广起步较晚,叫好不叫座,没有获得应有的巨大人气。

云丘山的优势为文化内涵、旅游资源、民族特色。劣势为兴趣客群有限、内容缺乏传播力,地域性较强。如何将劣势转化为优势,是需要面对的问题。而单方面年坚持民俗传播路线难以带动云丘山旅游业持续发展。必须采用全新的推广方式。

时值云丘山二期工程开发,一批窑洞酒吧的建成成为全新推广的契机。

营销目标:云丘山不单单是一处风景区,它应该是一个综合历史人文、民俗体验、观光游览、相关业态为一体的旅游品牌;将升华云丘山形象定位,用更直白有效的传播重新打造云丘山品牌,使其更利于传播;加强云丘山周边省市对其的认知度,并逐步在全国范围内形成声量。

二、策略与创意

1. 将民俗与现代融合

起源于云丘山的"中和文化"讲究阴阳调和,是一种兼容并蓄的文化。以此为理念,借助现代的形式解构云丘山的传统民俗的创意浮出水面,它是农耕文明和城市文化的携手,是传统建筑和现代设计的结合。其具象表现就是窑洞和酒吧的水乳交融。就像丽江的酒吧文化是由外来的一些酒吧形成群落效应而诞生那样,希望以窑洞酒吧这一星星之火,逐渐发展为燎原之势,成为云丘山特色旅游文化不可或缺的一部分。成为吸引人们前来旅行的磁场。由此,"云丘山窑洞酒吧老板招募活动"应运而生。

以"中国最爽活"为名,依托云丘山的窑洞资源,成立酒吧,悬赏重金加股份,面向全国征集酒吧经营创意,招募老板,通过活动制造影响力,提升云丘山曝光量。该活动主打"情怀"二字,经营理想的自得与乐趣,山中的悠闲时光,窑洞酒吧的独一无二,都包含着远在都市的人们所追求的情怀。如果有这样一个机会,为那些渴望自由而富有创意的人生的人准备,让梦想实现,这无疑拥有巨大的吸引力。

2. 为了活动获得预期收效

活动制定方面:为活动设置了零门槛以及丰厚奖项(年薪 30 万＋20％酒吧股权),网友只要有好的经营创意,就能参与活动,就可能成为酒吧老板,和云丘山窑洞酒吧一起探索成长,成熟,成功之道。

传播渠道方面:为了实现声量最大化,我们采用线上线下联合传播的模式。线上传播,根据目标受众的网络行为习惯,主要的传播渠道应锁定在目标受众关注度最高的微博、新闻网站平台。线下传播,我们联系全国重点城市各大知名平面媒体发布消息,使得整体传播更具有针对性和热度。

传播内容方面对目标受众的内容偏好进行深入研究和把握,将窑洞酒吧老板招募信息与当下热点娱乐信息进行结合来迎合目标受众的偏好;同时,通过捕捉受众心理,对目标受众的心理进行深入分析,把握受众的心理动向,通过能够引起目标受众内心共鸣的内容与受众建立精神层面沟通。

传播方法方面:在整合传播的基础上,我们使用意见领袖导航,邀请粉丝数庞大、活跃度高的微博知名大 V 对活动进行扩散,制造口碑效应,吸引粉丝参与活动并将其周围人际关系网尽可能转化为参与用户,实现传播效果最大化!

此外,在活动进行方面,该活动以网友投票与官方评选评委各占一半为评选方式,如同全民选秀一般,更增强了与用户的互动性。

三、执行过程

"云丘山窑洞酒吧老板招募活动"通过事件和线上媒体、线下平媒合作,逐步体现云丘山民俗与现代结合的新定位;该活动分为预热期,征集期,收尾期 3 个阶段。

1. 预热期 8 月 1—8 月 11 日

(1) 线上媒体。

传播平台:微博为主,BBS、网络媒体配合传播。

传播手段:邀请微博大 V 斯库里、马伯庸等进行配合扩散,利用红人真实粉丝量大、活跃度高、互动性好的特点,扩大声量。

传播内容:微博制造♯中国最爽活♯为话题,预告活动即将开始,发布活动征集令。

本阶段传播,在活动网站制作之前,我们于 8 月 2 日就开始了布局运作。首先,邀请微博大 V 斯库里、马伯庸前往云丘山风景区实地观光,体验风俗民情,为期两日。在行程结束后,斯库里撰写了长微博《云丘山游记》,由于其文风诙谐幽默,所以内容可读性非常强,文中介绍了云丘山有趣之处并植入窑洞这一概念,让受众有了初步印象。基于斯库里自身庞大的真实粉丝数量,以及同样拥有众多簇拥的马伯庸协同扩散,该长微博获得了可观的转发和评论,与此同时,该长微博的内容还被转化为 BBS 帖,在新浪、搜狐等门户网站的旅游论坛版块以及国内各大旅游论坛发布,垂直针对特定客群,各平台的整合传播为酒吧活动制造了有利的开端。

在活动进入预告阶段,除了在社会化媒体上进行大幅传播,我们再次邀请斯库里、马伯庸、使徒子等微博大 V 进行助推扩散,由斯库里发布活动海报,其余红人转发。利用微博大 V 粉丝互动性强这一特点,吸引众多粉丝参与转发与评论,获得转发量 968 人次,评论量 180 次的效果。另一方面,BBS 阵地与网络新闻平台也配合微博同步传播信息,提升发布量与转发量,充分发掘的参与受众,实现预期效果,成功预热活动。

(2) 线下平面媒体。

标题:《云丘山惊现"中国最爽活",边做吧主边赚钱》。

发布内容:云丘山窑洞酒吧老板活动正式上线,面向全国征集。

发布媒体:选择北京、西安、郑州、成都、上海等地区的知名平面媒体投放。

报纸媒体对于区域的攻击力较强,并且成熟的报纸一般都有比较稳定的读者群,报纸读者都有长期阅读习惯,报纸和读者在情感上较为接近,使得报纸有较高的信赖度。

因此,在"云丘山窑洞酒吧老板招募活动"预热阶段,为了对云丘山周边省市以及国内重点城市实行有针对性的信息轰炸,我们采用了报纸媒体这一武器。北京、西安、郑州、成都、上海等地区同北京娱乐信报、法制晚报、山西日报、文汇报等各城市知名的报刊合作,成功推送"云丘山窑洞酒吧老板招募活动"这一信息。在社会舆论角度占领了一座不可或缺的制高点。

2. 征集期 8 月 12—9 月 12 日

传播平台:微博为主,BBS、网络媒体配合传播。

传播手段:邀请微博大 V 转发,定期做作品点评制造热点。

传播内容:面向全国征集♯中国最爽活♯作品,点评有看点参赛作品。

征集期阶段,活动已然开始,为吸引更多网友参与。定期的动态和消息更新必不可少。为了让传播不是一味地扩散活动信息,我们制定了"阶段热点"计划,即定期发布一则对于参加活动作品的点评,并随机赠送礼品。

第一阶段的点评比较抓人眼球,在征得原创者同意后,我们选择了一些比较"雷人"的作品进行展示和评论,以网络化语言解析每一个入选的作品,并使用微博红人转发吸引受众,让网友在笑哭的同时,开始关注活动本身。

第二阶段点评则针对较为优秀的作品,同样是在征得原作者同意的前提下,保持上一次点评互动性强的内容表现形式,对入选作品逐一点评,让网友感觉到主办方对于活动的用心和努力,形成良好口碑,从而吸引更多参与者深入活动,制造声势。

如果说上一个"梦里他乡"是暖心之作,这个"wonderful酒吧"简直让人感动--因为审稿的童鞋发现,作品中不但用了我们以往微博里的美图,而且还特意在网上搜索了云丘山的照片;不仅如此,这位小伙伴还给我们写了十分详细的海报描述和活动方案,活动方案长到我一个页面根本截不全,这种认真的态度一定是真爱吧~

"海盗们:宝藏就在大山深处!"小编第一次看到这句话被莫名戳中笑点,海盗去大山里抢宝藏,你将山贼置之何地!不过异国风情,海盗寻宝,这种想法还是挺酷炫的,点个赞🐷

3. 收尾期 9 月 12—9 月 22 日

传播平台:微博为主,BBS、网络媒体配合传播。

传播手段:邀请微博大 V 转发。

传播内容:告知征集结束,号召网友投票,报道活动结果,后续进展跟进。

四、营销效果与市场反馈

在整个活动的进行和传播过程结束后,效果比较显著。首先,♯中国最爽活♯得到了受众的认可。经过一系列的传播,活动成功吸引大量网友参加,并使目标受众对活动充满期待。其次,因为活动,云丘山的认知度得到有效提升。民俗传统的现代时尚融合得到预期的成效,目标受众对品牌有了新的认识,部分参与者甚至前往云丘山或计划十一小长假前往，收效远远超过预期的传播效果。据统计，截至活动结束，共收到作品 62 篇，获得票数 1 179 张，介于一个 IP 地址只能投一张票，可得知实际投票人数约为 1 179 人。整个活动在传播中，共计实现累计浏览量近 94 349 305 次，互动量 23 917 次的效果。"云丘山"的百度指数在活动各个阶段持续上扬，在十一期间形成最高峰，由此可见活动对引导网友搜索云丘山相关信息起到了巨大作用。十一黄金周期间，云丘山接待游客 5 万人次，其中不乏北京以及外省市游客，据悉多数游客因云丘山窑洞酒吧老板招募活动得知此地。在此之前，来云丘山的游客均为区域周边县市如太原、晋城、侯马的居民。

——案例来源：《云丘山窑洞酒吧老板招募活动》，发布于金鼠标官网，执行时间：2014. 08. 01—09. 23　　http://www. goldenmouse. cn/html/case/anlilei/zhengheyingxiaolei/kuameitizheng/2015/0127/1823. html

手机防查分手案
——关云藏事件营销方案

一、背景及目标

关云藏手机防查大师是一款专门隐藏应用，信息，来电，图片的手机 App。其创新之处在于提供了一个伪装解锁密码，在锁屏时输入伪装密码后，将进入伪装界面，这个界面和原来的手机界面几乎一模一样，但是在这个界面里，用户要隐藏的应用以及该本身都被彻底隐藏，包括应用的使用痕迹和应用发出的通知都完全隐藏无踪。另外该应用还新增了私密联系人信息拦截，电话挂断并在公开空间变相提醒的功能，因此外人无法察觉。

在事件传播之前，互联网上出现了一个关于产品的互联网新闻，一对即将结婚的情侣，因为男友安装该关云藏软件，而在互联网引发网友热议，并在一度闹到上海电视台《新老娘舅》，引发网友关注讨论，就此社会热点现象，进行一系列的创意营销。借势进行事件的包装宣传，发起话题讨论，撬动主流媒体的关注，引爆网络，打造社会的热点，并将关云藏巧妙植入进行宣传。预期达到的目的如下：

关云藏：提升产品的关注度和认知度，提高关云藏 App 的使用注册用户数。

话题性：由事件引发的手机防查软件是否该用问题讨论以及夫妻、情侣间隐私自由权利概念倡导。

品牌力：关云藏=手机防查软件，保护个人手机隐私的第一品牌，引发受众搜索下载。

二、策略与创意

论坛营销线铺垫互联网声音＋老娘舅电视节目论证事件真实性＋平媒及网媒引爆互联网＋话题引导互联网关注舆论。

本次事件传播，采用的是 1＋1＝2 的公关营销模式，前期以论坛长贴营销为第一条营销路线，以搜索引擎 SEO 优化作为全程配合，结合电视节目营销路线，在后期形成两者的结合，微博形成热门话题的讨论和扩散，并在后期以平媒、网媒，撬动所有媒体的关注、参与及扩散，最终形成网络热点。

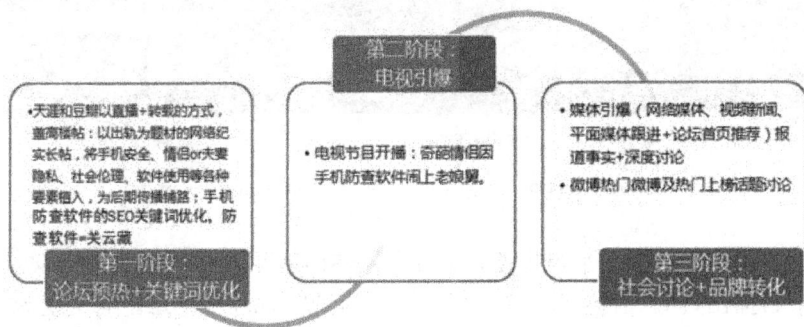

三、执行过程

第一步：论坛营销预热造势＋关键词 SEO，为后期宣传做铺垫。

在预热造势阶段，主要是以论坛营销为主＋搜索关键词优化，针对网民在BBS 平台，进行事件的发酵，告知，并为后期吸引媒体、名人关注讨论做铺垫。首先在天涯娱乐八卦板块，长贴直播，盖楼与网友互动讨论，达到热贴之后，在其他板块搬帖复制，扩散影响；同时，在豆瓣小组，百度吧等，寻找娱乐八卦小组，进行针对事件进行评论，引发话题讨论，传播天涯长贴；同时，将长贴故事编写成缩水版，在其他各大论坛传播扩散。为了更好地将事件传播与品牌产品相关联，还有一个重要的策略就是 SEO 优化，将"手机防查"、"手机防查软件"、"防查软件"、"奇葩女监控未婚夫"等进行了优化，将这些关键词与关云藏相挂钩。

第二步：《新老娘舅》节目上线，视频营销引爆事件高潮。

论坛营销发酵后，电视节目引爆社会热点高潮。借助平媒权威性，对事件进行梯度提升。该事件成功的创意点就在于巧妙地利用了社会热点事件，利用节目中对关云藏品牌多次露出，展开了传播引爆。借势进行传播。将上下集电视节目视频进行创意剪辑，缩减为 2 分多钟的网络版视频，在各大视频网站及新闻网站进行传播，选取优酷、网易视频、腾讯视频等，在 pc 端及手机端关键位置进行推荐。

第三步:双线合一,平媒报道打造互联网热门新闻事件,形成热门微博。

节目播出,创意借势,除了视频在各大视频网站推广,论坛配合公关软文传播,最主要的是结合论坛热帖,进行针对整个事件的报道传播,引出社会话题,引起媒体的关注讨论,以"准新娘监控未婚夫"关键词打造♯男人是否该有自己的隐私♯热点话题。平媒+微博名人+微信+常规公关+渠道资源组合策略。在视频播出之后,选取一家平媒合作,针对电视节目及论坛营销的成果,进行评论传播,来引发网络媒体的关注,转载。配合公关新闻稿,论坛稿,微博大 V 及微信大号进行辅助传播,最终达到第一波传播高峰。带来近千万的广告价值。上海法制报报道之后,将关注点统一,结合平媒报道角度,微博上建立话题♯准新娘监控未婚夫♯,来配合热门微博的打造。并一度成为 24 h 热门微博,1 小时内获得好几万的转发评论量;微博话题获得 10 万的自然阅读,近万条的参与讨论。剪辑视频在主流视频门户做推荐+论坛热门长贴做天涯 pc 端及手机端首页展示推荐,短期内达到最佳的传播效果,引爆网络;在传播配合中,为了扩大网络相关信息量,覆盖所有传播平台,我们转载各大主流门户新闻频道、各大主流论坛板块、影响力大的草根微博名人及微信朋友圈及名人,都做出了大量公关软文传播,以打造网络热门现象。

第四步:打造微博上榜话题,在名人及朋友圈形成热门话题讨论。

随着节目视频的传播推荐、平面媒体的报道及网媒的转载推荐,传播达到了第一波的高潮;在第四步的传播时候,借助第一波传播热度,建立微博热门话题♯奇葩女监控未婚夫♯,打造上榜话题;话题上后,金陵晚报以社会典型性话题角度对事件进行宣传;在公关宣传方面,新闻稿件以事件为起因,围绕社会话题

"个人隐私权利"、"男人是否该有隐私权"、"手机防查软件是否该用"等角度进行传播,论坛大批量发布稿件,微博选取草根名人进行带话题词♯奇葩女监控未婚夫♯直发,微信发布趣味软文"男人出轨神器"、"男人就该有自己的隐私"等传播,在朋友圈一度形成讨论热点话题;

第五步:《新闻晨报》引爆传播高潮,全媒体纷纷参与讨论转载。

相对于前两波传播高峰,第五步的传播才是整个传播的鼎盛时期,以《新闻晨报》大版面的报道+主流门户的推荐策略,将整个事件传播达到了鼎盛时期;新闻晨报以大版面报道♯奇葩女监控未婚夫♯事件之后,各大主流门户网站,部分平媒媒体,电视媒体微博名人草根大号等等,纷纷进行了转载报道关注,近百余家主流新闻网站第一时间,主要位置对新闻晨报的新闻进行推荐报道,如腾讯、新浪、网易、凤凰、搜狐、今日头条等主流门户。不仅在 pc 端首页,各大手机端 app 首页焦点图文位置,主流的新媒体平台纷纷进行了转载;带来几百万的资源价值。同时,选取新浪、腾讯深度合作,在首页要闻位置及腾讯迷你新闻弹窗要闻,及首页位置均作了长时间的推荐展示;将此次传播推向了顶峰;三峡晚报、陕西电视台、网络电视都自发对节目进行了转播;最终成为了当时最火的社会头条新闻、社会热点话题。

第六步:主流门户行业角度点评分析,提高关云藏与事件的关联度,提升知名度。

在最后阶段,为了将此事件传播效果引到关云藏品牌产品上,提高关云藏与事件的关联度,选择网易深度合作,在从科技角度阐释这种社会个人隐私状况背后,手机防查软件带给社会的思考是怎样的,未来手机防查软件对人们生活又是怎样的,以此将品牌产品与事件进行挂钩。

四、营销效果

传播力:1 个月内,曝光量达 2.5 亿之多,总互动量达 60 万,累计分享点击 350 多万次,累积带来新用户 52 万人。

额外价值:所有资源利用所带来的额外传播价值近 2 500 万。电视节目带来的广告价值近 1 000 万,媒体渠道带来的资源价值近 1 500 万。

销量贡献:app 下载注册数 52 万,提升 60%;一度成为社会话题,搜索热点词汇。

品牌贡献:品牌知名度提高 80%,品度忠诚度提高 70%,品牌喜好提高 60%,品牌体验度 70%,品牌参与度及品牌链接提高 80%。

五、经验借鉴

编者认为本案例成功之处在于运用了事件营销,堪称事件传播范本。对于一个想要推广自己产品的公司来说,其首要目标是"提高曝光率",而广受喜爱的办法就是:事件营销。通过制造话题,植入产品信息,并将信息通过各类渠道加以推广,就可以完成"提高曝光率"的要求。还有就是借助热门话题,趁机推出自己的产品信息。相比"社会化营销",事件营销所涉及的面更加广阔,涉及的平台和受众也更多,具有长期影响。可以说,短平快的"话题营销"是基础,在这个基础上,动用多个渠道,让信息到达更多受众。

这里分解一下事件营销运作的几个通用步骤:

(1)设定策略、制定推广逻辑:所谓推广逻辑,实际上就是信息引入的方法。由于如今的用户几乎都不愿意见到太直接的广告信息,运用话题炒作的形式,更容易获得关注度,操作上也更加隐蔽。

(2)有了逻辑,接下来就是人物和场景。赋予讲述者以人格,利用冲突,用有趣口语化的语言讲一个故事:故事构建是话题运作的核心部分,有一个曲折婉转的故事,就能在初期得到关注度——最初的话题劲爆程度,决定了推广渠道进入之后,事件的营销的生存时长。

(3)有了故事内容,就可以开始在渠道中铺设了。对于不同的商户,用户不同,渠道也有区别。不过,线上推广的主要渠道包括:贴吧、论坛、门户、新闻、社区、社交平台和视频网站等。在不同渠道铺设,需要对内容进行改造。如微博,需要语言精练、图片吸引人、事件容易引起感情波动;而在贴吧,则需要有够好的故事讲述能力,个性化更强;写作软文,则要求提炼新闻点,满足新闻叙事需求等等。

(4)互联网上的信息实在太多,往往在内容铺设完成之后,我们的故事就会"石沉大海"。为了让它"浮起来",网推公司会出钱,让水军进行点击和回复。在这一步完成之后,我们就有了一个点击率和评论量都很高的"事件"。不过,目前来说,它只是一个帖子,要成为"事件",还需要更进一步。

(5)为了使铺设的内容真正成为事件,仅仅发布信息是不够的,还需要媒体的参与。而要求媒体参与,需要"新闻点"和"关注度"——在第一步逻辑梳理时,我们解决了"新闻点"的问题;而在第四步,我们解决了"关注度"的问题,接下来,就是撰写软文,并通过固有渠道(包括门户、传统媒体等等)进行发布。

(6)最后,作为消费者,人们会为商户、网推公司、水军公司的娱乐买单,所有在"事件营销"中产生的费用,都会转嫁到产品当中,提高产品的成本。

——案例来源:《关云藏"手机防查分手案"创意营销》,发布于金鼠标官网,执行时间:2015年1月17日—2月17日 http://www.goldenmouse.cn/html/case/anlilei/zhengheyingxiaolei/kuameitizheng/2015/0305/2280.html

问题探讨

随着市场竞争的日益激烈,企业进行市场营销的手段已经不能充分满足市场竞争的需要,因此,许多新兴的营销模式和营销手段应运而生。事件营销正是盛行的市场营销方式之一。早在20世纪初,类似事件营销的营销手段就已经应用于我国部分企业的市场推广过程中,但是,"事件营销"概念的真正提出却是在20世纪90年代。而在我国,"事件营销"概念为大众所认识和接受还是在21世纪初。在这里要探讨的是事件营销与新闻炒作的关系,也就是度的把握,事件营销的运用策略以及事件营销对企业品牌形象的影响等。

一、事件营销的应用状况

通过对近几年我国企业应用事件营销的案例研究,应用状况大致可以总结为以下几点:

(1) 不知名的中小企业重视利用事件营销打响品牌,而知名的大型企业仅仅将事件营销定位为某一阶段的一般营销策略。茅台酒业和海尔集团是一个典型的例子,他们都是通过事件营销的方式打出了知名度,渐渐为公众所了解和接受的,但是,自从企业知名度提高以后,他们对应用事件营销策略并不热衷,他们宁愿采取高成本的广告宣传来进行产品推广。而于1994年成立的奥克斯集团不仅靠事件营销打响了知名度,在接下来一连串营销策划活动中仍然以事件营销作为主要的营销策略,不仅大大提升了产品销量,也使企业的品牌形象更加牢固。

(2) 对事件营销的本质把握不够,把事件营销与其他营销手段混淆。不论是企业还是公众,他们往往没有从根本上把握事件营销的本质特征,而把事件营销与其他如体育营销、体验营销、会议营销等营销手段相混淆,其中对事件营销与体育营销之间的界限尤其把握不准。大家往往认为体育营销应归于事件营销的范畴,其实不然。事件营销的本质是通过某一重大新闻事件,通过与品牌之间的关联性进行营销运作,以吸引公众的注意力,提高企业和产品的知名度,最终促进产品或服务等的销售推广;而体育营销就是以体育活动为载体来推广自己的产品和品牌的一种市场营销活动,有两种理解:一种是将体育作为商品销售的体育产业营销,另外一种是借助体育活动而进行的其他产业的营销。我们通常提及的体育营销是指第二种,可以看出事件营销与体育营销有重合的部分,也有不同的部分,两者不应混淆。

(3) 许多企业盲目利用事件营销提升知名度,而忽视了美誉度的重要性。知名度和美誉度是企业进行品牌化建设都应认真对待的问题,不应顾此失彼。

近几年备受业界关注的"汽车召回"事件就是典型的事件营销例子。2004 年至今,长安奥拓、广本飞度、丰田威驰、奇瑞东方之子等相继进行了汽车高调"召回",少至几辆,多则十几万辆,揭开了汽车行业借"召回"实施事件营销的序幕。根据国家质量监督检验检疫总局缺陷产品管理中心的数据显示,自《缺陷汽车召回管理规定》正式颁布到 2005 年 9 月,已先后有 21 家中外汽车厂商对 33 种车型实施了 29 次主动召回,共涉及车辆近 34 万辆,与此同时,企业也为召回付出了不少的代价。这种举动表面上为企业提高了知名度,但实际上,"召回"势必会影响消费者对其产品品质的看法,提升了知名度却打压了美誉度。另外,在产品召回的危机过程中,企业和消费者在某种意义上都是受害者。为了产品召回,企业可能需要花几百万美元来实施召回,并重建消费者信心。因此,事件营销不应盲目,应当促进企业各个方面共同进步和提高,而不是要以某个方面的损失为代价来提升另一方面。

二、借新闻进行事件营销

事件营销的高层次运用应该是将企业的品牌形象融合到热点事件中,当人们关注热点事件的进行与发展时自然而然地想到某个品牌。借新闻进行事件营销是最常见最基本的营销方法,运用得好的话,其实能收到事半功倍的效果。根据企业的不同要求以及品牌,市场的不同,其具体的运作方式有:

(1) 集中式。指在短期内组织大规模、多篇幅的软广告,硬广告及相关稿件集中于一定的版面或时段,形成较大的声势,具有强烈、醒目的效果。具体的如"神五上天"这一事件,在飞船上天后,利用这一事件进行事件营销的企业的广告立刻大量出现,有专用指定的,有祝贺成功的,形成巨大的声势,给市场造成了巨大的影响,博得了巨大的声势和效益。

(2) 系列式。指着重于组织介绍事件各个过程和侧面的营销策划,集不同角度的视点于一体,达到相当的深度和广度,使事件营销策划具有启迪性和延伸性。具体的如 SARS 期间的许多产品和服务的营销策划,就具有这一特点,从事件初期对医疗卫生组织,医院及医护人员进行捐赠和慰问,到事件基本控制住以后对卫生消毒的预防和重视等等,无不显示出系列式的优势。

(3) 连续式。指紧跟事件或问题的发展变化进行追踪,连续发出相关的软广告和介绍文章,反映其全过程,取得及时、深入、使事件的发生发展为我所用的效果。具体的如在 2000 年 11 月 15 日爆发了感冒药行业的 PPA 危机之后,在这一危机中受损最大的康泰克的年销售额在 5 亿元以上,而 PPA 被禁给整个感冒药市场造成了 10 亿元以上的空缺,这就为其他品牌扩大市场占有率、塑造强势竞争地位提供了难得的机遇。尤其对三九药业集团生产的"999 感冒灵"而言,由于本属中药,更在安全概念、民族概念、绿色概念等方面占据优势。有专家预测,"感冒药市场格局将发生有利于中药的改变,原来中西药的比例为 3:7,而将来中西药的比例可能达到 1:1。"确实,"PPA 事件"为企业提供了一个千载难逢的"借势"发展良机。思路明确,三九集团马上行动,很快就拟定了包括五轮攻势在内的出击方案。第一轮攻势:各地药店拉出,"999 感冒灵"不含 PPA 的横幅广告;进行网络宣传,争取以最快的速度告知消费者。第二轮攻势:公关活动和新闻发布,通过媒体的权威报道,快速在全国产生影响。第三轮攻势:通过电视和报纸进行大规模的广告宣传,在短期内争取更大的知晓度。第四轮攻势:户外广告,车身广告等,电视电台的健康节目赞助宣传,争取更强的吸引力,更深入人心。第五轮攻势:终端活动,争取更大的深入程度。设定所有攻势在两周内完成。这种连续式的事件营销策划给企业带来了较好的效果,到现在为止,康泰克也没有完全恢复元气,感冒药的市场进行了重新的组合,而其中"999 感冒灵"获得了较好的市场份额。

三、制造新闻进行事件营销

目前,大多数企业重视利用已发生的新闻事件,而极少着力于制造新闻事件。新闻事件,就是公众关注的热点,大都是上乘"布料",即事件营销的"载体"。例如世界杯期间,大街小巷、线上线下,连空气中都飘着品牌与世界杯的"二人转"味道。而"布料"可借、可造。制造新闻,就是"制造布料",又称新闻策划,通过营销人员的策划,赋予某件本来不具新闻价值的事件以新闻性,或经过精心策划,有意识地安排某些具有新闻价值的事件在某个选定的时间内发生,由此制造出适于传播媒体报道的新闻事件。制造新闻事件,要注意事件的新闻性、广告信息植入的自然性、事件与企业的品牌形象保持一致等问题。

当然,企业"制造新闻"与媒体的新闻策划的本质是不同的。媒体新闻策划是寻找新闻、发现新闻;而企业的新闻策划则是在寻找、挖掘企业经营过程中的新闻的同时,大量地人为制造或利用新闻事件,吸引新闻媒体和受众的眼球,然后由记者或内部策划人员站在客观公正的立场上,用事实说话,用事实报道,产生新闻效应。企业新闻策划要求其营销策划人员,或者新闻工作者,从企业实际及营销需求出发,按照新闻规律,"制造"新闻事件和新闻热点,吸引新闻媒体注意和报道,以此来树立企业和品牌形象,营造企业良好的外部发展环境,培养、培育消费需求,从而达到产品竞争和产品销售的目的。这是一种在商品质量、服务水平、经营管理策略等方面创造出有新闻价值的商业经济行为。

此外,企业"制造新闻"的另一个特点是策划人员或媒体的记者是站在第三者的立场上用新闻事实来说话,或者利用公益活动感召消费者,给公众、消费者以良好的印象。"制造新闻"与各种广告促销活动相比更容易拉近与消费者的距离,可信度高,感召力强,容易产生轰动效应。如果企业"新闻"策划得当,则付出的费用可能较低,甚至可以不支出任何费用达到传播的目的。通过制造新闻事件而成功进行事件营销的企业有很多,如茅台酒世博会的摔酒瓶事件、海尔张瑞敏砸冰箱事件等,这些企业在经意与不经意间成功地制造了具有新闻价值的事件,打响了企业品牌。

四、影响营销效果因素

事件营销在广告中的运用得当与否直接决定其广告效应,要想利用事件营销取得满意的广告效果必须注意以下两点:

(1) 品牌特征与事件的内涵是否契合。在进行事件营销时,一定要对企业和品牌的特点进行准确的提炼,使之为诉求的广告能解释所关注事件的内涵。提炼出产品或品牌的特点,然后不失时宜地将其与所关注的事件联系在一起,就可以达到借力发力的传播效果。这种相关联的手法运用得好,比起单纯加大广告力度更能够引起受众关注。

在伊拉克战争中一举成名的"统一润滑油"就是在央视伊拉克战事直播节目之后,和新闻浑然一体,很有震撼力。这则广告的妙处就在于既准确地诉求了"多一些润滑"的产品特点,又一语双关道出了"少一些摩擦"的和平呼声,产品特性与事件的内涵契合得十分含蓄、隽永、耐人寻味。同样,获得第30届莫比广告金奖的"邦迪创口贴"—平面广告"朝韩峰会"篇。巧妙地利用2000年夏季,"朝韩峰会"这个震惊世界的话题,把人们对和平的期盼,通过"愈合创伤"的概念与品牌联系起来,从而提升了品牌的形象,促进了产品的销售。相反,如果品牌特征与事件内涵的相关度不强,也不必牵强附会,否则会适得其反。常常看到有些企业一碰到热点新闻、事件就想借"势",却不论热点事件与企业或品牌有何关系,往往容易陷入"赶热闹"的误区。到头来,"竹篮打水一场空",甚至惹出不必要的麻烦。

(2) 事件营销的时机是否恰当。重大事件一般会成为一个时期的热点,有很强的时效性。因此,企业在利用事件营销时一方面要有一定的前瞻性,另一方面要反应迅速。如蒙牛作为中央电视台的老客户,在伊拉克战争报道期间的贴片广告是异军突起。之所以反应如此迅速是因为蒙牛在央视已经预留了一部分广告费用,这笔费用专门用于对突发事件的广告跟进,一旦有像伊拉克战争这样的事件和时机,蒙牛一个电话就可以在第一时间订下广告。还有在北京申奥成功的第一时间,海尔在中央台投入5 000万元的祝贺广告在申请成功后即时播出。反应如此迅速,足见海尔深谙事件营销之道。据说当夜,海尔集团的热线电话被消费者打爆,相信国人在多年后再回味这一历史喜悦时,肯定会同时想起曾经与他们一同分享成功的海尔这个民族品牌。

参考文献：

［1］过滔.事件营销研究[D].成都:四川大学,2004.

［2］张迪.事件营销理论与实证研究[D].长春:吉林大学,2007.

［3］杨美玲.传媒事件营销研究[D].西安:陕西师范大学,2007.

问题思考

1. 如何看待制造新闻？其对品牌的影响有哪些,试举例说明？

2. 试用案例说明事件营销的媒体策略？

3. 试分析云丘山窑洞酒吧老板招募活动的营销策略。

4. "手机防查分手案"事件营销带来的负面影响有哪些？

5. 蒙牛在《蒙牛城市之间》节目的营销有何借鉴之处？

6. 试分析杰士邦"我是射手"借助世界杯营销的创意？

第十二章
O2O 模式营销

理论阐述

一、O2O电子商务模式

O2O 电子商务模式(Online to Offline)是线上渠道和线下渠道有机结合的一种电子商务模式。它是指线上营销线上购买、支付带动线下经营和线下消费,即将线下商务机会与互联网技术结合在一起,让互联网成为线下交易的前台。与传统电子商务相比,O2O 的信息流、资金流与它们一样,都在线上完成,而物流和商流放在线下,让消费者亲自去实体店消费。O2O 的本质是通过线上营销和线下经营来提升服务水平、改善消费体验。

O2O 模式的电子商务主要有 3 种方式:①自建官方商城＋连锁分子店铺的形式,消费者直接向门店的网络店铺下单购买,然后线下体验服务,而这过程中,品牌商提供在线客服服务,及随时调货支持(在缺货情况下),加盟商收款发货。②借助第三方平台,实现加盟企业和分站系统完美结合,并且借助第三方平台的巨大流量,能迅速推广带来客户。③建设微网(Micronet)微信商城系统,开展各种促销和预付款的形式,线上销售线下服务,这形式适合本地化服务企业。

二、O2O模式消费流程

与传统的消费者在商家直接消费的模式不同,在 O2O 平台商业模式中,整个消费过程由线上和线下两部分构成。线上平台为消费者提供消费指南、优惠信息、便利服务(预订、在线支付、地图等)和分享平台,而线下商户则专注于提供服务。在 O2O 模式中,消费者的消费流程可以分解为 5 个阶段:

第一阶段:引流。线上平台作为线下消费决策的入口,可以汇聚大量有消费需求的消费者,或者引发消费者的线下消费需求。常见的 O2O 平台引流入口包括：消费点评类网站，如大众点评；电子地图，如百度地图、高德地图；社交类网站或应用，如微信、人人网。

第二阶段：转化。线上平台向消费者提供商铺的详细信息、优惠（如团购、优惠券）、便利服务，方便消费者搜索、对比商铺，并最终帮助消费者选择线下商户、完成消费决策。

第三阶段：消费。消费者利用线上获得的信息到线下商户接受服务、完成消费。

第四阶段：反馈。消费者将自己的消费体验反馈到线上平台，有助于其他消费者做出消费决策。线上平台通过梳理和分析消费者的反馈，形成更加完整的本地商铺信息库，可以吸引更多的消费者使用在线平台。

第五阶段：存留。线上平台为消费者和本地商户建立沟通渠道，可以帮助本地商户维护消费者关系，使消费者重复消费，成为商家的回头客。

三、O2O 组合模式

对于 O2O 的应用，有一点必须首先理清思路，即 O2O 面向的是同时包含线下与线下业务或社区的企业，其有 4 种线下线上组合模式。

第一类为"线上社区-线下消费/社区"。这是一种必须到线下进行消费的 O2O 模式，线上主要是在线交流互动，并开展一定的优惠或促销活动。这种模式适应于必须亲自到现场消费的宾馆、餐饮及其他领域。

第二类为"线上消费/社区-线下社区"。这是一种只在线上销售的 O2O 模式，线上还有在线交流或开展促销作用，线下主要是面对面的交流互动或现场展示。这种模式适应于无线下门店仅有线上网店的纯线上电商领域。

第三类为"线上消费/社区-线下消费/社区"。这是一种线上与线下同时进行销售的 O2O 模式，线上、线下都有交流互动的需求，线上与线下还可以分别开展优惠或促销活动。这种模式适应于线上有网店且线下有门店的领域。

第四类为"线上社区-线下社区"。这是一种无销售业务的 O2O 模式，适用于同时需要线下及线下交流互动的社交平台。

如果仔细分析线上消费/社区这块，其可能还分为多个阵地，如官方网站/网店、移动 App/移动网店及各类社交网站上的官方账号，它们之间还有引流问题。不论是以上哪种组合的 O2O 商业模式，都需要将新客户引流过来及留住老客户。只不过，引流可能发起于线上或线下。从线上发起的引流可能将新客户引至线下或线上，从线下发起的引流则将新客户引至线上。当新客户被引至线下或线上平台后，需要有优化过的注册及服务流程，促使他们转化为你真正的客户，并开始消费或融入社区。然后，目标的重点则转到让已经成为客户的人愿意长期消费或使用你的社区，并让他们愿意在线上与线下的闭环中往返。

实例分析

借世界杯之风，搭体验平台

——"宝骏 730 抢先购"OTO 整合营销方案

一、背景与目标

2014 年盛夏，宝骏 730 上市在即，作为五菱宝骏家族里一款战略型 MPV，产品定位"7 座家用车"。适逢世界杯期间，如何借势热点营造网友关注、实效拉动销售订单，成为本案主要任务。其目标：广泛告知新车上市信息，收集意向潜客，拉动宝骏 730 上市首月订单。

二、策略与创意

由于宝骏 730 早在 4 月北京车展即已经亮相，并成为一款意向客户高度关注的明星车型，上市前后激发潜客快速下订、短期内实现用户上量是传播成功与否的关键。为此，线上线下紧密配合、开展 OTO 整合营销也就成为此际的策略。线上，在宝骏官网搭建"730 抢先购"体验营销主平台，通过"免费畅游世界杯冠军国"为噱头的预购活动营造上市期待感、提高潜客预购热情；借势世界杯营销契机，布局手机及 PC 入口级大媒，通过广告创意进行广泛曝光导流；制作产品微手册，在用户的微信朋友圈激发分享，深度生动解读宝骏 730 产品核心卖点。线下，4S 店终端物料同步开展活动宣传，用户试驾体验新车，预付订金，成

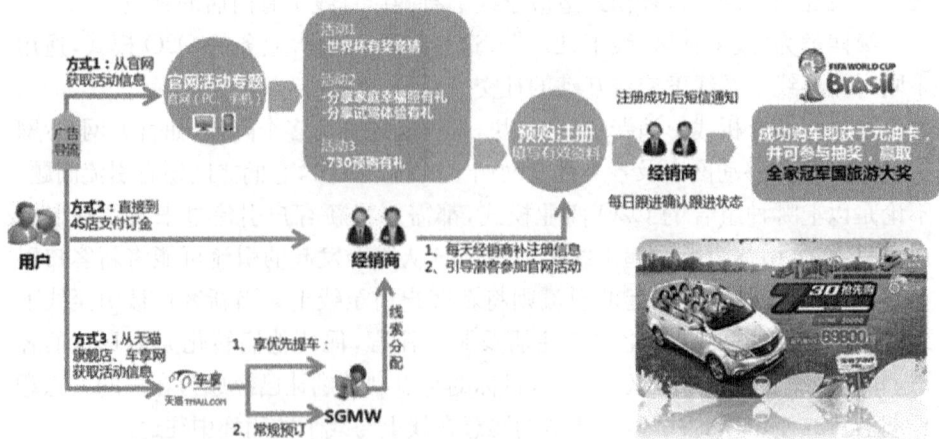

线上下OTO整合行程

功购车即获千元油卡,并参与全家冠军国旅游抽奖。

三、媒体表现

(1)创意硬广、借势导流。选取世界杯冠军国巴西国旗的主色调(黄绿),提炼产品核心卖点,采用时下流行的扁平化设计,适配创意动画过渡,形成极具吸引眼球的创意,布局电脑及手机媒体(如腾讯网、手机腾讯网),广泛曝光导流至官网活动平台。

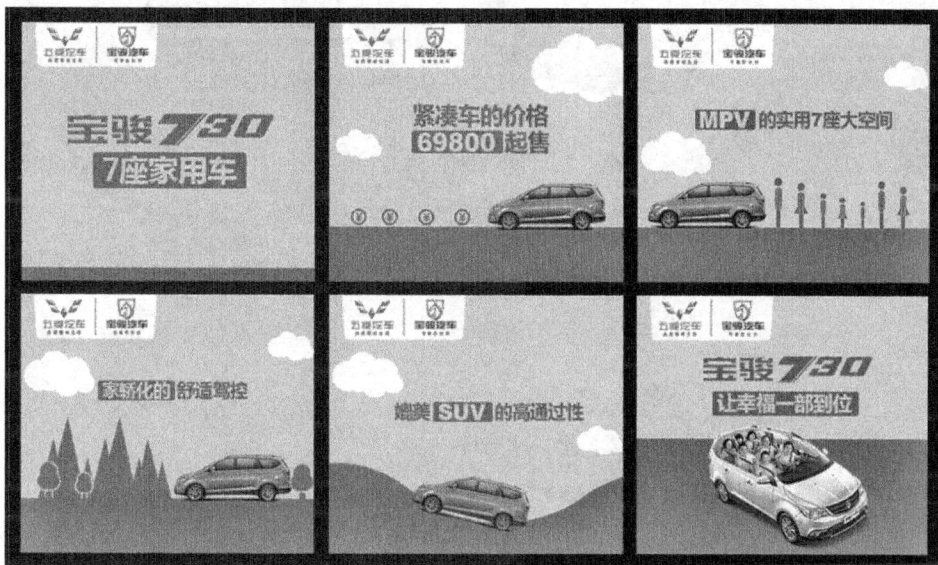

(2)产品微手册、生动解读。以"一部真正懂你的车"为开篇,引发网友好奇,将宝骏730卖点提炼成7种不同的幸福颜色,与用户生动沟通。7月12日,五菱宝骏官方微信发布宝骏730产品微手册,阅读量30 918,分享次数达1 934次,引发朋友圈阅读及转发热潮。

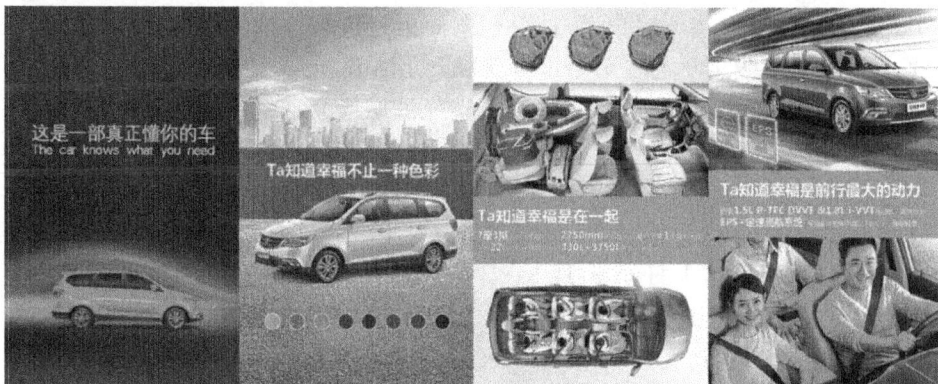

（3）官网抢购、体验营销。在官网搭建抢购预订主平台，引导用户在线订购，赢取世界杯冠军国全家游。同时嵌入开展"晒幸福有礼"、"世界杯竞猜"互动活动，提升页面粘度，促进深度沟通。

官网专题链接：http://www.autobaojun.com/activity/preorder730/index.html

（4）线下整合，潜客进店交订金提车。经销商在 4S 店和线上自媒体也开展了大规模的活动宣传。用户通过官网/电商渠道进行预购注册后，线下到店试驾，亲身体验宝骏 730，预交订金即可获取千元油卡，把线上及 4S 店进行了无缝对接，实效促进了宝骏 730 潜客成交，营造充满期待又富有参与感的 OTO 体验营销。

四、效果与反馈

营销效果：7 月 1 日至 8 月 31 日期间，PC 端活动专题总浏览量高达：9 822 789 次（7 月份浏览量 5 097 881，8 月份浏览量 4 724 908），访客数高达 5 978 350 人（7 月份访客数 2 643 112 人，8 月份访客数 3 335 238），平均停留时长2:07。移动端活动专题页面总浏览量(PV)高达14 392 097次,独立用户数(UV):3 402 145次。截至到9月1日上午10:00,宝骏730抢先购后台预订数达34 062人。

销售数据:在系列营销推广下,宝骏730上市首月销量破万,第三个月达到2.55万台,在上市第100天,累积销量更是突破6万台。宝骏730销量持续走高,产品得到了市场的高度认可,成功开辟出10万元内"7座家用车"细分市场。

——案例来源:《"宝骏730抢先购"OTO整合营销》,发布于金鼠标官网,执行时间:2014.7.10—2014.8.31

活现莫奈,树品牌标杆
——莫奈特展O2O整合营销传播

一、背景介绍

国内地产商扎堆开发城市综合体,购物中心大量涌现。商业地产行业竞争日益激烈,为了吸引消费者关注,各购物中心争奇斗艳,借活动导流客群并不是新鲜事。K11作为全球首个购物艺术中心品牌,自开业初期就受到行业广泛关注,引发了巨大的争议。如何让消费者理解K11品牌的艺术DNA,传播K11"In art we live 活现艺术"品牌理念,树立商业地产行业品牌标杆,一直是K11面临的巨大挑战。

此次上海K11购物艺术中心在中国大陆首次举办"印象派大师莫奈特展",是新型的商业艺术空间首次替代专业博物馆,为广大市民提供了一个近距离感受大师的机会。如何用K11的特色,让消费者体验一场与众不同的莫奈展,则是又一大挑战。

而艺术在消费者心中往往有着"高冷,难懂"的普遍认识,很多顶级艺术展在国内往往叫好不叫座,如何拉近莫奈特展与普通消费者之间的距离,使普通消费者更好地了解、理解与参与艺术,从而避免莫奈特展同样遭受"冷遇"。让莫奈展在K11火起来,使莫奈展成为全民关注的热点的同时,提升K11的客流量,是最直接的挑战。

二、目标

目标1:以莫奈特展为契机,让消费者感受到上海K11"In art we live 活现艺术"的品牌理念。

目标2:打破传统艺术展模式,用K11的独特视角诠释莫奈特展,吸引关注,让消费者与莫奈特展零距离互动。

目标 3：提升观展人数与机会，使莫奈特展成为全城关注的热点，提升 K11 客流量，活现一场与众不同的莫奈特展。

三、策略与创意

营销洞察：我们的目标传播对象主要是 20～40 岁年轻族群，不分男女，他们追求生活品质，也注重精神追求。他们对生活充满热情，他们的生活是丰富而多元的。而 K11 希望汇聚创新、激情和活力的力量、使命感、潮流、时尚彼此连接碰撞，以自己的态度，创造人群与艺术的深度互动，并使之社会化生活化。

K11 莫奈特展需要让消费者从被动信息接受者成为主动传播的"推广力量"，通过他们的自发性传播点燃莫奈特展的热度，使本次莫奈特展的亮点引发媒体的关注报道，引导更广泛的外围人群关注、参与 K11 莫奈特展，并由此消弭高端艺术与普罗大众之间的隔阂。

通过对传统艺术展问题的思考，我们将解决普通消费者对莫奈特展理解难、表述难、分享难的困扰，真正拉近消费者与莫奈特展的距离，使消费者感受到莫奈特展就在身边，使莫奈特展活化起来。

核心创意："活现莫奈"——将上海 K11 莫奈特展从一场"画展"进化为一次"关于莫奈的 360 度全维度体验"。

四、执行过程

在为期 4 个月的开展期间，我们在线上线下设定不同主题，有节奏地通过融媒推广、跨界合作、创新形式等手段，让消费者对于上海 K11 购物艺术中心莫奈特展期从"启蒙"、"感知"到"自主创造"，由此引爆了一场全民参与的莫奈特展。

A5 148mm x 210mm

步骤一："画里画外"实景重现莫奈画作

在距离莫奈特展开幕的前一周，我们将莫奈生活与创作了 40 年的地方——吉维尼花园，搬到了上海淮海路的 K11 入口处。现场铺满鹅卵石的池塘、缤纷野花，与莫奈画作中出现过的场景一模一样，而绿色拱桥正是莫奈画作《日本桥》的原型缩小版。4 月在池塘里还种植了莫奈画作中最有名的主题之一——睡莲。实景的莫奈作品吸引了来往淮海路的客流，引发了网络及媒体的广泛讨论。

与之相呼应的是，我们选择了与时下流行的前卫艺术花艺品牌"野兽派花店"跨界合作，在上海 K11 购物艺术中心的 2 楼，以野兽派的高品质鲜花和装置艺术实景搭建了莫奈花园，重现了莫奈的灵感之所，穿越空间的室内吉维尼花园

毫无疑问地又成为消费者和野兽派粉丝追捧的自拍圣地。

步骤二:"云导览"线上莫奈特展实现跨区域观展

我们与全球领先的云服务"印象笔记"联合组织了线上莫奈云导览,为莫奈特展搭建了跨越时间空间限制的导览服务,为莫奈观展者对于画作的图像化保存收藏提供了解决方案。而通过对名画及大师的解读,线上导览服务为1000w用户搭建了可随时欣赏莫奈大师作品的平台,为每一次分享提供了可以附加的内涵与深度,以此催动用户的分享欲望。不仅为现场观展的客人提供了便利,更应用印象笔记本身大基数的用户,进行了一次跨平台的深入传播。

因莫奈特展现场不允许摄像,我们推出这一服务受到了广大客人的好评。

Step 2 "云导览"线上莫奈特展实现跨区域观展

我们与全球领先的云服务"印象笔记"联合组织了线上莫奈云导览,为莫奈特展搭建了跨越时间空间限制的导览服务。

步骤三:"时尚莫奈"潮人联盟演绎莫奈风

针对 K11 主打人群的时尚性与艺术性,我们在自有街拍网站 look11 与网易旗下的主题街拍网站 istyle 同步推出"我有一个秘密花园"的主题街拍,将莫奈作品风格融入服饰搭配,让时尚潮人为莫奈代言,使线下活动转化为线上图像呈现,同时覆盖了艺术达人与时尚 KOL,透过他们的主动转发,在两大目标人群中实现精准传播。

步骤四:"莫奈联盟"社会化媒体平台的莫奈口碑矩阵

我们不仅在微信、微博、豆瓣小站等自有媒体阵地铺设了 K11 莫奈特展的持续报道与线上互动活动,更运用了大众点评、豆瓣同城、格瓦拉等有销售能力的平台,将莫奈特展的观展票从传统渠道搬到了线上的社会化平台,引发了网络购票热潮,有趣的活动与新颖的购票方式,使豆瓣上试水的 10 000 张早鸟票,在 3 天内就被抢购一空。而大众点评与格瓦拉,共同售出了 10 万张观展门票的惊人成绩。

同时,我们还联合了国内最优秀的轻博客平台 LOFTER,基于 LOFTER 的用户特性(大量艺术、创意从业者与爱好者),发起了♯启蒙我的画♯和♯我拍过的桥♯创意分享活动,通过自主创造与上传,将莫奈作品进行全新诠释与演绎,从而进行二次传播,扩大莫奈特展的影响力。

经由与品牌不同形式的合作,与层层递进地话题推广,我们完成了 K11 与品牌既有人群的置换与叠加效应,成功透过这些人群的自主分享实现了 K11 莫奈特展的层次推广,引爆了各大媒体的自主性报道。通过全渠道的自发传播,K11 通过莫奈特展成功实践了一次跨越时间、空间、人群,多元化,无线化,全民化的艺术狂欢。

五、营销效果与市场反馈

目标1:以莫奈特展为契机,让消费者进一步感受到上海 K11"In art we live 活现艺术"的品牌理念。

结果1:通过超过 3 万份的线下问卷调研,消费者通过莫奈特展,对于 K11 品牌的艺术定位有广泛的认知,超过 90% 的消费者认为上海 K11 是一个诠释艺术的购物商场,其中 50% 信息来源为网络。

目标2:打破传统艺术展模式,用 K11 的独特视角诠释莫奈特展,吸引关注,让消费者与莫奈特展零距离互动。

结果2:K11 的 ePR 传播中,新浪微博粉丝从 60 w 实现几乎翻倍增长,超越 100 w,新浪微博带来的 4 000 w PV,和 10 w 的转发点赞;豆瓣小站粉丝从 4 000 翻倍增长到 10 000;K11 商场会员增长 5 w 人;超过 1 000 个网络红人自主参与传播活动。

目标3:提升观展人数与机会,使莫奈特展成为全城关注的热点,提升 K11 客流量,活现一场与众不同的莫奈特展。

结果3:上海 K11 莫奈特展观展人数共计超过 35 w,商场客流量同比增长 30%,商场整体营业额增长 30%(零售和餐饮),街拍活动赞助商 axes femme 服装品牌销售额同比增长 54%,3 个月均环比增长 25%。

此次莫奈特展引起广泛的轰动,2 000 多家媒体主动报道,远在大洋彼岸的《纽约时报》和《华尔街时报》也对上海 K11 莫奈特展进行了大篇幅报道,可以说此次上海 K11 的莫奈特展已经引起了全球的关注。明星观展:刘嘉玲、伊能静、赵薇、姚明、超女、主持人等。

通过已有数据库对于 K11 既有人群标签的分析,串联了一系列跨界资源,创造性地开辟了一条以溶媒、跨界、社会化媒体多线合一的全民艺术营销之路。以"活现莫奈"为主题的新型艺术营销,将上海 K11 莫奈特展从一场"画展"进化为一次"关于莫奈的 360 度全维度体验"。通过与知名品牌花艺品牌"野兽派花店"、全球领先的云服务"印象笔记"、网易旗下的主题街拍网站 istyle、国内最优秀的轻博客平台 LOFTER 形成跨界合作互动,经由与品牌不同形式的合作与层层递进地话题推广,K11 完成了与跨界品牌既有人群的置换与叠加效应,成功透过这些人群的自主分享实现了 K11 莫奈特展的层次推广,引爆了 2 000 多家媒体主动报道,远在大洋彼岸的纽约时报和华尔街时报也对上海 K11 莫奈特展进行了大篇幅报道。通过全渠道的自发传播,K11 通过莫奈特展成功实践了一次跨越时间、空间、人群,多元化,无线化,全民化的艺术狂欢。

而上海 K11 莫奈特展观展人数共计超过 35 万,商场客流量同比增长 30%,商场整体营业额增长 30%(零售和餐饮),莫奈街拍活动赞助商 axes femme 服装品牌销售额同比增长 54％。"K11 莫奈展"将消费者从被动接收信息的"接受者"转化为主动创造信息的"传播者"。实效传播所带来的销售转化,也是对 K11 敢于尝试创新营销方式的最佳回报。

　　——案例来源:上海 K11 购物艺术中心,《莫奈来了-上海 K11 购物艺术中心莫奈特展 O2O 整合营销传播》,发布于金鼠标官网,执行时间:2014.02.12—2014.06.15

服适人生,搭出色
——优衣库搭出色 O2O2O 营销策略

一、背景介绍

　　优衣库秉持"Life Wear 服适人生"品牌理念,倡导"舒适百搭时尚,伴你精彩生活"穿衣理念,期望通过服饰搭配,体现每个人不同的生活体验和品味,让每个人通过自由随性的穿搭,变成闪亮的明星、成为生活的主角,与广大消费者的个性和意愿相贴合。

二、营销策略与创意

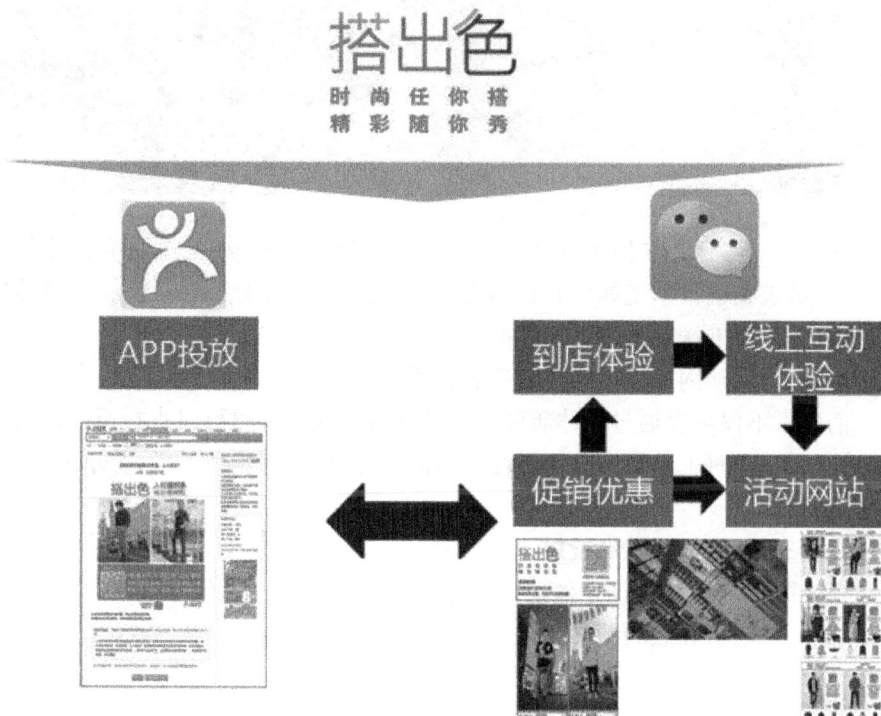

结合优衣库"搭出色"的主题理念,还原消费者自我的穿搭个性,优衣库搭出色活动将"线下门店＋线上 PC 端＋线上移动端"进行互动整合,实现 O2O2O 的创新营销方式,加强和消费者的互动体验,从而为消费者带来更好的商品和服务体验。

创意沟通元:突破时间和空间的限制,让消费者随时随地(店铺内/互联网),都能创造自己的搭配,show 专属自己穿衣的独有风格。更可以与背景混搭,打造或清新,或时尚,或趣味,或随意的百变造型,并随心所欲地进行分享。让消费者做自己的时尚主人。

三、执行过程

步骤一:线下实体店引爆参与

在活动开始前,8 月 1 日开始,先在网上放出病毒视频。在网络上造成讨论。8 月 8 日店铺/线上活动正式开始,每个月在 4 个城市各 1 家门店举行活动。

在店头,消费者在换上优衣库服装后,可通过店铺内设置的革新性的装置——"试衣魔镜",感受如同自己就在纽约/巴黎/东京街头的氛围。并且能够通过微信,分享推送到消费者手机的照片和视频,达成二次传播。

步骤二:活动网站＋微信平台广泛传播

消费者不仅可以通过实体店体验玩转到线上互动。更可以直接通过优衣库的官方微信,随时上传具有自己搭配风格的照片,参与搭出色活动,分享朋友圈,收集点赞。

步骤三:整合媒介精准投放

媒介配合上,采用门户/垂直类配体组合,加以 OTV 和微信平台广告的配合,达到面的覆盖和点的精准渗透。

步骤四:活动网站同步秀场

所有在门店通过试衣魔镜拍摄的照片不仅可以通过微信发到手机中分享,在试衣镜镜头下变换 pose 的短片(8 秒)或照片还能同步到搭出色官网活动网站。你可以邀约朋友评论点赞,也可以通过新浪微博、人人、微信、腾讯微博分享给朋友。更吸引人的是,所有参加的消费者能进行抽奖获得东京时尚之旅。

四、市场反馈

品牌曝光量:近 5 亿;投放点击量:超过 800 万次;活动总参与人数:1 533 204人;在 13 城市 15 家店铺展开,实体店参与人数超 26 000 人。店头参加活动人数最多的城市为哈尔滨、北京、上海、广州、成都,为中国东北、华北、华东、华南、西部的时尚之都。受众的参与面上至 80 岁老人,下有 3 岁左右的孩童;不仅有时尚年轻人,也有老人伴侣、父母与孩子,或是全家集体参与。微信粉丝数从活动前的 397 934,增加至 1 062 600。增长量接近 3 倍。案例还获得了爱奇艺 2014 年度最佳 O2O 营销案例奖。

唐·舒尔茨的《全球整合营销传播》封面上便指出,信息爆炸时代,大众对信息的接受模式是:遗忘河过滤 99%,只能记住 1%,营销传播的目的是让"零散的1%"最终在客户头脑中形成企业想要的 99%。编者认为本案例主要创新价值在于线上和线下的互动体验。有营销专家认为互动营销的案例成功的很少,大多数都死于无形,原因有如下三:一是创意内容和互动活动设计,到底是企业想要表达的还是受众真的感兴趣的。为了体现自己的创意水平,很多时候天马行空的想了很多;为了突出品牌文化,强加性的为受众贴上标签;为了介绍产品功能,设置很多活动进行解剖。而结果是广告主认可了,受众不买单了。二是参与机制过于复杂而门槛很高。AR/QR/App 加上最近热得发烫的 html5,这些新技术的应用也要求了承载的工具要有一定的功能限制。受众为什么会因为为了体验一下趣味性或者不算很多的奖品去费尽周折的下载一个应用或者更新一下设备呢?三是实现技术不成熟,但还是用了。移动网络不够给力还是信息传播渠道限制过多,都制约了一些技术的实现,导致最后技术实现了,参与的体验感打折了。

而编者认为《优衣库搭出色 O2O2O 整合营销》案例中很好利用了线上和线下的互动体验,让受众建立对了品牌关联的习惯,符号关联或者购买欲望关联。"知晓"到"了解"到"体验"到"购买"到"分享"。

——案例来源:优衣库,《优衣库搭出色 O2O2O 整合营销》,发布于金鼠标官网,执行时间:2014. 8. 8—2014. 11. 30 http://www. goldenmouse. cn/html/case/anlilei/chuangyichuanbolei/2015/0122/1594. html

音乐内裤,玩转混搭
——网易云音乐跨界 O2O 联合营销

一、背景介绍

无线音乐处于快速增长的态势,移动音乐占比越来越大。在如此迅猛发展的行业态势下,网易云音乐应运而生,不同于业内无线音乐产品越来越趋同的现状,网易云音乐形成了自己独特的品牌个性。网易云音乐作为一款帮助用户发现与分享好音乐的音乐应用,主要依托于乐人、DJ 及用户,首创"歌单"概念,其中以黑胶唱片原型创作的播放页面为网易云音乐独有专利,并受到用户的高度评价。

年轻群体对音乐的旺盛需求,使其成为网易云音乐的主要用户群体,而且网易云音乐的个性化功能、极致的产品体验,也在年轻用户中形成了较高的用户口碑和品牌忠诚。美特斯邦威作为知名的潮流服饰品牌,同样以年轻群体为目标消费者,在品牌塑造方面给消费者留下的时尚、个性印象也与网易云音乐有着较高的契合度。此外,根据年轻群体关注新鲜事物、高度依赖移动社交网络的特性,将音乐与内裤进行跨界结合,通过年轻人对活动的好奇心,引发其对网易云音乐和美特斯邦威的关注与深入了解,从而提升双方品牌在目标受众中的知名度和好感度。

网易云音乐自 2013 年 4 月上线以来,用户增速在业内遥遥领先,目前已拥有超过 5 500 万用户,同时依托于网易大平台,拥有丰富强大的线上传播经验与媒体资源。而美特斯邦威则拥有数量众多的线下实体店资源,两者的强强联合,实现线上线下的资源互补,达到共利共赢的活动效果。

二、营销目标

通过与美特斯邦威的深入合作,提升网易云音乐在年轻群体中的品牌知名度,同时美特斯邦威也能借助网易强有力的线上资源,带动线下销售。

三、策略与创意

形式内容:美特斯邦威将上线"音乐内裤"这个本身就很富有传播点的新产品,以此为介质,进行一系列的线上线下联动品牌战役,包含:产品上线前病毒视频社交网络传播、双方强强联合的战略合作发布会、线上朋友圈免费抢音乐内裤、线下旗舰店集客活动、线上线下销售渠道联合促销。

创意一:独具特色的"音乐内裤"

我们邀请了多名具有独特风格的设计师,根据歌名设计了 10 款音乐内裤,其中还包含情侣款,每款都有独特含义及趣味性。同时内裤上印有该歌曲二维码,用户可以扫描来试听这首歌曲。

创意二：利用产品趣味性及朋友圈亲密关系，掀起"朋友帮抢内裤"的舆论
风暴

借助舆论热点，线上"朋友帮抢内裤"互动活动引爆社交网络，只要4～8位
好友帮抢，即可免费获得一条音乐内裤，共有超200万人次参与，是同等投入活
动的20倍。

四、执行过程

第一阶段：上线前活动预热，线上病毒视频与邀请函的传播，线下平面大片
的店内展示。

病毒视频"倍儿爽篇"链接地址：http://v. 163. com/yule/V8GIAB8I2/VA5GGSVHU. html＃from＝
yuleplay2_recommended

病毒视频"小苹果篇"链接地址：http://v.163.com/yule/V8GIAB8I2/VA5GGUBGK.html

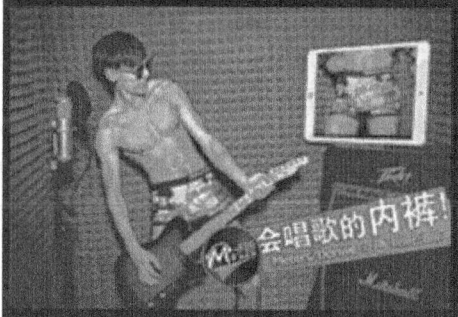

第二阶段:行业媒体发布会,正式宣布战略合作的启动,传播阵地:媒体。

发布会后媒体曝光引发广泛关注,平面媒体、网络媒体、电视媒体纷纷报道,期待O2O产品营销新方式,累计报道超过**200篇**!

第三阶段:线上引爆舆论热点,传播阵地:朋友圈社交关系、互联网广告。

借助舆论热点,线上"朋友帮抢内裤"互动活动引爆社交网络,只要4-8位好友帮抢,即可免费获得一条音乐内裤,共有超**200万人次**参与!是同等投入活动的**20倍**!

第四阶段:线下互动促销人流拥挤。

五、营销效果与市场反馈

（1）音乐内裤第一天就售罄,紧急补货。

（2）网易云音乐每天新增用户数创新高。

（3）"音乐内裤"话题两小时内冲到微博话题榜第16。

（4）微博大号纷纷传播引热议阅读量超过 3 000 万,是同等投入活动的15 倍。

（5）"朋友帮抢内裤"引朋友圈刷屏,200 万人次参与,是同等投入活动的20 倍。

Metersbonwe 与网易云音乐将音乐与内裤看似完全不同的个体,通过巧妙的设计与技术融合后,犹如一场打破常规的重生之旅,令人耳目一新。这一份改变,不仅为音乐内裤增添了一份妙趣横生的听觉效果,更让人享受音乐内裤带给来的无限乐趣。

邦购平台 ＋ 全流通 ＋ 云货架 ＝ 自由购物无边界。音乐内裤将在

Metersbonwe110家实体店铺与邦购网同步销售,有趣的是此次的音乐内裤在100家实体店铺中应用了的O2O概念,实现线上线下全商品流通。对于购物一族而言,常常会碰到这样的烦恼,百里挑一选中了自己喜欢的衣服,店内却没有合适的尺码或心仪的花色。再大的实体店,也有物理空间的限制,无法保证每款衣服的足色足码。Metersbonwe通过大数据应用,使店铺任一商品出现缺色断码,都可以将订单下发到其他店铺,并且免费送货到家,实现了商品的全流通。现在100家音乐内裤的销售门店,即使没有现货,照样可以买单,接着只需在家等待快递送货上门即可,不再错过任何美丽相遇。

——案例来源:《网易云音乐"音乐内裤"跨界O2O联合营销》,发布于金鼠标大赛官网;执行时间:2014.9.15—2014.10.15　http://www.goldenmouse.cn/html/case/anlilei/zhengheyingxiaolei/kuameitizheng/2015/0124/1713.html

问题探讨

O2O这一概念是在2010年8月份由Alex Rampell提出,但此种模式早几年就有,2006年沃尔玛公司提出的SitetoStore的B2C战略,即通过B2C完成订单的汇总及在线支付,顾客到4 000多家连锁店取货,该模式就是O2O的模型。随着Groupon(即高朋网)火爆全球,O2O模式被越来越多的人关注。许多新创公司都开始布局O2O领域,国外运作比较成功的O2O模式的网站有Uber、JHilburn、Jetsetter、Zaarly、Getaround、Trunkclub等。携程、大众点评网为中国最早的O2O模式,目前国内发展较好的O2O网站有大众点评网、美团网、窝窝团、丁丁网、赶集网等。这种以在线支付为核心的O2O成为电子商务的新亮点,相关产业日趋成熟,众多新创公司纷纷布局O2O领域。本次探讨的是O2O模式的发展现状、发展瓶颈及营销策略。

一、O2O模式的发展现状

《2012年度中国O2O市场研究报告》显示,2012年中国O2O市场规模达到986.8亿元,同比增长75.5%,预计2015年,中国O2O市场规模将达到4 188.5亿元其中,餐饮服务业发展令人瞩目,增速比肩O2O市场整体发展速度。

团购网站是国内目前O2O发展的典型方式。现在的团购网站大多采用"电子市场＋优惠到店消费"模式。即消费者在网上下单并完成支付,然后凭借优惠订单消费凭证到实体店消费。它将线上订购的便捷实惠性和线下消费的真实体验充分结合起来,特别适合必须到店消费的商品和服务,比如餐饮、健身、看电影和演出、美容、美发等。餐饮美食和娱乐休闲是用户团购最多的两大种类,家具百货紧随其后。

中国 O2O 市场目前依然处于早期的发展阶段,仅以优惠券为例,就有大众点评、丁丁网、维络城、布丁等多家公司,应用众多、同质化严重。O2O 网站除了传统的广告模式,尚未找到更好的盈利方向。而就整个 O2O 行业来看,商户越来越不愿意支付广告费用。另一方面,硬件验证的成本也需要进一步降低。在移动支付移动电商等关键环节多数企业都缺乏有效支撑,更重要的是,对于 O2O 企业来说,线下服务的拓展能力和数据分析能力更是影响用户体验的核心。

二、O2O 模式发展中遇到的瓶颈

1. 线上线下服务体系质量

运作 O2O 电商模式的传统企业首先要迈过线上消费者访问"流量"这道坎。没有线上的流量,就难于让消费者记住你的品牌,自然就没了销量。一般来说,线下能力的高低很大程度上决定了 O2O 这个模式能否成功,而线下能力的高低又是因为线上的用户黏度决定的,拥有大量优势用户资源、本地化程度较高的传统企业与垂直网站将借助 O2O 模式,在电子商务市场掘金挖银。而如何提高服务体验、培育海量用户成为 O2O 模式成功又一关键点。O2O 平台通过在线的方式吸引消费者,但真正消费的服务或者产品必须由消费者去线下体验,这就对线下服务提出很高的要求。很多企业由于线下体验部分服务的缺失和不完美,让消费者获得非常差的体验,从而无法产生重复购买、重复消费,以至于让产品、服务并不完善的传统企业在触网进行 O2O 时非常尴尬。因此能否掌控稳定的服务体系质量也是一个很大的问题。在线支付、线下体验,很容易造成"付款前是上帝,付款后什么都不是"的窘境。比如定制类实体商品一旦与消费者预定不符,质量低于预期,甚至低劣,就会产生严重的消费纠纷。因此一旦出现消费纠纷如何协调,对 O2O 经营者是个大考验。

2. 信誉保真

O2O 模式网上销售也面临保真信誉这一道坎。当前假冒伪劣泛滥,作为消费者,最关心的就是质量的优劣、产品的真假,而体验式服务没有好的口碑和信誉也很难获得规模化的发展,因此如何保量保质保真,保障线上信息与线下商家服务对称,树立良好渠道的公信力,是企业触网 O2O 要跨过的又一道坎。

3. 仓储运输

仓储物流也是 O2O 运营的一大掣肘。以酒水为例,酒水包装易碎,酒水的储存对保全保温有较高的要求,因此对酒水物流仓储的要求也相对较高,要求快速便捷安全。但是国内 B2C、O2O 运营者,在仓储物流建设方面已远远落后于网上营销的配送需要,经常出现断货、爆仓、无人送货、货品有问题等现象,让消费者时感"吐槽无语"。

不过,不管是线上线下资源的整合、提高服务体验水平还是改善运营仓储物流、保障服务信誉等,这一切需要有很强的信息系统后台支撑,遗憾的是多数国内企业信息化建设都比较薄弱,这制约 O2O 模式的发展。

三、O2O 模式营销策略

无论是旅游行业还是电影行业,抑或其他行业,在运用 O2O 模式时应加强以下几方面的建设,以期于能够在"互联网+"时代,更好地实现企业转型发展,适应市场。

1. 营造良好线上体验

O2O 线上要吸引流量,培育消费者网上购物习惯,可以通过信息方式,给消费者提供良好的用户体验。埃沃寰球定制有限公司最近推出了男装定制客户端,用户只需拿出手机拍照即可完成尺寸测量,然后通过手机下单给公司定制系统;会员还可以获得上门面对面的服务,设计师会拿着 iPad 上门提供咨询服务,根据个性化需求生成的效果图可适时让用户看到,直至用户满意下单,最后到店里取货。这种体验式服务顾客深感满意。前品尚品宅配力推 O2O 模式也是一个非常成功的线上体验,实现线上线下完美结合。

2. 采用差异化营销,突破渠道撞车

对于传统企业来说,实施 O2O 电商模式容易造成线下实体店渠道与线上电子商务渠道的冲突,因此为了避免同质性的矛盾及新旧渠道的撞车,采用了差异化营销是 O2O 模式成功的一个重要手段。例如,企业可以将新产品放在网上试销,既不和线下的销售冲突,又可以测试交易;也可以采用分产品、分渠道的方式进行运作。通常传统企业做电子商务,是以传统零售的货品对电子商务进行支撑,并没有成立独立的电子商务的货品供应,这使之成为其发展的一个瓶颈。因此传统品牌企业应组建独立的电商战略团队,制定电商的发展战略步骤:筹备期限、试运行期限,正式运行期限、成熟期限和创新运行期限等,并由此梳理和整合线上线下销售体系,利用自身门店和网站结合建立自身的电子商务客户体系,并由此逐步建立市场规则。

3. 企业线下资源要丰富成规模

O2O 模式要求企业线下资源要丰富,门店要足够多,可以覆盖广泛地域,这样才能够让消费者实现就近消费,并享受完善的售后服务。一般来说,在全国拥有零售店、加盟店、直营店、特许店的大型企业尤其是流通型大型企业采用 O2O 模式较有优势。比如贵州茅台就有上千家专卖店,今年又开了 31 家自营店,就可实现从 B2C、C2C 到 O2O 的转型。建发酒业计划在未来 3～5 年内通过连锁加盟模式,在全国开设 1 000 家专卖店,也很适合 O2O 电商模式。还有,诸如安踏、特步这类拥有较多线下专卖店的知名鞋服品牌也可采用 O2O 模式。统一集团近日表示,7—11店在2012年内地的经营方式将结合实体门市与网络全面展开新营业项目。

4. 建立完善信息化管理系统,推进物流配送服务

对于拥有海量注册用户的商家来说,建立、完善信息化管理系统是O2O模式成功运用、有效管理线上线下商务活动的基石。而采用基于客户管理的CRM客户关系管理软件是整个信息系统的核心。比如采用定制的客户关系管理软件CRM,一方面可线上掌握和管理庞大的顾客信息,一方面可管理线下产品的全流通信息,全面提高企业物流仓储服务效力。

不管传统企业还是电商企业,都应努力制定科学完整的战略计划,根据营销环境的变化,将网络营销和实体店铺进行整合营销,实现线上线下完美结合,齐头并进全面推进企业的O2O模式地又快又好地发展。

参考文献:
［1］许丽萍. 传统企业新蓝海,O2O营销模式[J]. 软件工程师,2012(10):5-7.
［2］吴勇毅. O2O营销模式,传统企业的新蓝海[J]. 信息与电脑,2012(9):31-34.
［3］梁青玉、刘增论. O2O营销模式在我国旅行社的应用研究[J]. 中国商贸,2014(31):72-73.
［4］王旭风. 旅游业的网络营销策略研究[J]. 中国商贸,2012(2).
［5］卢益清、李忱. O2O商业模式及发展前景研究[J]. 企业经济,2013(11):98-101.

问题思考

1. 什么是O2O营销? 其营销策略有哪些?
2. O2O营销优势体现在哪些方面? 其局限性有哪些?
3. 对比分析B2B营销、B2C营销、C2C营销与O2O营销的适用环境?
4. 试简述本章四个案例中运用O2O营销策略,并作出简短的评价。

附录一
中华人民共和国广告法（2015 年修订）

1994 年 10 月 27 日第八届全国人民代表大会常务委员会第十次会议通过。
2015 年 4 月 24 日第十二届全国人民代表大会常务委员会第十四次会议修订，
自 2015 年 9 月 1 日施行。

目录

第一章　总　则

第一条　为了规范广告活动，保护消费者的合法权益，促进广告业的健康发展，维护社会经济秩序，制定本法。

第二条　在中华人民共和国境内，商品经营者或者服务提供者通过一定媒介和形式直接或者间接地介绍自己所推销的商品或者服务的商业广告活动，适用本法。

本法所称广告主，是指为推销商品或者服务，自行或者委托他人设计、制作、发布广告的自然人、法人或者其他组织。

本法所称广告经营者，是指接受委托提供广告设计、制作、代理服务的自然人、法人或者其他组织。

本法所称广告发布者，是指为广告主或者广告主委托的广告经营者发布广告的自然人、法人或者其他组织。

本法所称广告代言人，是指广告主以外的，在广告中以自己的名义或者形象对商品、服务作推荐、证明的自然人、法人或者其他组织。

第三条 广告应当真实、合法，以健康的表现形式表达广告内容，符合社会主义精神文明建设和弘扬中华民族优秀传统文化的要求。

第四条 广告不得含有虚假或者引人误解的内容，不得欺骗、误导消费者。

广告主应当对广告内容的真实性负责。

第五条 广告主、广告经营者、广告发布者从事广告活动，应当遵守法律、法规，诚实信用，公平竞争。

第六条 国务院工商行政管理部门主管全国的广告监督管理工作，国务院有关部门在各自的职责范围内负责广告管理相关工作。

县级以上地方工商行政管理部门主管本行政区域的广告监督管理工作，县级以上地方人民政府有关部门在各自的职责范围内负责广告管理相关工作。

第七条 广告行业组织依照法律、法规和章程的规定，制定行业规范，加强行业自律，促进行业发展，引导会员依法从事广告活动，推动广告行业诚信建设。

第二章　广告内容准则

第八条 广告中对商品的性能、功能、产地、用途、质量、成分、价格、生产者、有效期限、允诺等或者对服务的内容、提供者、形式、质量、价格、允诺等有表示的，应当准确、清楚、明白。

广告中表明推销的商品或者服务附带赠送的，应当明示所附带赠送商品或者服务的品种、规格、数量、期限和方式。

法律、行政法规规定广告中应当明示的内容，应当显著、清晰表示。

第九条 广告不得有下列情形：

（一）使用或者变相使用中华人民共和国的国旗、国歌、国徽，军旗、军歌、军徽；

（二）使用或者变相使用国家机关、国家机关工作人员的名义或者形象；

（三）使用"国家级"、"最高级"、"最佳"等用语；

（四）损害国家的尊严或者利益，泄露国家秘密；

（五）妨碍社会安定，损害社会公共利益；

（六）危害人身、财产安全，泄露个人隐私；

（七）妨碍社会公共秩序或者违背社会良好风尚；

（八）含有淫秽、色情、赌博、迷信、恐怖、暴力的内容；

（九）含有民族、种族、宗教、性别歧视的内容；

（十）妨碍环境、自然资源或者文化遗产保护；

（十一）法律、行政法规规定禁止的其他情形。

第十条 广告不得损害未成年人和残疾人的身心健康。

第十一条　广告内容涉及的事项需要取得行政许可的,应当与许可的内容相符合。

广告使用数据、统计资料、调查结果、文摘、引用语等引证内容的,应当真实、准确,并表明出处。引证内容有适用范围和有效期限的,应当明确表示。

第十二条　广告中涉及专利产品或者专利方法的,应当标明专利号和专利种类。

未取得专利权的,不得在广告中谎称取得专利权。

禁止使用未授予专利权的专利申请和已经终止、撤销、无效的专利作广告。

第十三条　广告不得贬低其他生产经营者的商品或者服务。

第十四条　广告应当具有可识别性,能够使消费者辨明其为广告。

大众传播媒介不得以新闻报道形式变相发布广告。通过大众传播媒介发布的广告应当显著标明"广告",与其他非广告信息相区别,不得使消费者产生误解。

广播电台、电视台发布广告,应当遵守国务院有关部门关于时长、方式的规定,并应当对广告时长作出明显提示。

第十五条　麻醉药品、精神药品、医疗用毒性药品、放射性药品等特殊药品,药品类易制毒化学品,以及戒毒治疗的药品、医疗器械和治疗方法,不得作广告。

前款规定以外的处方药,只能在国务院卫生行政部门和国务院药品监督管理部门共同指定的医学、药学专业刊物上作广告。

第十六条　医疗、药品、医疗器械广告不得含有下列内容:

(一) 表示功效、安全性的断言或者保证;

(二) 说明治愈率或者有效率;

(三) 与其他药品、医疗器械的功效和安全性或者其他医疗机构比较;

(四) 利用广告代言人作推荐、证明;

(五) 法律、行政法规规定禁止的其他内容。

药品广告的内容不得与国务院药品监督管理部门批准的说明书不一致,并应当显著标明禁忌、不良反应。处方药广告应当显著标明"本广告仅供医学药学专业人士阅读",非处方药广告应当显著标明"请按药品说明书或者在药师指导下购买和使用"。

推荐给个人自用的医疗器械的广告,应当显著标明"请仔细阅读产品说明书或者在医务人员的指导下购买和使用"。医疗器械产品注册证明文件中有禁忌内容、注意事项的,广告中应当显著标明"禁忌内容或者注意事项详见说明书"。

第十七条　除医疗、药品、医疗器械广告外,禁止其他任何广告涉及疾病治疗功能,并不得使用医疗用语或者易使推销的商品与药品、医疗器械相混淆的用语。

第十八条 保健食品广告不得含有下列内容：

（一）表示功效、安全性的断言或者保证；

（二）涉及疾病预防、治疗功能；

（三）声称或者暗示广告商品为保障健康所必需；

（四）与药品、其他保健食品进行比较；

（五）利用广告代言人作推荐、证明；

（六）法律、行政法规规定禁止的其他内容。

保健食品广告应当显著标明"本品不能代替药物"。

第十九条 广播电台、电视台、报刊音像出版单位、互联网信息服务提供者不得以介绍健康、养生知识等形式变相发布医疗、药品、医疗器械、保健食品广告。

第二十条 禁止在大众传播媒介或者公共场所发布声称全部或者部分替代母乳的婴儿乳制品、饮料和其他食品广告。

第二十一条 农药、兽药、饲料和饲料添加剂广告不得含有下列内容：

（一）表示功效、安全性的断言或者保证；

（二）利用科研单位、学术机构、技术推广机构、行业协会或者专业人士、用户的名义或者形象作推荐、证明；

（三）说明有效率；

（四）违反安全使用规程的文字、语言或者画面；

（五）法律、行政法规规定禁止的其他内容。

第二十二条 禁止在大众传播媒介或者公共场所、公共交通工具、户外发布烟草广告。禁止向未成年人发送任何形式的烟草广告。

禁止利用其他商品或者服务的广告、公益广告,宣传烟草制品名称、商标、包装、装潢以及类似内容。

烟草制品生产者或者销售者发布的迁址、更名、招聘等启事中,不得含有烟草制品名称、商标、包装、装潢以及类似内容。

第二十三条 酒类广告不得含有下列内容：

（一）诱导、怂恿饮酒或者宣传无节制饮酒；

（二）出现饮酒的动作；

（三）表现驾驶车、船、飞机等活动；

（四）明示或者暗示饮酒有消除紧张和焦虑、增加体力等功效。

第二十四条 教育、培训广告不得含有下列内容：

（一）对升学、通过考试、获得学位学历或者合格证书,或者对教育、培训的效果作出明示或者暗示的保证性承诺；

（二）明示或者暗示有相关考试机构或者其工作人员、考试命题人员参与教育、培训；

（三）利用科研单位、学术机构、教育机构、行业协会、专业人士、受益者的名义或者形象作推荐、证明。

第二十五条　招商等有投资回报预期的商品或者服务广告，应当对可能存在的风险以及风险责任承担有合理提示或者警示，并不得含有下列内容：

（一）对未来效果、收益或者与其相关的情况作出保证性承诺，明示或者暗示保本、无风险或者保收益等，国家另有规定的除外；

（二）利用学术机构、行业协会、专业人士、受益者的名义或者形象作推荐、证明。

第二十六条　房地产广告，房源信息应当真实，面积应当表明为建筑面积或者套内建筑面积，并不得含有下列内容：

（一）升值或者投资回报的承诺；

（二）以项目到达某一具体参照物的所需时间表示项目位置；

（三）违反国家有关价格管理的规定；

（四）对规划或者建设中的交通、商业、文化教育设施以及其他市政条件作误导宣传。

第二十七条　农作物种子、林木种子、草种子、种畜禽、水产苗种和种养殖广告关于品种名称、生产性能、生长量或者产量、品质、抗性、特殊使用价值、经济价值、适宜种植或者养殖的范围和条件等方面的表述应当真实、清楚、明白，并不得含有下列内容：

（一）作科学上无法验证的断言；

（二）表示功效的断言或者保证；

（三）对经济效益进行分析、预测或者作保证性承诺；

（四）利用科研单位、学术机构、技术推广机构、行业协会或者专业人士、用户的名义或者形象作推荐、证明。

第二十八条　广告以虚假或者引人误解的内容欺骗、误导消费者的，构成虚假广告。

广告有下列情形之一的，为虚假广告：

（一）商品或者服务不存在的；

（二）商品的性能、功能、产地、用途、质量、规格、成分、价格、生产者、有效期限、销售状况、曾获荣誉等信息，或者服务的内容、提供者、形式、质量、价格、销售状况、曾获荣誉等信息，以及与商品或者服务有关的允诺等信息与实际情况不符，对购买行为有实质性影响的；

（三）使用虚构、伪造或者无法验证的科研成果、统计资料、调查结果、文摘、引用语等信息作证明材料的；

（四）虚构使用商品或者接受服务的效果的；

（五）以虚假或者引人误解的内容欺骗、误导消费者的其他情形。

第三章　广告行为规范

第二十九条　广播电台、电视台、报刊出版单位从事广告发布业务的，应当设有专门从事广告业务的机构，配备必要的人员，具有与发布广告相适应的场所、设备，并向县级以上地方工商行政管理部门办理广告发布登记。

第三十条　广告主、广告经营者、广告发布者之间在广告活动中应当依法订立书面合同。

第三十一条　广告主、广告经营者、广告发布者不得在广告活动中进行任何形式的不正当竞争。

第三十二条　广告主委托设计、制作、发布广告，应当委托具有合法经营资格的广告经营者、广告发布者。

第三十三条　广告主或者广告经营者在广告中使用他人名义或者形象的，应当事先取得其书面同意；使用无民事行为能力人、限制民事行为能力人的名义或者形象的，应当事先取得其监护人的书面同意。

第三十四条　广告经营者、广告发布者应当按照国家有关规定，建立、健全广告业务的承接登记、审核、档案管理制度。

广告经营者、广告发布者依据法律、行政法规查验有关证明文件，核对广告内容。对内容不符或者证明文件不全的广告，广告经营者不得提供设计、制作、代理服务，广告发布者不得发布。

第三十五条　广告经营者、广告发布者应当公布其收费标准和收费办法。

第三十六条　广告发布者向广告主、广告经营者提供的覆盖率、收视率、点击率、发行量等资料应当真实。

第三十七条　法律、行政法规规定禁止生产、销售的产品或者提供的服务，以及禁止发布广告的商品或者服务，任何单位或者个人不得设计、制作、代理、发布广告。

第三十八条　广告代言人在广告中对商品、服务作推荐、证明，应当依据事实，符合本法和有关法律、行政法规规定，并不得为其未使用过的商品或者未接受过的服务作推荐、证明。

不得利用不满十周岁的未成年人作为广告代言人。

对在虚假广告中作推荐、证明受到行政处罚未满三年的自然人、法人或者其他组织，不得利用其作为广告代言人。

第三十九条　不得在中小学校、幼儿园内开展广告活动，不得利用中小学生和幼儿的教材、教辅材料、练习册、文具、教具、校服、校车等发布或者变相发布广告,但公益广告除外。

　　第四十条　在针对未成年人的大众传播媒介上不得发布医疗、药品、保健食品、医疗器械、化妆品、酒类、美容广告,以及不利于未成年人身心健康的网络游戏广告。

　　针对不满十四周岁的未成年人的商品或者服务的广告不得含有下列内容:

　　(一)劝诱其要求家长购买广告商品或者服务;

　　(二)可能引发其模仿不安全行为。

　　第四十一条　县级以上地方人民政府应当组织有关部门加强对利用户外场所、空间、设施等发布户外广告的监督管理,制定户外广告设置规划和安全要求。

　　户外广告的管理办法,由地方性法规、地方政府规章规定。

　　第四十二条　有下列情形之一的,不得设置户外广告:

　　(一)利用交通安全设施、交通标志的;

　　(二)影响市政公共设施、交通安全设施、交通标志、消防设施、消防安全标志使用的;

　　(三)妨碍生产或者人民生活,损害市容市貌的;

　　(四)在国家机关、文物保护单位、风景名胜区等的建筑控制地带,或者县级以上地方人民政府禁止设置户外广告的区域设置的。

　　第四十三条　任何单位或者个人未经当事人同意或者请求,不得向其住宅、交通工具等发送广告,也不得以电子信息方式向其发送广告。

　　以电子信息方式发送广告的,应当明示发送者的真实身份和联系方式,并向接收者提供拒绝继续接收的方式。

　　第四十四条　利用互联网从事广告活动,适用本法的各项规定。

　　利用互联网发布、发送广告,不得影响用户正常使用网络。在互联网页面以弹出等形式发布的广告,应当显著标明关闭标志,确保一键关闭。

　　第四十五条　公共场所的管理者或者电信业务经营者、互联网信息服务提供者对其明知或者应知的利用其场所或者信息传输、发布平台发送、发布违法广告的,应当予以制止。

第四章　监督管理

　　第四十六条　发布医疗、药品、医疗器械、农药、兽药和保健食品广告,以及法律、行政法规规定应当进行审查的其他广告,应当在发布前由有关部门(以下称广告审查机关)对广告内容进行审查;未经审查,不得发布。

　　第四十七条　广告主申请广告审查,应当依照法律、行政法规向广告审查机关提交有关证明文件。

　　广告审查机关应当依照法律、行政法规规定作出审查决定,并应当将审查批准文件抄送同级工商行政管理部门。广告审查机关应当及时向社会公布批准的广告。

第四十八条 任何单位或者个人不得伪造、变造或者转让广告审查批准文件。

第四十九条 工商行政管理部门履行广告监督管理职责,可以行使下列职权:

(一)对涉嫌从事违法广告活动的场所实施现场检查;

(二)询问涉嫌违法当事人或者其法定代表人、主要负责人和其他有关人员,对有关单位或者个人进行调查;

(三)要求涉嫌违法当事人限期提供有关证明文件;

(四)查阅、复制与涉嫌违法广告有关的合同、票据、账簿、广告作品和其他有关资料;

(五)查封、扣押与涉嫌违法广告直接相关的广告物品、经营工具、设备等财物;

(六)责令暂停发布可能造成严重后果的涉嫌违法广告;

(七)法律、行政法规规定的其他职权。

工商行政管理部门应当建立健全广告监测制度,完善监测措施,及时发现和依法查处违法广告行为。

第五十条 国务院工商行政管理部门会同国务院有关部门,制定大众传播媒介广告发布行为规范。

第五十一条 工商行政管理部门依照本法规定行使职权,当事人应当协助、配合,不得拒绝、阻挠。

第五十二条 工商行政管理部门和有关部门及其工作人员对其在广告监督管理活动中知悉的商业秘密负有保密义务。

第五十三条 任何单位或者个人有权向工商行政管理部门和有关部门投诉、举报违反本法的行为。工商行政管理部门和有关部门应当向社会公开受理投诉、举报的电话、信箱或者电子邮件地址,接到投诉、举报的部门应当自收到投诉之日起七个工作日内,予以处理并告知投诉、举报人。

工商行政管理部门和有关部门不依法履行职责的,任何单位或者个人有权向其上级机关或者监察机关举报。接到举报的机关应当依法作出处理,并将处理结果及时告知举报人。

有关部门应当为投诉、举报人保密。

第五十四条 消费者协会和其他消费者组织对违反本法规定,发布虚假广告侵害消费者合法权益,以及其他损害社会公共利益的行为,依法进行社会监督。

第五章　法律责任

第五十五条　违反本法规定,发布虚假广告的,由工商行政管理部门责令停止发布广告,责令广告主在相应范围内消除影响,处广告费用三倍以上五倍以下的罚款,广告费用无法计算或者明显偏低的,处二十万元以上一百万元以下的罚款;两年内有三次以上违法行为或者有其他严重情节的,处广告费用五倍以上十倍以下的罚款,广告费用无法计算或者明显偏低的,处一百万元以上二百万元以下的罚款,可以吊销营业执照,并由广告审查机关撤销广告审查批准文件、一年内不受理其广告审查申请。

医疗机构有前款规定违法行为,情节严重的,除由工商行政管理部门依照本法处罚外,卫生行政部门可以吊销诊疗科目或者吊销医疗机构执业许可证。

广告经营者、广告发布者明知或者应知广告虚假仍设计、制作、代理、发布的,由工商行政管理部门没收广告费用,并处广告费用三倍以上五倍以下的罚款,广告费用无法计算或者明显偏低的,处二十万元以上一百万元以下的罚款;两年内有三次以上违法行为或者有其他严重情节的,处广告费用五倍以上十倍以下的罚款,广告费用无法计算或者明显偏低的,处一百万元以上二百万元以下的罚款,并可以由有关部门暂停广告发布业务、吊销营业执照、吊销广告发布登记证件。

广告主、广告经营者、广告发布者有本条第一款、第三款规定行为,构成犯罪的,依法追究刑事责任。

第五十六条　违反本法规定,发布虚假广告,欺骗、误导消费者,使购买商品或者接受服务的消费者的合法权益受到损害的,由广告主依法承担民事责任。广告经营者、广告发布者不能提供广告主的真实名称、地址和有效联系方式的,消费者可以要求广告经营者、广告发布者先行赔偿。

关系消费者生命健康的商品或者服务的虚假广告,造成消费者损害的,其广告经营者、广告发布者、广告代言人应当与广告主承担连带责任。

前款规定以外的商品或者服务的虚假广告,造成消费者损害的,其广告经营者、广告发布者、广告代言人,明知或者应知广告虚假仍设计、制作、代理、发布或者作推荐、证明的,应当与广告主承担连带责任。

第五十七条　有下列行为之一的,由工商行政管理部门责令停止发布广告,对广告主处二十万元以上一百万元以下的罚款,情节严重的,并可以吊销营业执照,由广告审查机关撤销广告审查批准文件、一年内不受理其广告审查申请;对广告经营者、广告发布者,由工商行政管理部门没收广告费用,处二十万元以上一百万元以下的罚款,情节严重的,并可以吊销营业执照、吊销广告发布登记证件:

（一）发布有本法第九条、第十条规定的禁止情形的广告的；

（二）违反本法第十五条规定发布处方药广告、药品类易制毒化学品广告、戒毒治疗的医疗器械和治疗方法广告的；

（三）违反本法第二十条规定，发布声称全部或者部分替代母乳的婴儿乳制品、饮料和其他食品广告的；

（四）违反本法第二十二条规定发布烟草广告的；

（五）违反本法第三十七条规定，利用广告推销禁止生产、销售的产品或者提供的服务，或者禁止发布广告的商品或者服务的；

（六）违反本法第四十条第一款规定，在针对未成年人的大众传播媒介上发布医疗、药品、保健食品、医疗器械、化妆品、酒类、美容广告，以及不利于未成年人身心健康的网络游戏广告的。

第五十八条 有下列行为之一的，由工商行政管理部门责令停止发布广告，责令广告主在相应范围内消除影响，处广告费用一倍以上三倍以下的罚款，广告费用无法计算或者明显偏低的，处十万元以上二十万元以下的罚款；情节严重的，处广告费用三倍以上五倍以下的罚款，广告费用无法计算或者明显偏低的，处二十万元以上一百万元以下的罚款，可以吊销营业执照，并由广告审查机关撤销广告审查批准文件、一年内不受理其广告审查申请：

（一）违反本法第十六条规定发布医疗、药品、医疗器械广告的；

（二）违反本法第十七条规定，在广告中涉及疾病治疗功能，以及使用医疗用语或者易使推销的商品与药品、医疗器械相混淆的用语的；

（三）违反本法第十八条规定发布保健食品广告的；

（四）违反本法第二十一条规定发布农药、兽药、饲料和饲料添加剂广告的；

（五）违反本法第二十三条规定发布酒类广告的；

（六）违反本法第二十四条规定发布教育、培训广告的；

（七）违反本法第二十五条规定发布招商等有投资回报预期的商品或者服务广告的；

（八）违反本法第二十六条规定发布房地产广告的；

（九）违反本法第二十七条规定发布农作物种子、林木种子、草种子、种畜禽、水产苗种和种养殖广告的；

（十）违反本法第三十八条第二款规定，利用不满十周岁的未成年人作为广告代言人的；

（十一）违反本法第三十八条第三款规定，利用自然人、法人或者其他组织作为广告代言人的；

（十二）违反本法第三十九条规定，在中小学校、幼儿园内或者利用与中小学生、幼儿有关的物品发布广告的；

（十三）违反本法第四十条第二款规定,发布针对不满十四周岁的未成年人的商品或者服务的广告的;

（十四）违反本法第四十六条规定,未经审查发布广告的。

医疗机构有前款规定违法行为,情节严重的,除由工商行政管理部门依照本法处罚外,卫生行政部门可以吊销诊疗科目或者吊销医疗机构执业许可证。

广告经营者、广告发布者明知或者应知有本条第一款规定违法行为仍设计、制作、代理、发布的,由工商行政管理部门没收广告费用,并处广告费用一倍以上三倍以下的罚款,广告费用无法计算或者明显偏低的,处十万元以上二十万元以下的罚款;情节严重的,处广告费用三倍以上五倍以下的罚款,广告费用无法计算或者明显偏低的,处二十万元以上一百万元以下的罚款,并可以由有关部门暂停广告发布业务、吊销营业执照、吊销广告发布登记证件。

第五十九条　有下列行为之一的,由工商行政管理部门责令停止发布广告,对广告主处十万元以下的罚款:

（一）广告内容违反本法第八条规定的;

（二）广告引证内容违反本法第十一条规定的;

（三）涉及专利的广告违反本法第十二条规定的;

（四）违反本法第十三条规定,广告贬低其他生产经营者的商品或者服务的。

广告经营者、广告发布者明知或者应知有前款规定违法行为仍设计、制作、代理、发布的,由工商行政管理部门处十万元以下的罚款。

广告违反本法第十四条规定,不具有可识别性的,或者违反本法第十九条规定,变相发布医疗、药品、医疗器械、保健食品广告的,由工商行政管理部门责令改正,对广告发布者处十万元以下的罚款。

第六十条　违反本法第二十九条规定,广播电台、电视台、报刊出版单位未办理广告发布登记,擅自从事广告发布业务的,由工商行政管理部门责令改正,没收违法所得,违法所得一万元以上的,并处违法所得一倍以上三倍以下的罚款;违法所得不足一万元的,并处五千元以上三万元以下的罚款。

第六十一条　违反本法第三十四条规定,广告经营者、广告发布者未按照国家有关规定建立、健全广告业务管理制度的,或者未对广告内容进行核对的,由工商行政管理部门责令改正,可以处五万元以下的罚款。

违反本法第三十五条规定,广告经营者、广告发布者未公布其收费标准和收费办法的,由价格主管部门责令改正,可以处五万元以下的罚款。

第六十二条　广告代言人有下列情形之一的,由工商行政管理部门没收违法所得,并处违法所得一倍以上二倍以下的罚款:

（一）违反本法第十六条第一款第四项规定,在医疗、药品、医疗器械广告中

作推荐、证明的;

(二)违反本法第十八条第一款第五项规定,在保健食品广告中作推荐、证明的;

(三)违反本法第三十八条第一款规定,为其未使用过的商品或者未接受过的服务作推荐、证明的;

(四)明知或者应知广告虚假仍在广告中对商品、服务作推荐、证明的。

第六十三条　违反本法第四十三条规定发送广告的,由有关部门责令停止违法行为,对广告主处五千元以上三万元以下的罚款。

违反本法第四十四条第二款规定,利用互联网发布广告,未显著标明关闭标志,确保一键关闭的,由工商行政管理部门责令改正,对广告主处五千元以上三万元以下的罚款。

第六十四条　违反本法第四十五条规定,公共场所的管理者和电信业务经营者、互联网信息服务提供者,明知或者应知广告活动违法不予制止的,由工商行政管理部门没收违法所得,违法所得五万元以上的,并处违法所得一倍以上三倍以下的罚款,违法所得不足五万元的,并处一万元以上五万元以下的罚款;情节严重的,由有关部门依法停止相关业务。

第六十五条　违反本法规定,隐瞒真实情况或者提供虚假材料申请广告审查的,广告审查机关不予受理或者不予批准,予以警告,一年内不受理该申请人的广告审查申请;以欺骗、贿赂等不正当手段取得广告审查批准的,广告审查机关予以撤销,处十万元以上二十万元以下的罚款,三年内不受理该申请人的广告审查申请。

第六十六条　违反本法规定,伪造、变造或者转让广告审查批准文件的,由工商行政管理部门没收违法所得,并处一万元以上十万元以下的罚款。

第六十七条　有本法规定的违法行为的,由工商行政管理部门记入信用档案,并依照有关法律、行政法规规定予以公示。

第六十八条　广播电台、电视台、报刊音像出版单位发布违法广告,或者以新闻报道形式变相发布广告,或者以介绍健康、养生知识等形式变相发布医疗、药品、医疗器械、保健食品广告,工商行政管理部门依照本法给予处罚的,应当通报新闻出版广电部门以及其他有关部门。新闻出版广电部门以及其他有关部门应当依法对负有责任的主管人员和直接责任人员给予处分;情节严重的,并可以暂停媒体的广告发布业务。

新闻出版广电部门以及其他有关部门未依照前款规定对广播电台、电视台、报刊音像出版单位进行处理的,对负有责任的主管人员和直接责任人员,依法给予处分。

第六十九条　广告主、广告经营者、广告发布者违反本法规定,有下列侵权

行为之一的,依法承担民事责任:

(一) 在广告中损害未成年人或者残疾人的身心健康的;

(二) 假冒他人专利的;

(三) 贬低其他生产经营者的商品、服务的;

(四) 在广告中未经同意使用他人名义或者形象的;

(五) 其他侵犯他人合法民事权益的。

第七十条　因发布虚假广告,或者有其他本法规定的违法行为,被吊销营业执照的公司、企业的法定代表人,对违法行为负有个人责任的,自该公司、企业被吊销营业执照之日起三年内不得担任公司、企业的董事、监事、高级管理人员。

第七十一条　违反本法规定,拒绝、阻挠工商行政管理部门监督检查,或者有其他构成违反治安管理行为的,依法给予治安管理处罚;构成犯罪的,依法追究刑事责任。

第七十二条　广告审查机关对违法的广告内容作出审查批准决定的,对负有责任的主管人员和直接责任人员,由任免机关或者监察机关依法给予处分;构成犯罪的,依法追究刑事责任。

第七十三条　工商行政管理部门对在履行广告监测职责中发现的违法广告行为或者对经投诉、举报的违法广告行为,不依法予以查处的,对负有责任的主管人员和直接责任人员,依法给予处分。

工商行政管理部门和负责广告管理相关工作的有关部门的工作人员玩忽职守、滥用职权、徇私舞弊的,依法给予处分。

有前两款行为,构成犯罪的,依法追究刑事责任。

第六章　附　则

第七十四条　国家鼓励、支持开展公益广告宣传活动,传播社会主义核心价值观,倡导文明风尚。

大众传播媒介有义务发布公益广告。广播电台、电视台、报刊出版单位应当按照规定的版面、时段、时长发布公益广告。公益广告的管理办法,由国务院工商行政管理部门会同有关部门制定。

第七十五条　本法自 2015 年 9 月 1 日起施行。

附录二
中外广告奖与广告大赛一览表

（一）国外广告奖及其网址

名称	网址
克里奥广告奖 Clio Awards	http://www.clioawards.com/
戛纳广告奖 Cannes Lions Advertising Campaign	http://www.canneslions.com/
莫比广告奖 The Mobius Advertising Awards	http://www.mobiusawards.com/
伦敦国际广告奖 London International Awards	http://www.liaawards.com/
纽约广告奖 The New York Festivals	http://www.newyorkfestivals.com
金铅笔广告奖 The One Show	http://www.oneshow.org/
艾菲奖 EFFIE AWARDS	https://www.effie.org/award_program/
电通广告奖 広告电通赏	https://adawards.dentsu.jp/

（二）中国（包括香港和台湾）广告奖与广告大赛及其网址

名称	网址
中国广告长城奖	http://www. greatwallawards. org
IAI 国际广告奖	http://www. iaiad. com
金印奖	http://120. 25. 151. 125
虎啸奖	http://www. hooxiao. com/hxj
金鼠标	http://www. goldenmouse. cn
金投赏	http://www. roifestival. com
龙玺环球华文广告奖	http://www. longxiawards. org. cn
时报华文广告金像奖	http://www. cnad. com
中国艾菲奖	http://www. effiechina. org/effiewp
中国大学生广告艺术节学院奖	http:ww. xueyuanjiang. cm
全国大学广告艺术大赛	http://www. sun-ada. net
金犊奖	http://www. ad-young. com
上海国际大学生广告大赛	http://www. shuad. org

参考文献

Reference

著作类

[1] 吕巍. 广告学[M]. 北京：北京师范大学出版社，2006.

[2] 王涛. 广告学通论[M]. 北京：北京大学出版社，2004.

[3] 李宝元. 广告学教程(第二版)[M]. 北京：人民邮电出版社，2004.

[4] 曾振华,等. 广告学院里[M]. 广州：暨南大学出版社，2006.

[5] 田卫平,沈剑虹. 广告营销原理[M]. 大连：东北财经大学出版社，2010.

[6] 许正林. 新媒体新营销与广告新理念[M]. 上海：上海交通大学出版社，2010.

[7] 杨海军,田欣欣. 广告营销案例评析[M]. 武汉：武汉大学出版社，2009.

[8] 金力. 广告营销策划经典案例分析[M]. 北京：北京大学出版社，2009.

[9] 李野新. 新广告营销一本通[M]. 北京：中国经济出版社，2008.

[10] 安徽电视台广告中心. 广告淮军：媒体营销领跑者六大秘诀[M]. 合肥：安徽科学技术出版社，2007.

[11] 陈宏军. 江若尘. 现代广告学[M]. 北京：科学出版社，2006.

[12] 苗杰. 现代广告学(第二版)[M]. 北京：中国人民大学出版社，2000.

[13] 刘昕远. 广告学概论[M]. 北京：中国轻工业出版社，2007.

[14] 张惠辛. 超广告传播：品牌营销传播的新革命[M]. 北京：东方出版中心，2007.

[15] 黄升民,丁俊杰. 营销·传播·广告新论[M]. 北京：北京广播学院出版社，2001.

[16] 蒋艳君,赵海风. 广告目标与效果测定[M]. 北京：中国商业出版社，2007.

[17] 吴柏林. 广告策划：实务与案例[M]. 北京：机械工业出版社，2010.

[18] 陈培爱. 广告学概论[M]. 北京：高等教育出版社，2004.

[19] 倪宁. 广告学教程[M]. 北京：中国人民大学出版社，2004.

[20] 何修猛. 现代广告学(第六版)[M]. 上海：复旦大学出版社，2003.

[21] 丁俊杰. 广告学[M]. 武汉：武汉大学出版社. 2005.

[22] 尹小龙. 广告创意与表现：方法与案例解析[M]. 济南：山东文艺出版社，2010.

[23] 何佳讯. 广告案例教程(第三版)[M]. 上海:复旦大学出版社,2010.

[24] 杨海军,田欣欣. 广告营销案例评析[M]. 武汉:武汉大学出版社,2009.

[25] 于志坚. 广告案例教程[M]. 天津:天津电子出版社,2008.

[26] 肖开宁. 广告,以实效论英雄-中国艾菲奖获奖案例集[M]. 北京:中国经济出版社,2007.

[27] 吴爱丽. 病毒营销[M]. 成都:西南财经大学出版社,2007.

[28] 高天游. 借势与造势 62 个成功的事件营销案例[M]. 北京:中国海关出版社,2005.

[29] 马成. 事件营销[M]. 北京:中国经济出版社,2005.

[30] 冷振兴. 炒作? ——没事找事的事件营销[M]. 北京:企业管理出版社,2004.

[31] 林慧. 活动营销[M]. 北京:光明日报出版社,2004.

[32] 英克里斯·菲尔,卡伦·E. 菲尔. B2B 营销关系、系统与传播[M]. 大连:东北财经大学出版社,2007.

[33] 朱光. 电子商务 B2B 模式研究[M]. 北京:中国商务出版社,2005.

[34] 邓超明,刘洋. 网络整合营销实战兵法[M]. 汕头:汕头大学出版社,2011.

[35] 郝振省. 数字时代的全媒体整合营销:中文在线全媒体模式案例剖析[M]. 北京:中国书籍出版社,2009.

[36] [美]舒尔茨,等. 整合营销传播[M]. 上海:上海人民出版社,2006.

[37] 卫军英. 整合营销传播理论与实务[M]. 北京:北京经济学院出版社,2006.

[38] 张惠辛. 超广告传播:品牌营销传播的新革命[M]. 北京:东方出版中心,2007.

[39] 邓相超,王兆立,齐爱荣. 广告媒介策略[M]. 济南:山东大学出版社,2004.

[40] 阿瑟·斯加利,威廉·伍兹. B2B 交易场—电子商务第三次浪潮[M]. 北京:现代出版社,2001.

[41] 郑适. 中国 B2B 电子商务的发展与障碍[M]. 北京:中国经济出版社,2010.

[42] [美]菲利普·科特勒,[德]弗沃德. B2B 品牌管理[M]. 上海:格致出版社,2008.

[43] 宫承波. 媒介融合概论[M]. 北京:中国广播电视出版社,2011.

网络资源
[1] 艾瑞广告先锋:http://www.iresearchad.com/

[2] 梅花网:http://www.meihua.info/

[3] 4A 广告提案网:www.4adown.cn

[4] 广告人网:http://www.admen.cn/

[5] 网络广告人社区:http://iwebad.com/

[6] 顶尖文案:http://www.meihua.info/

[7] TOPYS:http://www.topys.cn/

[8] 广告时代:http://wwww.adage.com/

[9] 世界广告研究中心:http://www.warc.com/

[10] 美国广告代理商协会:http://www.aaaa.org/

后记
Postscript

我于1997年1月1日到上海大学广告学系报到。当时广告学系还隶属于文学院,期间广告学系曾经历过单立,2005年才并入影视艺术与技术学院,现在是上海大学电影学院。在这10多年中,我担任《广告学概论》《整合营销传播》等专业课程教学,开设《麦迪逊大道与美国广告业》通识课程。

上海大学实行三学期制,每个学期只有10周,深感需要传授的内容与课时之间的紧张与冲突,同时也促使教师必须尝试教学的创新和变革。我在教学中,课程内容不再是事无巨细、面面俱到,而注重学科的框架性阐释和实例的典型剖析,让学生在了解所学科目整体架构的同时,懂得具体的原理在实际中的运用。因此一本以案例为主,同时按照广告理论脉络架构的书,能够独立使用,同时又能配合教材一起使用,一直是我想要撰写的。正好学院获得了"上海市卓越新闻传播人才教育基地建设项目",我提出了申请,从而在经费上得到了保证。

本书合著者胡雅是我的学生,我们共同努力,三易其稿,才有了呈现在大家面前的这本书。